普通高等教育经管类专业"十三五"规划教材

企 业 管 理

刘宁杰　杨海光　谢万忠　编著

清华大学出版社
北　京

内 容 简 介

本书系统、全面地介绍了企业管理的基本知识，包括计划与决策、生产管理、质量管理、物流管理、市场营销、财务管理、人力资源管理、企业文化、管理信息系统、企业战略管理、企业国际化经营等内容，其中介绍了当前企业管理的新理论、新发展和新技术，如企业形象战略、ERP 原理、电子商务、物联网、"互联网+"等内容。本书在编写形式上，还设置了学习目标、引入案例、本章小结、思考与练习题等模块。

本书可作为高等院校经济管理类及相关专业的教材，也可作为各类企业管理人员培训、学习的参考用书。

本书封面贴有清华大学出版社防伪标签，无标签者不得销售。
版权所有，侵权必究。举报: 010-62782989, beiqinquan@tup.tsinghua.edu.cn。

图书在版编目(CIP)数据

企业管理/刘宁杰，杨海光，谢万忠 编著. —北京：清华大学出版社，2019（2021.6重印）
(普通高等教育经管类专业"十三五"规划教材)
ISBN 978-7-302-52200-3

Ⅰ.①企… Ⅱ.①刘… ②杨… ③谢… Ⅲ.①企业管理－高等学校－教材 Ⅳ.①F272

中国版本图书馆 CIP 数据核字(2019)第 013078 号

责任编辑：王　定
封面设计：周晓亮
版式设计：思创景点
责任校对：牛艳敏
责任印制：宋　林

出版发行：清华大学出版社
　　　网　　址：http://www.tup.com.cn, http://www.wqbook.com
　　　地　　址：北京清华大学学研大厦 A 座　　　邮　编：100084
　　　社 总 机：010-62770175　　　邮　购：010-62786544
　　　投稿与读者服务：010-62776969, c-service@tup.tsinghua.edu.cn
　　　质 量 反 馈：010-62772015, zhiliang@tup.tsinghua.edu.cn
印 装 者：三河市国英印务有限公司
经　　销：全国新华书店
开　　本：185mm×260mm　　　印　张：17.25　　　字　数：418 千字
版　　次：2019 年 7 月第 1 版　　　印　次：2021 年 6 第 5 次印刷
定　　价：48.00 元

产品编号：080288-01

前　言

管理只有永恒的问题，没有终结的答案。随着全球经济一体化的发展，企业参与国际化经营已成必然，企业经营的内外部环境发生了巨大的变化。面对这些变化，企业管理的内容和形式面临新的挑战。为适应教学改革的需要，全面反映当代企业管理的最新内容和理论，努力从内容和形式上有所突破和创新，我们组织编写了这本《企业管理》。在编写本书时，除了比较全面地介绍了企业管理的基本理论外，还注意介绍当前企业管理的一些新理论、新发展和新技术，拓宽学习者的知识面，培养学习者的管理理念和管理素养，注重实训内容，以培养学习者的实践能力。在编写方式上，除了正文叙述外，还设置了"学习目标""引入案例""本章小结""思考与练习题"等模块。在比较全面、系统地介绍了现代企业管理基本知识的基础上，增加了"小知识""小思考""观念应用""阅读资料"等栏目，活化了本书的模块设计，丰富了本书的内容，同时为学习者学习、思考提供了足够的空间。

本书由刘宁杰、杨海光、谢万忠编著，此外，参与编写的还有梁巍、杨国光、韦丽、杨理、陈国安、梁智、利运晶等人，在此表示衷心的感谢。

本书在编写过程中参阅和引用了许多相关的著作和教材，在此谨向有关作者表示深切的谢意。

本书在编写模式、形式及内容上进行了大胆的改革尝试，由于时间仓促，水平有限，不足之处在所难免，敬请各位读者和专家批评指正。

本书提供课件、思考与练习题参考答案，以及模拟试卷参考答案，下载地址如下：

课　件

思考与练习题
参考答案

模拟试卷
参考答案

编　者

2019 年 5 月

目　　录

第一章　企业管理概论 ·················· 1
　第一节　企业与企业组织 ············· 1
　　一、企业的概念 ························ 2
　　二、现代企业的特征 ·················· 3
　　三、现代企业的法律形式 ············ 3
　　四、企业组织结构 ····················· 5
　第二节　现代企业制度 ·················· 9
　第三节　管理与企业管理 ············· 11
　　一、管理概述 ························· 11
　　二、企业管理 ························· 13
　第四节　企业管理环境 ················ 16
　　一、影响企业的环境因素 ·········· 16
　　二、企业对环境的影响 ············· 18
　第五节　本章小结 ······················ 19
　思考与练习题 ··························· 20

第二章　企业计划与决策 ··············· 22
　第一节　计划工作概述 ················ 23
　　一、计划工作的概念 ················ 23
　　二、计划工作的内容 ················ 24
　　三、计划工作的方法和技术 ······· 24
　第二节　决策 ···························· 28
　　一、决策的概念 ······················ 29
　　二、决策的合理性标准和决策者的
　　　　理性限制 ························· 29
　　三、决策的一般程序 ················ 30
　　四、决策的方法 ······················ 31
　第三节　本章小结 ······················ 36
　思考与练习题 ··························· 37

第三章　生产管理 ······················· 41
　第一节　生产管理的概念和内涵 ······· 42
　　一、生产管理的概念 ················ 42
　　二、生产管理的内涵 ················ 42
　第二节　生产过程组织 ················ 43
　　一、生产过程的含义 ················ 44
　　二、生产过程组织的基本要求 ···· 44
　　三、生产过程的空间组织原则 ···· 45
　　四、生产过程的时间组织原则 ···· 46
　第三节　生产计划 ······················ 48
　　一、年度生产计划 ··················· 48
　　二、生产作业计划 ··················· 51
　第四节　生产设备管理 ················ 52
　　一、设备管理和设备维修 ·········· 52
　　二、设备维修发展概述 ············· 53
　　三、生产维护 ························· 54
　　四、设备维护体制 ··················· 56
　第五节　准时化生产与精益生产 ···· 59
　　一、准时化生产 ······················ 59
　　二、精益生产 ························· 61
　第六节　本章小结 ······················ 62
　思考与练习题 ··························· 63

第四章　质量管理 ······················· 66
　第一节　质量与质量管理 ············· 67
　　一、质量管理发展史 ················ 67
　　二、质量 ······························· 68
　　三、质量管理 ························· 70
　第二节　全面质量管理 ················ 72
　　一、全面质量管理的概念 ·········· 72
　　二、全面质量管理的要求 ·········· 73
　第三节　ISO9001 认证 ················ 74
　　一、ISO9000 族标准的产生及发展 ··· 74

二、实施ISO9000族标准的作用……… 76
　　三、ISO9001标准的基本要求………… 76
　　四、企业开展ISO9001认证的程序…… 79
第四节　本章小结…………………………… 80
思考与练习题………………………………… 80

第五章　物流管理………………………… 86
第一节　物流与物流系统…………………… 87
　　一、物流概述………………………… 87
　　二、物流系统………………………… 91
第二节　物流的构成要素…………………… 93
　　一、运输……………………………… 93
　　二、仓储……………………………… 94
　　三、装卸搬运………………………… 95
　　四、包装……………………………… 95
　　五、流通加工………………………… 97
　　六、物流信息………………………… 97
第三节　物流管理基本原理………………… 98
　　一、物流战略………………………… 98
　　二、物流成本………………………… 99
　　三、物流服务………………………… 101
第四节　本章小结…………………………… 101
思考与练习题………………………………… 102

第六章　市场营销………………………… 105
第一节　市场营销的基本知识……………… 106
　　一、市场与市场营销………………… 106
　　二、市场营销观念的演变…………… 107
　　三、市场营销环境…………………… 110
第二节　目标市场的选择与市场
　　　　定位………………………………… 113
　　一、市场细分………………………… 113
　　二、目标市场选择…………………… 116
　　三、市场定位………………………… 119
第三节　市场营销组合……………………… 120
　　一、市场营销组合的定义与构成…… 120
　　二、产品策略………………………… 121

　　三、价格策略………………………… 123
　　四、渠道策略………………………… 124
　　五、促销策略………………………… 126
第四节　本章小结…………………………… 127
思考与练习题………………………………… 127

第七章　财务管理………………………… 130
第一节　财务管理概述……………………… 131
　　一、财务管理的概念和特点………… 131
　　二、财务管理的目标和内容………… 132
　　三、财务管理的主要环节…………… 133
　　四、企业财务管理环境……………… 133
　　五、财务管理的原则与基础价值
　　　　观念………………………………… 134
第二节　资金筹集…………………………… 135
　　一、资金筹集概述…………………… 136
　　二、权益资金的筹集………………… 136
　　三、负债资金的筹集………………… 137
　　四、资金成本与资本结构…………… 138
第三节　资产管理…………………………… 139
　　一、流动资产管理…………………… 139
　　二、非流动资产管理………………… 140
第四节　损益管理…………………………… 141
　　一、成本管理………………………… 141
　　二、收入管理………………………… 142
　　三、利润及利润分配管理…………… 143
第五节　财务分析…………………………… 143
　　一、财务分析概述…………………… 143
　　二、财务分析的方法………………… 148
　　三、财务分析的种类………………… 148
　　四、主要财务分析指标……………… 149
第六节　本章小结…………………………… 152
思考与练习题………………………………… 153

第八章　人力资源管理…………………… 157
第一节　人力资源管理概述………………… 158
　　一、人力资源的含义………………… 158

二、人力资源的特征⋯⋯⋯⋯⋯⋯ 158
　　三、人力资源管理的含义⋯⋯⋯⋯ 159
　　四、人力资源管理的内容⋯⋯⋯⋯ 159
　　五、人力资源管理的特点⋯⋯⋯⋯ 160
　第二节　人力资源的规划与招聘⋯⋯⋯ 160
　　一、人力资源规划⋯⋯⋯⋯⋯⋯ 161
　　二、人力资源的招聘⋯⋯⋯⋯⋯ 162
　第三节　人力资源的开发与培训⋯⋯⋯ 164
　　一、人力资源开发培训的含义⋯⋯ 164
　　二、影响培训重要度的因素⋯⋯⋯ 164
　　三、培训的类型⋯⋯⋯⋯⋯⋯⋯ 165
　　四、培训的内容⋯⋯⋯⋯⋯⋯⋯ 165
　　五、常见的培训方式⋯⋯⋯⋯⋯ 165
　第四节　组织设计与职务分析⋯⋯⋯⋯ 166
　　一、组织设计的概念⋯⋯⋯⋯⋯ 166
　　二、职务分析的含义⋯⋯⋯⋯⋯ 167
　　三、职务分析的内容⋯⋯⋯⋯⋯ 167
　　四、职务分析的方法⋯⋯⋯⋯⋯ 167
　　五、职务评价⋯⋯⋯⋯⋯⋯⋯⋯ 168
　第五节　绩效评价⋯⋯⋯⋯⋯⋯⋯⋯ 169
　　一、绩效评价的含义⋯⋯⋯⋯⋯ 169
　　二、绩效评价的原则⋯⋯⋯⋯⋯ 169
　　三、绩效评价的内容和指标⋯⋯⋯ 169
　　四、绩效评价的人员⋯⋯⋯⋯⋯ 170
　　五、绩效评价的方法⋯⋯⋯⋯⋯ 171
　第六节　本章小结⋯⋯⋯⋯⋯⋯⋯⋯ 172
　思考与练习题⋯⋯⋯⋯⋯⋯⋯⋯⋯⋯ 172

第九章　企业文化⋯⋯⋯⋯⋯⋯⋯⋯ 175
　第一节　企业文化的概念与特点⋯⋯⋯ 176
　　一、企业文化的概念⋯⋯⋯⋯⋯ 176
　　二、企业文化的特点⋯⋯⋯⋯⋯ 177
　　三、新经济时代企业文化的基本
　　　　特征⋯⋯⋯⋯⋯⋯⋯⋯⋯⋯ 178
　第二节　企业文化的内容和功能⋯⋯⋯ 179
　　一、企业文化的内容⋯⋯⋯⋯⋯ 180
　　二、企业文化的功能⋯⋯⋯⋯⋯ 183

　第三节　企业文化的建设⋯⋯⋯⋯⋯ 184
　　一、企业文化建设的指导原则⋯⋯ 184
　　二、企业文化建设的实施步骤⋯⋯ 185
　第四节　企业形象战略⋯⋯⋯⋯⋯⋯ 187
　　一、企业形象的含义及构成要素⋯ 187
　　二、企业形象战略的含义及功能⋯ 188
　　三、企业形象战略的基本内容⋯⋯ 189
　第五节　本章小结⋯⋯⋯⋯⋯⋯⋯⋯ 191
　思考与练习题⋯⋯⋯⋯⋯⋯⋯⋯⋯⋯ 192

第十章　管理信息系统⋯⋯⋯⋯⋯⋯ 195
　第一节　管理信息系统概述⋯⋯⋯⋯ 196
　　一、管理信息系统的相关概念⋯⋯ 196
　　二、管理信息系统的特点⋯⋯⋯ 200
　　三、管理信息系统的结构⋯⋯⋯ 201
　第二节　管理信息系统的发展与
　　　　　应用⋯⋯⋯⋯⋯⋯⋯⋯⋯ 202
　　一、管理信息系统的发展⋯⋯⋯ 203
　　二、管理信息系统在企业中的三种
　　　　典型应用⋯⋯⋯⋯⋯⋯⋯⋯ 204
　　三、管理信息系统在企业应用中存在
　　　　的问题⋯⋯⋯⋯⋯⋯⋯⋯⋯ 205
　第三节　企业资源计划⋯⋯⋯⋯⋯⋯ 207
　　一、ERP 的主要功能模块与业务
　　　　流程⋯⋯⋯⋯⋯⋯⋯⋯⋯⋯ 207
　　二、ERP 的实施过程⋯⋯⋯⋯⋯ 209
　　三、ERP 软件的发展趋势⋯⋯⋯ 211
　第四节　物联网⋯⋯⋯⋯⋯⋯⋯⋯⋯ 213
　　一、物联网的概念⋯⋯⋯⋯⋯⋯ 213
　　二、物联网的特征⋯⋯⋯⋯⋯⋯ 213
　　三、物联网的技术架构和应用模式⋯ 214
　第五节　"互联网＋"⋯⋯⋯⋯⋯⋯ 215
　　一、"互联网＋"的概念⋯⋯⋯⋯ 215
　　二、"互联网＋"的主要特征⋯⋯ 215
　　三、"互联网＋"的商业模式⋯⋯ 216
　第六节　本章小结⋯⋯⋯⋯⋯⋯⋯⋯ 219
　思考与练习题⋯⋯⋯⋯⋯⋯⋯⋯⋯⋯ 220

第十一章 企业战略管理 …………… 224
第一节 企业战略管理概述 ………… 224
一、企业战略管理的基本内容 ……… 225
二、规定企业使命 …………………… 225
三、确定企业的方针、政策 ………… 227
四、建立与选择方案 ………………… 227
第二节 战略环境分析 ……………… 229
一、企业宏观环境分析 ……………… 229
二、行业竞争力分析 ………………… 230
三、企业资源与能力分析——SWOT 分析法 …………………………… 232
第三节 企业总体战略 ……………… 234
一、稳定与紧缩战略 ………………… 234
二、一体化战略 ……………………… 235
三、多样化战略 ……………………… 236
第四节 企业竞争战略 ……………… 239
一、成本领先战略 …………………… 239
二、差异化战略 ……………………… 241
三、集中化战略 ……………………… 242
第五节 本章小结 …………………… 242
思考与练习题 ………………………… 243

第十二章 企业国际化经营 ………… 245
第一节 国际化经营的原因及特点 … 246
一、企业国际化经营的原因 ………… 246
二、企业国际化经营的特点 ………… 247
第二节 国际化经营的环境因素 分析 ………………………… 248
一、国际贸易体制 …………………… 248
二、政治—法律环境 ………………… 249
三、经济环境 ………………………… 249
四、地理、社会、人文环境 ………… 251
第三节 企业一般国际竞争战略的 选择 ………………………… 252
第四节 企业进入国际市场的 方式 ………………………… 253
一、出口进入方式 …………………… 253
二、合同进入方式 …………………… 254
三、投资进入方式 …………………… 256
第五节 战略联盟 …………………… 257
一、战略联盟的原因 ………………… 258
二、战略联盟的形式 ………………… 258
三、战略联盟应注意的问题 ………… 260
第六节 本章小结 …………………… 261
思考与练习题 ………………………… 261

附录 模拟试卷 ……………………… 264

参考文献 …………………………… 265

第一章

企业管理概论

【学习目标】
- 掌握企业的概念
- 了解现代企业的法律形式
- 区分几种常见的企业组织结构形式
- 掌握现代企业的制度
- 掌握管理的定义
- 了解企业管理的发展趋势
- 掌握企业与环境之间的相互制约关系

富士康 IPO 背后：代工巨头的转型困局

代工电脑起家的富士康早年间曾试图打造"富士康"品牌，产品涉及电脑机箱、电源、主板等，但这一品牌市场反响并不乐观。随后富士康又收购了赛博电脑城，意图进军线下的电脑城市场，并且在 2010 年成立了浙江嘉兴万马奔腾商贸有限公司，希望在线下开设 10 000 家数码专营店。

随着线上电商的火爆，2013 年富士康最终抛售了赛博股份，10 000 家数码门店的铺设计划也随之夭折，其转而设立了 3C 数码网上购物平台富连网。但由于国内电商已基本被几大寡头瓜分完毕，成立至今的富连网依旧难有作为。同年，富士康甚至还推出过富可视品牌的手机。目前，除 2016 年夏普的收购较为成功外，富士康其余的品牌化转型基本都宣告了失败。

有业内人士表示，代工厂的品牌化转型往往十分艰难，往上游产业链的整合又需要有一定的规模优势；相比于下游的推广，富士康在上游构建布局的一系列面板、模具、连接器等元器件厂商为富士康节省了不少成本，不过目前上游产业链的空间还很大，富士康整合的难度也很高。

资料来源：http://www.cb.com.cn/gongyeyucaikuang/2018_0303/1225692.html，笔者整理

第一节 企业与企业组织

在市场经济体制中，企业是市场竞争的主体，企业的生产和经营活动直接关系着整个市场

经济的发展。同样地，不断变化发展的内外部环境也倒逼着企业必须强化管理，提质增效，才能在市场竞争中占据一席之地。

一、企业的概念

企业是社会生产力发展到一定水平的结果，是商品生产与商品交换的产物。在资本主义社会之前，虽也有一些手工作坊，但它们并未形成社会的基本经济单位。虽然有些手工作坊具有一定的生产规模和一定数量的劳动者，但是生产的产品只是为部落、家族、奴隶主、封建皇室享用，不是为了进行商品交换，不发生经营活动，从严格意义上讲，不是企业。到了资本主义社会，随着社会生产力的提高和商品生产的发展，社会的基本经济单位才发生根本的变化，才产生了严格意义上的企业。

企业是以盈利为目的，为满足社会需要，依法从事商品生产、流通和服务等经济活动，实行自主经营、自负盈亏、自我发展的法人实体和市场竞争主体。作为一个企业，必须具备以下一些基本的条件：

(1) 拥有一定数量、技术水平的生产设备和资金。

(2) 具有开展一定生产规模和经营活动的场所。

(3) 具有一定技能、一定数量的生产者和经营者。

(4) 从事社会商品的生产、流通、服务等经济活动。

(5) 具有法人地位，进行自主经营、独立核算。

(6) 生产经营活动的目的是获取利润。

企业的范围非常广泛，包括工业、农业、商业、交通运输业、建筑业、金融业、服务业和其他一切从事生产经营活动的经济组织。企业作为一个历史范畴，是人类社会发展到一定时期的产物，是现代社会的经济细胞和国民经济的基本单位，是社会生产力的重要载体。

(1) 企业是市场经济活动的主要参加者。市场经济活动的顺利进行离不开企业的生产和销售活动。离开了企业的生产和销售活动，市场就成了无源之水、无本之木。因此，企业的生产和经营活动直接关系着整个市场经济的发展。

(2) 企业是社会生产和流通的直接承担者。社会经济活动的主要过程即生产和流通，这些都是企业来承担和完成的。离开了企业，社会经济活动就会中断或停止。企业的生产状况和经济效益可直接影响国家经济实力的增长、人民物质生活水平的提高。

(3) 企业是社会经济技术进步的主要力量。企业在经济活动中通过生产和经营活动，在竞争中不仅创造和实现社会财富，而且也是先进技术和先进生产工具的积极采用者和制造者，这在客观上推动了整个社会经济技术的进步。我们不难看出企业在社会经济活动中的作用，企业好比国民经济的细胞，中国的国民经济体系就是由数以百万计的不同形式的企业组成的。千千万万个企业的生产和经营活动，不仅决定着市场经济的发展状况，而且决定着中国社会经济活动的生机和活力。所以，我们说企业是最重要的市场主体，在社会经济生活中发挥着巨大作用。

二、现代企业的特征

现代企业不是泛指现代社会经济活动中所存在的所有企业,而是指那些适应现代市场经济和社会化大生产的需要,按照现代企业制度要求建立起来的企业。它具有以下特征:①明晰的产权关系。②所有者和经营者相分离。③拥有并系统采用现代技术。④实施科学管理。⑤企业规模化和专业化统一。

三、现代企业的法律形式

在市场经济条件下,企业是法律上和经济上独立自主的实体,它拥有在一定法律形式下自主经营和发展所必需的各种权利。企业的法律形式有许多种,现就其法律和经济上的特点介绍如下。

(一) 个人业主制企业

个人业主制企业是由业主个人出资兴办,由业主自己直接经营的企业。业主享有企业的全部经营所得,同时对企业的债务负有完全责任,如果经营失败,出现资不抵债的情况,业主要用自己的家财来抵偿。它的特点是:建立和歇业的程序十分简单易行,产权能够比较自由地转让,经营者与所有者合一,经营方式灵活,精打细算,勤劳节俭,决策迅速,利润独享,保密性强。

(二) 合伙制企业

合伙制企业是由两个或两个以上的个人联合经营的企业,合伙人分享企业所得,并对营业亏损共同承担责任。它可以由部分合伙人经营,其他合伙人仅出资并共负盈亏,也可以由所有合伙人共同经营。多数合伙制企业规模较小,合伙人数较少。

合伙制企业与个人业主制企业相比有很多优点。主要的优点是可以从众多的合伙人处筹集资本,合伙人共同偿还责任还减少了银行贷款的风险,使企业的筹资能力有所提高。同时,合伙人对企业盈亏负有完全责任,这意味着所有合伙人都以自己的全部家产为企业担保,因而有助于提高企业的信誉。

合伙制企业也有明显的缺点。首先,合伙制企业是根据合伙人之间的契约建立的,每当一位原有的合伙人离开,或者接纳一位新的合伙人,都必须重新确立一种新的合伙关系,从而造成法律上的复杂性,通过接纳新的合伙人增加资金的能力也就受到限制。其次,由于所有的合伙人都有权代表企业从事经济活动,重大决策都需要得到所有合伙人的同意,因而很容易造成决策上的延误和差错。最后,所有合伙人对于企业债务都负有连带无限清偿责任,这就使那些并不能控制企业的合伙人面临很大的风险。

(三) 合作制企业

合作制企业是以本企业或合作经济实体内的劳动者平等持股、合作经营、按劳分配与按股分红相结合的企业制度。合作制企业是劳动者自愿、自助、自治的经济组织。

实行合作制的企业，外部人员不能入股，这是合作制与股份制的区别。如果在企业外部发行股票或股权证，那就不是合作制而是股份制了，应当按照股份制的有关法律和规则进行运营。

(四) 无限责任公司

无限责任公司，是指由两个或两个以上的股东所组成，股东对公司的债务承担连带无限清偿责任的公司。所谓连带无限清偿责任，是指股东不论出资多少，对公司债权人以全部个人财产承担共同或单独清偿全部债务的责任。无限责任公司是典型的人合公司。相对资合公司而言，人合公司把信用基础建立在股东个人的信用之上，而不在公司资本的多少。

一般地，如果在公司章程中没有特殊规定，每个股东都有权利和义务处理公司的业务，对外都有代表公司的权力。公司的自有资本来自股东的投资和公司的盈利。公司的盈余分派一般分为两个部分，一部分是按股东的投资额，以资本的利息形式分派；另一部分则按合伙的平分原则处理。

对股东而言，无限责任公司的风险是很大的，因为他们承担的是无限连带责任。与这种高风险相对应的，是可能得到高额的利润。由于无限责任公司这种形式股东所负责任太大，筹资能力有限，在国内外都没有得到大的发展。

(五) 有限责任公司

有限责任公司又称有限公司，在英、美被称为封闭公司或私人公司，是指由两个以上股东共同出资，每个股东以其认缴的出资额对公司行为承担有限责任，公司以其全部资产对其债务承担责任的企业法人。这种公司不对外公开发行股票，股东的出资额由股东协商确定。股东之间并不要求等额，可以有多有少。股东交付股本金后，公司出具股权证书，作为股东在公司中所拥有的权益凭证，这种凭证不同于股票，不能自由流通，须在其他股东同意的条件下才能转让，并要优先转让给公司原有股东。

公司股东所负责任仅以其出资额为限(有些公司以出资额倍数为限，这种公司在美国又称为担保有限公司)，即把股东投入公司的财产与他们个人的其他财产脱钩，这就是所谓"有限责任"的含义。与无限责任股东相比，有限责任股东所承担的风险大为降低。

有限责任公司的优点是设立程序比较简单，不必发布公告，也不必公开账目，尤其是公司的资产负债表一般不予公开，公司内部机构设置灵活。其缺点是由于不能公开发行股票，筹集资金的范围和规模一般都较小，难以适应大规模生产经营活动需要。因此，有限责任公司这种形式一般适合于中小企业。

(六) 股份有限公司

股份有限公司又称股份公司，在英、美被称为公开公司或公众公司，是指注册资本由等额股份构成，并通过发行股票(或股权证)筹集资本，公司以其全部资产对公司债务承担有限责任的企业法人。

与其他类型的公司比较起来，股份有限公司是典型的资合公司，各国法律都把它视为独立的法人。公司股东的身份、地位、信誉不再具有重要意义,任何愿出资的人都可以成为股东,不受资格限制。股东成为单纯的股票持有者,他们的权益主要体现在股票上,并随股票的转移而转移。公司股东人数有法律上的最低限额。法国、日本的法律规定不得少于 7 人,德国商法规定不得少于 5 人,我国的《股份有限公司规范意见》则规定至少 3 人。

股份有限公司的资本总额均分为每股金额相等的股份,以便于根据股票数量计算每个股东所拥有的权益。出资多的股东占有股票的数量多,但不能单独增大每股的金额。在交易所上市的股份有限公司,其股票可在社会上公开发行,并可以自由转让,但不能退股,以保持公司资本的稳定。

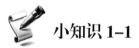

小知识 1-1

广东:2014 年新兴产业强势崛起

对于广东而言,高技术产业既是拉动经济增长的重要力量,也是提升竞争力、保证经济持续增长的决定性因素。广东相关部门对企业、行业协会进行调查的数据显示,2013 年,广东生物医药、新能源汽车、新材料、智能电网和智能装备等行业呈现了全面开花的局面。这些行业不仅订单充足,而且实现了高水平盈利,行业发展前景较好,成为广东转型升级的新支点。

此前,广东省委、省政府出台的《关于加快建设现代产业体系的决定》,已将金融、现代物流、信息服务、科技服务、商务会展、文化创意、服务外包、现代旅游、健康服务九大产业,作为未来重点扶持的产业方向。

资料来源:http://money.163.com/14/0505/03/9RF18IQA00253B0H.html

四、企业组织结构

随着企业的产生和发展,企业组织结构也发生了一系列的变化。到目前为止,企业的组织结构主要有下列几种形式:直线制、职能制、直线—职能制、事业部制、模拟分权制和矩阵制等。

(一)直线制

直线制是一种早期的组织结构形式。其主要特点是:下级从上级那里直接接受命令,上级对下级进行综合管理;企业管理的全部职能由各级行政领导负责,不另设专门的职能管理机构。其结构如图 1-1 所示。直线制的优点是:结构简单,责任明确,命令统一。其缺点是:没有专业的职能机构和人员做领导的助手,要求企业领导者通晓各种业务。因此,一旦企业规模扩大,产品结构复杂,企业领导者势必顾此失彼,难以进行有效的管理。因此,这种组织形式仅适用于规模较小、职工人数不多、生产比较简单的企业。

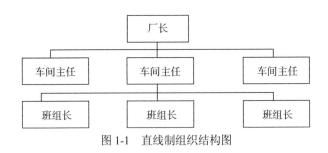

图 1-1　直线制组织结构图

(二) 职能制

职能制组织结构是各级行政单位除主管领导以外，还相应地设立一些职能机构。这种结构要求行政主管把相应的管理职责和权力交给相关职能部门，各级职能机构在自己的业务范围内有权向下级的行政单位发号施令。因此，下级在接受上级行政主管的指挥之外，还要接受上级职能机构的领导。其结构如图 1-2 所示。其主要优点是：大大提高了企业管理的专业化程度，减轻了直线管理人员的工作负担。其主要缺点是：每个下级都必须接受多个上级的直接领导，形成了多头领导的局面；上级领导与基层脱节，信息难以畅通，影响上级领导的有效性。由于此种形式有明显的缺陷，因此在现代企业中一般都不使用。

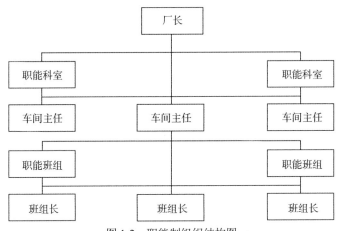

图 1-2　职能制组织结构图

(三) 直线—职能制

直线—职能制又称直线参谋制，它实际上是直线制与职能制结合而成的。目前，绝大多数企业都采取这种组织结构形式。其主要特点是：各行政单位的行政负责人统一负责管理本单位的生产行政工作，并直接对上级负责；各级管理组织根据需要设置职能机构，这些职能机构是该级行政负责人的助手，可以对下级职能机构进行业务指导，无权对下级行政负责人发号施令。其结构如图 1-3 所示。直线—职能制的主要优点是：既保证了统一指挥，又可以在各级行政负责人的领导下，发挥各职能机构的作用。其缺点是：各职能部门之间的协作较差，职能部门的许多工作要直接向上级领导报告才能处理，造成了办事效率较低。

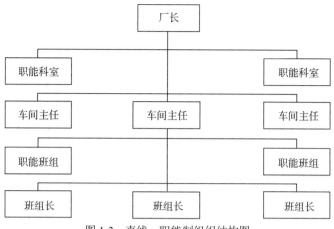

图 1-3　直线—职能制组织结构图

(四) 事业部制

事业部制最早由美国通用汽车公司总裁斯隆提出。它是在公司的统一领导下，按产品、地区或市场统一进行产品设计、采购、生产和销售活动的半独立经营单位。事业部制是一种分权制的组织结构形式，实行相对的独立经营、单独核算，拥有一定的经营自主权，并设有相应的职能部门。其结构如图 1-4 所示。按照"集中政策，分散经营"的原则，公司最高管理机构拥有决策、财务控制、规定价格幅度、监督等大权，并利用利润等指标对事业部进行控制。这种组织结构形式适用于规模较大、产品种类较多、市场分布较广的企业。其主要优点是：总公司领导可以摆脱日常事务，集中精力考虑全局问题；事业部进行独立核算，更能发挥经营管理的积极性，更便于组织专业化生产和实现企业的内部协作。其缺点是：公司与事业部的职能机构重叠，造成管理人员浪费；事业部实行独立核算，各事业部只考虑自身的利益，影响事业部之间的协作，一些业务联系与沟通也往往被经济关系所取代，影响了组织的整体利益。

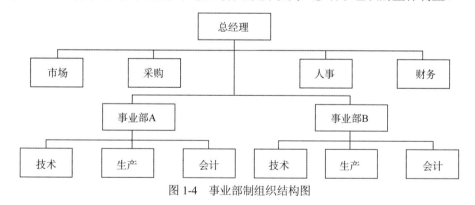

图 1-4　事业部制组织结构图

(五) 模拟分权制

模拟分权制是一种介于直线—职能制与事业部制之间的组织结构形式。有许多大型企业，如连续生产的钢铁、化工企业，由于产品品种或生产工艺过程所限，难以分成独立的事业部，又由于企业的规模庞大，以至于高层管理者感到采用其他结构形式都不利于管理，这时就出现了模拟分权制，即模拟事业部制的独立经营、单独核算，而不是真正的事业部，实际上是一个个"生产单位"。这些生产单位有自己的职能机构，享有尽可能大的自主权，负有"模拟性"的盈亏责任。但由于各生产单位在生产上的连续性，很难将它们截然分开，因此，它们之间的经济结算只能依据企业的内部价格，而不是市场价格。其结构如图 1-5 所示。其优点是：调动了企业内部的积极性，而且解决了企业规模过大不易管理的问题；高层管理者将部分权力分给生产单位，减少了自己的行政事务，从而可以把精力更多地集中在战略问题上。其缺点是：不易为模拟的生产单位明确任务，造成考核上的困难；各单位领导人不了解组织的全貌，在信息沟通和决策权方面也存在明显缺陷。

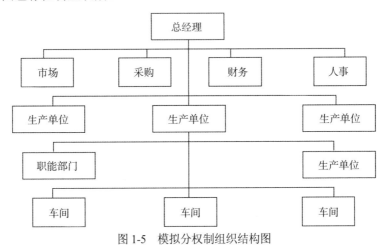

图 1-5　模拟分权制组织结构图

（六）矩阵制

它实际上是在直线—职能制所建立的纵向垂直领导系统的基础上，再增加一种横向的领导系统，即从垂直领导系统的各单位中抽调各相关专业人员，组成完成某一项目的工作小组。这种工作小组构成了一个横向的领导系统。参加项目小组的成员，一般都要接受两个方面的领导。项目完成以后，成员又回到原职能部门。其结构如图 1-6 所示。矩阵制的优点是：能够将横向联系与纵向联系、集权与分权较好地结合起来，加强了各部门之间的联系，并且有利于集中具有专门知识和技能的人员来共同完成任务。其缺点主要是：多头领导，不易完成任务。

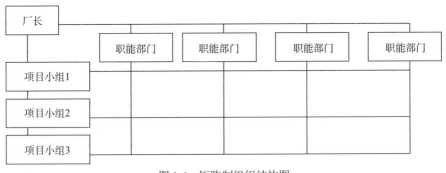

图 1-6　矩阵制组织结构图

> 阅读资料 1-1
>
> 学习型组织

第二节　现代企业制度

现代企业制度是符合社会化大生产要求，适应市场经济的产权清晰、权责明确、政企分开、管理科学的一种企业制度。现代企业制度是相对于产品经济体制下的传统企业制度而言的，也是相对于非公司制的企业制度而言的，是一种充分体现市场经济本质要求的企业制度。市场经济关系实质上是一种权利与义务关系。衡量一种企业制度是否符合现代市场经济的要求，最关键的一点是看这种企业制度在运行中是否充分体现了现代市场经济中权利与义务相统一的要求。现代企业制度是一种全面反映社会发展趋势的企业制度。现代市场经济的社会化，不仅指生产的社会化，还包括资本社会化、风险社会化和经营社会化。现代企业制度是一种具有独立人格的企业，独立的财产使企业具有独立的利益和独立的意志，形成了企业独立的人格制度。这种独立的人格，使得法人企业真正成为市场竞争的主体，使得法人企业依靠财产关系和组织体制形成良好的内部运行机制。

现代企业制度具有以下四个方面的特征。

(一) 产权关系明晰、权责明确

在现代企业制度下，所有者与企业的关系演变成了投资者与企业法人的关系，即股东与公司的关系，这种关系与其他企业制度下的所有者与企业的关系的主要区别是：①投资者投入企业的财产与他们的其他财产严格分开，边界十分清楚。投资者将财产投入企业后，成为企业的股东，对企业拥有相应的权利，包括参加股东大会和行使股东大会赋予的权利、按照股本取得相应收益的权利、转让股权的权利等。企业依法成立以后，对股东投入企业的资产及其增值拥有法人财产权，即对财产拥有占有、使用、收益和处分的权利。②投资者仅以投入到企业的那部分资产对企业的经营承担有限责任，企业以其全部资产对债权人承担有限责任。③在企业内部存在一定程度的所有权和经营权的分离，所有者将资本交给具有经营管理知识和能力的专家经营，这些专家不一定是企业的股东，或者不是企业的主要股东，他们受股东委托，作为股东代表经营管理企业。

(二) 政企分开、自主经营

政企分开是指政企关系合理，政府和企业在权利和义务等方面的关系明确，适应市场经济体制的要求，符合客观经济规律。在现代企业制度下，政府与企业是两种不同性质的组织。政府是政权机关，它虽然对国家的经济具有宏观管理的职能，但这种管理不是对企业生产经营活动的直接干预，而是实行间接调控，主要通过经济手段、法律手段，以及发挥中介组织的作用对企业的活动和行为进行调节、引导、服务和监督，以保持宏观经济总量的大体平衡和促进经济结构的优化，保证公平竞争，使市场机制发挥正常作用，健全社会保障体系，保持社会稳定，维护社会公平，保护生活环境，提高生活质量。企业是以盈利为目的的经济组织，是市场活动的主体，必须按照价值规律和市场要求组织生产和经营，在市场竞争中优胜劣汰。因此，政府和企业在组织上和职能上都是严格分开的，不能以政代企或者以企代政。

（三）管理科学、注重效率

管理科学是指企业的内部领导体制等组织管理制度科学合理，符合市场经济体制要求。这是现代企业制度在企业内部管理制度方面表现出来的特征。现代企业制度中管理科学的表现是：凡实行公司制的企业，都按公司法的规定设置内部组织管理机构，这些机构能有效地调节所有者、经营者和企业员工的关系，按照公司法的规定制定有关规章制度，这些制度能形成激励与约束相结合的机制。不实行公司制的企业也能够建立起符合市场经济体制要求的企业内部管理制度。在现代企业制度下，企业管理既体现社会化大生产的客观要求，又体现市场经济的客观要求。管理者的素质高，管理组织结构合理，管理制度健全，管理方法科学，管理手段先进，能最大限度地调动企业员工的积极性，提高工作效率和生产效率。

（四）机制健全、行为合理

(1) 在现代企业制度条件下，企业是市场主体，企业的生产经营计划需要根据市场的情况自主决定，企业所需资金、技术装备、劳动力等资源需通过市场取得，产品必须通过市场销售，企业具有健全的产销机制。

(2) 根据现代企业制度原则建立起来的企业，投资者、经营者、员工和企业自身的利益都能够得到较好的体现，他们的积极性能得到较好的发挥，具有健全的激励和动力机制。

(3) 企业主要依靠自身的力量发展，其积累有稳定的来源，可以根据企业的需要自主决定投资项目，具有健全的发展机制。

(4) 企业的约束机制健全。在企业内部，领导制度健全，权责合理，领导层次之间、领导者之间既有明确分工，又相互联系、相互制约，具有健全的权力约束机制。各个利益主体之间，既有利益的一致性，又存在着差异，他们相互制约，企业具有健全的利益约束机制。企业是独立的利益主体，必须自负盈亏，其预算约束是硬性的，具有健全的预算约束机制。健全的企业经营机制能使企业克服盲目发展、盲目投资、偏重消费、忽视投资、看重眼前利益、忽视长远利益等不合理行为，使企业在生产经营活动中的行为通过自律达到合理化。

现代企业制度四个方面的特征是相互联系的，是一个有机的整体。明晰的产权关系是建立现代企业制度的前提和条件。产权不清晰，权责无法划分，政企难以分开。但产权清晰绝不是建立现代企业制度的唯一内容。现代企业制度的法人制度、有限责任制度、领导体制与组织制度等，都需要以产权关系明晰为条件，又都与权责明确、政企分开、管理科学、机制健全相联系。如果责权不明确、政企不分开，既无法建立完善的法人制度，也难以实现以有限责任制度为目标的公司制。现代企业制度的建立，意味着企业从法人制度、管理体制、决策程序到资源配置、经营决策、收入分配等各方面都要实行全新的办法,需要企业在管理水平上有所提高,如果没有管理科学,这种企业制度就不能成为现代企业制度。

第三节 管理与企业管理

管理起源于人们的共同劳动,自古就有。在人们组成集体去达到共同目标的时候,就必须进行管理以协调各成员的活动。

一、管理概述

(一) 管理的概念

对于管理的概念,不同的角度有着不同的理解。以西方管理学家对管理的定义为例,较有代表性的有以下几种。

(1) 泰罗:"管理是确切地了解你希望工人干些什么,然后设法使他们用最节约的方法完成它。"

(2) 法约尔:"管理就是计划、组织、指挥、协调、控制。"

(3) 霍德盖茨:"管理就是通过其他人来完成工作。"

(4) 德鲁克:"管理是一种以绩效责任为基础的专业职能。"

(5) 西蒙:"管理即决策。"

(6) 哈德罗·孔茨:"管理就是设计和保持一种良好环境,使人在群体里高效率地完成既定目标。"

本书给管理下的定义如下:在社会组织中,管理者为了实现组织的既定目标,对其所能支配的各种资源进行有效的计划、组织、领导和控制的过程。

这一定义包含了以下几方面的内容:

(1) 管理是在一定的空间即社会组织中进行的。

(2) 管理的主体是管理者。

(3) 管理的对象是组织中可供支配的各种资源。

(4) 管理的目的是实现组织的既定目标。

(5) 管理是通过计划、组织、领导和控制等职能来完成的。

(二) 管理的性质

管理的性质又被称为管理的属性,它指的是管理的二重性。管理的二重性是马克思关于管理的基本观点,是马克思在《资本论》中首先提出来的。马克思指出:"凡是直接生产过程具有社会结合过程的形态,而不是表现为独立生产者的孤立劳动的地方,都必然会产生监督劳动和指挥劳动,不过它具有二重性。""一方面,凡是有许多人进行协作的劳动,过程的联系和统一都必然表现在一个指挥的意志上,表现为各种与局部劳动无关而与工厂全部活动有关的职能上,就像一个乐队要有一个指挥一样,这是一种生产劳动,是每一种结合的生产方式中必须进行的劳动。""另一方面——完全撇开商业部门不说——凡是建立在作为直接生产劳动者和资料所有者之间的对立的生产方式中,都必然会产生这种监督劳动,这种对立越严重,这种监督劳动所起的作用也就越大。"与此同时,马克思还进一步分析说:"如果说资本主义的管理就其内容来说是二重的——因为它所管理的生产过程本身具有二重性:一方面是制造产品的社会劳动过程;另一方面是资本的价值增殖过程。"

通常,将上述管理的指挥劳动与监督劳动称为管理的自然属性与社会属性,即管理的二重性。"指挥劳动"是同生产力直接相联系的,是由共同劳动的社会化性质决定的,是进行社会化大生产的一般要求和组织劳动协作过程的必要条件,它表现为管理的自然属性。"监督劳动"是同生产关系直接相联系的,是由共同劳动所采取的社会结合方式所决定的,是维护社会生产关系和实现社会生产目的的重要手段,它表现为管理的社会属性。

认识和掌握管理二重性的原理,才能正确地处理外国管理经验和中国实际之间的关系,实事求是地研究和吸收外国管理中有用的东西,做到兼收并蓄、洋为中用。

(三) 管理的职能

管理的职能就是管理者为了有效地管理必须具备的功能,或者说管理者在执行其职务时应该做些什么。

管理者的工作中应该具有多少职能,国内外的学者有很多的说法,并形成了众多的学派。但从总体上来看,这些学派只是繁简不同,表述不一,并没有实质性的差别。本书认为,管理的基本职能可分为四项,即计划、组织、领导、控制。

(1) 计划。计划是管理的首要职能。计划指的是制定目标并确定达成这些目标所需的行动,是管理者在实际行动之前预先对应当追求的目标和采取的行动方案做出的选择和具体安排。通过计划,可以在目前所处的位置与将来预期达到的目标之间架起一座桥梁,从而将预期的目标转化为现实。虽然计划工作不可能完全准确地预测未来,而难以预见的情况又很可能干扰人们制订出最好的计划,但是,如果没有计划,组织活动往往会陷入盲目。有了详尽、周密的计划,可以促进和保证管理者在今后的工作中进行有效的管理。

(2) 组织。制订出计划以后,管理工作过程的下一步就是组织必要的人力和其他资源去执行既定的计划。组织是指确定所要完成的任务、由谁完成任务,以及如何管理和协调这些任务的过程。组织工作的具体内容包括:将达成组织目标必须从事的各项活动进行分类组合,划分出若干部门,然后根据管理幅度原理划分出若干层次,并把监督每一类活动所必需的职权授予各层次、各部门的管理人员及规定上下左右的协作关系。此外,由于组织的外界环境与自身目标都在发生变化,组织工作还要根据组织内外条件的变化,不断对组织结构做出调整和变革,以确保组织目标的实现。

(3) 领导。确定了计划、设置了组织结构、人员各就各位以后,管理人员才开始进行管理中的领导工作。领导就是要激励和引导组织中的全体成员同心协力去执行组织中的计划,实现组织目标。下属一般愿意服从和跟随那些善解人意并有较好沟通能力的领导者。因此,领导工作必须包含影响力、激励和沟通等手段和方法。

(4) 控制。控制是管理工作的最后一个环节。随着组织内各项活动的开展，管理者需要检查下属人员工作的实际进展情况，以便采取措施纠正已经发生或可能发生的各种偏差，并保证计划目标的顺利实现。控制职能与计划职能相比较，计划偏重于事先对行动加以指导，控制则偏重于事后对行动进行监督。但这里所提到的"事后"并非指的是要等到行动完全结束后再加以控制，那样做就不可能也来不及纠正偏差。有效的控制要求在偏离尚处于萌芽状态时就及时发现并给予妥善处理。

以上简单地介绍了管理的四种基本职能。这些职能从时间上看通常按照一定的先后顺序发生，即先计划，继而组织，然后领导，最后控制。但从不断进行的持续管理过程来看，在进行控制工作的同时，往往又需要制订新的计划或对原计划进行修改，并开始进行新一轮的管理活动。这意味着，管理过程是一个各职能活动周而复始的循环过程，而且由于管理工作过程的复杂性，实际的管理活动并不一定按照某种固定的模式进行。

二、企业管理

(一) 企业管理的概念

企业管理是指由企业的经理人员或经理机构对企业的经济活动过程进行计划、组织、领导和控制，以提高经济效益，实现盈利的目的。

企业的生产经营活动包括两部分内容：一部分属于企业内部的活动，即以生产为中心的基本生产过程、辅助生产过程及产前的技术准备过程和产后的服务过程，对这些过程的管理统称为生产管理；另一部分属于企业外部的活动，关系到社会经济的流通、分配、消费等过程，包括物资供应、产品销售、市场预测与市场调查、服务用户等，对这些过程的管理统称为经营管理，它是生产管理的延伸。随着现代商品经济的发展，企业管理的职能逐渐由以生产管理为中心转向以经营管理为中心。

因此，企业管理的任务是，不仅要合理地组织企业内部的生产活动，而且还必须把企业作为整个社会经济系统的一个组成部分，按照客观经济规律，科学地组织企业的经营活动。

(二) 企业管理的任务

(1) 合理组织生产力。合理地组织生产力是企业管理最基本的任务。合理组织生产力有两个方面的含义：①使企业现有的生产要素得到合理的配置和有效的利用。具体地说，就是要把企业现有的劳动资料、劳动对象、劳动者和科学技术等生产要素合理地结合在一起，恰当地协调它们之间的比例和关系，使企业的生产组织合理化，从而实现物尽其用、人尽其才。②不断开发新的生产力。第一，不断改进劳动资料，并不断采用更先进的劳动资料；第二，不断改进生产技术，并不断使用新的技术来改变生产工艺和生产流程；第三，不断发现新的原材料或原有材料的新用途；第四，不断对职工进行技术培训，并不断地引进优秀科技人员和管理人员。

(2) 维护并不断改进社会生产关系。企业管理总是在某种特定的生产环境下进行的，一定的社会生产关系是企业管理的基础，它从根本上决定着企业管理的属性，从全局上制约着企业管理的基本过程。因此，企业管理的重要任务之一就是要维护其赖以产生、存在的社会关系。

此外，由于生产关系具有相对稳定性，在相当长的一段历史时期内，其基本性质可以保持不变，而生产力则是非常活跃、不断变革的因素，必然会与原有的生产关系在某些环节或者某方面发生矛盾。这时，为了保证生产力的不断发展，完全有必要在保持现有生产关系的基本性质不变的前提下，通过改进企业管理手段、方法和途径，对生产关系的某些环节、某些方面进行调整、改善，以适应生产力不断发展的需要。

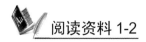

阅读资料1-2

马特莱法则

（三）企业管理的发展趋势

企业管理是随经济和社会的发展、企业的进步而不断发展的，已经经历了几个不同的阶段。在新技术不断发展的今天，企业管理有了巨大的发展，也表现出了新的特点和发展趋势。

1. 管理重心的转移

从传统管理理论发展到现代管理理论的一个重要标志，就是如何认识人在管理中的作用和地位。现代企业管理的重心已经从过去对物的管理转移到对人的管理。世界各国企业管理在新技术革命发展过程中都得到了不同程度的发展。尽管其方式和内容各有不同，但在注重对人的管理上都有许多不谋而合之处，并形成了一种新的发展趋势。

美国是行为科学的发源地，经过几十年的理论研究和管理实践，现代企业的管理者越来越认识到，最成功企业的管理都是真正面向人、重视人的管理。管理者要相信人、尊重人，尊重每个人的人格，承认每个人的贡献，让员工控制自己的命运，发挥自己的潜能，了解公司的经营情况，感到工作有意义、有保障，把公司当作大家庭。管理者要依靠共同的信念来激励大家，而不是依靠行政命令来控制大家。美国许多优秀的企业在对人的管理上取得了不少成功的经验，值得借鉴。

日本的企业管理更是以人为核心。在日本的历史上很少有重大的发明创造，但日本人的模仿能力、消化吸收能力是举世公认的。有人认为日本的管理理论是引进了美国先进的管理方法并吸收了中国古代管理思想，再结合日本的国情创立起来的。许多日本的管理者认为，在经济发展顺利时，可以侧重美国的管理方式；在经济不景气的时候，可以求助于中国古代的管理思想，因为在这种情况下，最重要的不是管理方式的选择，而是团结全体员工共渡难关，此时，中国的儒家说教就是救助企业的法宝。例如，松下电器提出的"企业七精神"，即产业报国、光明正大、和亲一致、力争向上、礼貌谦让、顺应同化、感谢报恩，就是对儒家精神的继承和发展。日本企业在长期的管理实践中培养起来的企业精神，是增强员工凝聚力、活力和动力的意识形态的总结，它渗透在企业的一切领域和场所，对员工的行为起着无形的指导作用。

阅读资料 1-3

企业就是要发展成一批"狼"

2. 管理组织的变化

一个组织如果只把眼光放在保持今天的成就和优点上，必将丧失对未来的适应能力。因为一切事物都处在变化的过程中，维持现状就无法适应变化的外部环境。未来的企业组织如何变化、朝着什么方向变化，是人们关心和探索的问题。国内外许多有创新精神的企业，都在对新的组织结构进行探索和试验。

认为直线制最有效，命令可以畅通无阻地层层下达，是工业时代最典型的企业管理形式。不过，这种管理系统依赖的条件是：现场要有大量精确的反馈，决策的性质大致相同。如果决策者面对的问题是重复的，种类又不多，经理人员就可以搜集到大量的相关信息，从而能从以往的成败中积累有用的经验。

现在，森严的直线制正逐渐失效，企业管理权逐渐从集中走向分散，企业的组织结构逐渐从金字塔形走向扁平化。从国内外企业发展的情况来看，扁平化的组织结构有以下几种类型。

(1) 分厂制代替总厂制，即把规模庞大或产品众多的企业，或按产品，或按生产工艺，或按销售方式，分解成若干个各自相对独立的分厂，享有相应的权力，总厂对分厂进行目标、计划等管理，分厂之间是平等的、横向联系的关系。

(2) 分层决策制代替集中决策制，即各分厂或各独立经营的单位享有决策权，在总厂的整体目标的指导下，按各自的条件和特点进行决策，而不是由总厂进行包揽，改变过去那种集中统一的决策模式。

(3) 以产品事业部代替职能事业部。实行事业部制是由金字塔形向扁平化发展的一种重要形式。它是按生产、销售、人事、财务等职能部门进行划分的。现在，国内外的许多企业在此基础上进一步发展，实行按产品划分，建立产品事业部。实行按产品来划分事业部，不仅让各产品事业部自己去管理生产，而且管理产品规划、研发和销售，并且加强事业部的独立核算，使事业部拥有了更多、更大的自主权。

(4) 分散的利润中心制代替集中利润制。许多国家把内部各部门按生产、销售特点划分为若干个利润中心，这种利润中心除承担一定的利润任务外，可根据自身的情况进行独立的经营活动，成为一个相对独立的经营单位。这样，各个利润中心的建立改变了过去那种只负责生产或销售，不负责盈亏，利润最后集中到总部才能反映经营状况的模式。

(5) 研究开发人员的平等制代替森严的等级制。扁平型组织结构还表现为企业内部研究人员与各级经营管理人员建立平等的关系，可以在一起进行平等自由的讨论，而不是像金字塔形结构那样等级森严。

第四节 企业管理环境

作为社会的基本单元，任何一个企业都不可能脱离社会而独立进行各种活动，总是与社会方方面面有着千丝万缕的联系。企业的生产经营既会受到政治、经济等宏观环境影响，也会受到资源供应者、服务对象、竞争者、政府主管部门和其他组织的影响，这些存在于一个组织内部和外部的影响因素就构成了企业的管理环境。

一、影响企业的环境因素

(一) 经济环境

所谓经济因素，是指企业经营过程中所面临的各种经济条件、经济特征、经济联系等客观因素。关键的经济因素主要有以下几方面。

1. 宏观经济环境

企业所在的国家和地区的宏观经济环境从总体上影响企业的经营和发展，具体有以下这些因素。

(1) 经济增长及其周期性。当一个国家处于经济起飞或高速增长阶段时，都会不同程度地刺激市场的需求，给企业带来发展机遇。但由于各方面的原因，任何国家和地区的经济增长都具有不同程度的周期性。我国也不例外。从统计资料来看，过去几十年间经济增长周期波动还相当大。企业如果能正确把握经济周期波动的规律，在高速增长时期采取扩张战略，在萧条时期到来之前采取紧缩战略，就可以把握住机遇，增加企业的价值和避免损失。

(2) 通货膨胀。一个国家在高速的经济发展或大的结构性变动的时期，难免伴随着通货膨胀。所谓的通货膨胀，简单地说，就是物价总水平的上涨，或者说货币贬值。过高的通货膨胀对社会经济的各方面均有危害，对企业来说有明显的不利影响。首先，政府面对高通货膨胀一般会紧缩银根，压缩财政开支，甚至用行政手段压缩固定资产投资规模，从而削减社会的总需求。而需求的下降就会不同程度地影响企业的销售。其次，通货膨胀会使企业资产的账面值贬值。

(3) 资本市场与货币市场。企业在经营过程中会不可避免地从企业外部筹措和融通资金。例如，通过增配股票、发行债券和向金融机构借款以筹集必要的资金。反之，当企业资金有富余时，有可能要购买股票对外投资。良好的资本和货币市场以及健全的相应法规，对企业的正常经营是相当重要的外部因素。

2. 税收环境

税收是国家按所制定的法律向经济单位和个人征收实物或货币。目前，我国实行的是货币税额。税收是国家财政收入的重要形式。对企业来说，依法纳税是应尽的义务，纳税支出构成企业生产经营活动开支重要的组成部分。因此，税收环境既是企业的经济环境，也是必须正视的法律环境。在各个税种中对企业较重要的是增值税(或营业税)和企业所得税。

(二) 技术环境

技术环境是指一个企业所在国家或地区的技术水平、技术政策、新产品的开发能力及技术发展的动向等。科学技术对企业经营管理的影响是多方面的,企业的技术进步将使社会对产品或服务的需求发生变化,从而给企业提供有利的发展机会。值得注意的是,一项新的科学技术的发明或运用,可能会带动一批新兴行业的兴起,也可能会损害或破坏另外一些行业。例如,静电印刷技术的发明使复印行业得到发展,从而使复写纸行业变得衰落;半导体的发明和普及,迅速改变了视听界的竞争格局。越是技术进步快的行业,这种新技术发明与运用就越应该作为环境分析的重要因素。

当前,一个国家或地区的经济增长速度,在很大程度上与新技术的发明和应用的数量有关系。所有企业,特别是属于技术密集型的企业,必须高度重视当今的科技进步和这种进步将给企业带来的影响,以便及时采取相应的战略策略,不断促进技术创新,保持竞争优势。

在衡量技术环境的诸多指标中,整个国家的研究开发经费总额、企业所在行业的研究开发支出、技术开发力量的集中程度、知识产权与专利保护,以及新产品开发状况、可能带来的生产率提高等,都可以作为关键战略要素进行分析。

(三) 政治环境

政治环境指一个国家或地区的政治体制、路线、方针、政策、法律法规等。政府的政策广泛影响着企业的经营行为,但这种影响往往是通过间接的方式进行的。例如,以税率、汇率利率、银行存款储备金为杠杆,利用财政政策和货币政策来实现宏观经济调控,通过干预外汇汇率来确保国际金融与贸易秩序。因此,在制定企业战略时,对政府政策的长期性和短期性的预测十分重要。

市场的运作需要一整套能够保证市场秩序的游戏规则和奖惩制度,这就形成了市场的法律系统。作为国家意志的强制表现,法律法规对于规范市场和企业的行为有着直接的作用。立法在经济上的作用主要表现为维护公平竞争、维护消费者利益、维护社会最大利益三个方面。因此,企业在制定战略时,要充分了解既有的法律规定,特别是要关注那些在酝酿中的法律,这是企业在市场中生存、参与竞争的重要前提。

(四) 社会文化环境

社会文化环境指的是一个国家和地区的民族特征、文化传统、价值观、宗教信仰、教育水平、社会结构、风俗习惯等情况。不同的民族和国家因其特点的不同而有很大的差异。

社会环境中的文化力量决定了人们的价值观和风俗习惯,其中关键的战略要素有生活方式的演变、人们期望的工资水平、消费者的活跃程度、人口年龄的分布状况及变动趋势、人口区域的迁移情况、平均寿命的增长情况、出生率等。研究社会文化环境对企业深入研究市场需求、形成企业战略有极大帮助。

观念应用 1-1

纸尿裤怎么了

宝洁公司是美国一家有名的公司，它生产的婴儿尿布历史悠久，很多美国人都是包着宝洁公司的尿布长大的。20世纪80年代，宝洁公司决定把婴儿尿布打入中国香港和德国市场。在一般情况下，公司每进入一个市场都要经过"实地试营销"以发现存在的问题。但这一次宝洁公司却认为，不管是中国香港的婴儿也好，德国的婴儿也好，都是婴儿，都需要尿布，没有必要进行实地试营销。

没有预料到的是，认为没问题的时候，问题偏就出来了。中国香港的消费者反映，宝洁公司的尿布太厚，而德国的消费者却反映，宝洁公司的尿布太薄！同样的尿布，怎么能一个说太厚一个说太薄呢？宝洁公司经过仔细调查才发现，尽管中国香港婴儿和德国婴儿尿量大体相同，但原因不是出在婴儿身上，而是出在婴儿的母亲身上。原来香港的母亲把婴儿的舒适当作头等大事，孩子一尿就换尿布，而宝洁公司的尿布一次可以兜几泡尿，自然就显得太厚了。而德国的母亲就比较制度化，早上给孩子换一次尿布，到晚上再换一次，这中间孩子要尿好多次。宝洁公司的尿布兜不了那么多，自然就显得太薄了。

资料来源：http://www.docin.com/p-575769258.html

二、企业对环境的影响

外部环境对于企业的影响是客观存在的，但企业也可以通过制定自己的战略去影响周围的环境，将环境对自己的不利影响降低到最低程度。企业对环境的影响主要有以下几个方面。

（一）影响供应者

每个企业都需要从外部获得原材料、能源及劳动力等来生产产品。因此，所有的企业都必然与其供应商有联系。

一个企业有很多途径对其供应商施加影响，其中最重要的策略就是与多个供应商建立合作关系以防止对一个供应商的过分依赖。一个企业如果只与一个供应商合作将是相当危险的；反之，如果将原料的采购分散于几个供应者，则它们之间为了竞争会给予较优惠的价格。为了防止原材料价格的上涨，也可以与某一供应商签订固定价格的长期供货合同。但如果企业确实对某一供应商有依赖关系，可以将其兼并或购买过来，成为自己内部的一部分。

（二）影响竞争者

企业要想增加其产品在市场上的占有率，就必然要与其他的竞争对手争夺市场，这就意味着企业必须为顾客提供更好的产品和服务，使顾客获得更大的满足感。如果产品及价格相同，企业就要在包装、服务和企业形象上给顾客更好的感觉；如果在产品的质量上不具备竞争优势，则可以通过降低产品成本，从而降低销售价格来吸引消费者。

虽然企业的很多行为都会给竞争者带来影响，但要真正影响自己的竞争对手，并给自身带来有利的结果并非易事。企业在发展的过程当中首先要消除竞争者对自己的不利影响,其次才能根据竞争对手的策略来制定相应的应对措施。因此,对竞争者的分析和研究对于企业来说相当重要。通常对竞争者的分析应注重以下一些因素:竞争者的销售增长率、市场占有率、产品获利能力,竞争者的地区分布、规模、资金实力、技术实力及经营特色等。

(三) 影响顾客

产品的销售策略应根据不同的销售对象和不同的市场形态而有所差异。企业的顾客可能是一个机构,如学校和医院;也可能是其他企业,如建筑商、批发商或者零售商;或者是个人。至于市场形态方面,如在有大量的买方和卖方的市场形态下,须特别注意产品的价格、品质、服务和产品的样式,这样才能不失掉老顾客,吸引新买主。如在买方人数少而卖方人数多的情况下,则应注重于包装、质量及企业形象等方面的工作。如果企业是一个独占者,任何顾客都只能从这里购买产品,在这种情况下,就应与政府管制机构协调好关系。

一个企业可以通过许多方式来影响顾客。常用的方法有:使产品多用途化;改变顾客的要求。前者在于为自己的某一产品开辟新的用途渠道,以争取新顾客或从竞争对手手中争夺顾客。后者是通过广告宣传等手段使顾客信服自己的产品。

总之,一个企业取得成功的重要因素之一就是顾客。没有顾客,企业就不可能生存。因此为了影响顾客、赢得顾客,企业必须了解顾客到底需要什么,尽可能做到投其所好。从长远来看,企业必须为顾客提供不同的、不断变化的需要服务,只有这样,企业才能长久地发展。

小思考 1-1

供应商、竞争者和顾客对企业有没有影响作用?如果有,表现在哪些方面?

答案:有影响作用。其主要表现在以下几方面:首先是供应商能否按照企业的要求按时、按质、按量提供各种要素,这直接决定了企业的生产活动能否正常运行;其次是竞争者竞争策略和发展方向会影响和制约企业的行为;最后是顾客的需求水平决定了企业的市场状况。

第五节 本章小结

企业是以盈利为目的,为满足社会需要,依法从事商品生产、流通和服务等经济活动,实行自主经营、自负盈亏、自我发展的法人实体和市场竞争主体。现代企业的法律形式主要有个人业主制企业、合伙制企业、合作制企业、无限责任公司、有限责任公司、股份有限公司。企业的组织结构主要有直线制、职能制、直线—职能制、事业部制、模拟分权制、矩阵制等形式。

管理是指在社会组织中,管理者为了实现组织的既定目标,对其所能支配的各种资源进行有效的计划、组织、领导和控制的过程。管理具有二重性:生产力属性和生产关系属性。管理的职能是计划、组织、领导和控制。

企业管理是指由企业的经理人员或经理机构对企业的经济活动过程进行计划、组织、领导和控制，以提高经济效益，实现盈利的目的。企业管理的任务是：不仅要合理地组织企业内部的生产活动，而且还必须把企业作为整个社会经济系统的一个组成部分，按照客观经济规律，科学地组织企业的经营活动。企业管理的发展趋势是管理重心的转移和管理组织的变化。

影响企业的环境因素包括经济因素、技术因素、政治因素、社会文化因素。企业对环境的影响作用有几方面：影响供应商、影响竞争者、影响顾客。

主要概念

企业　现代企业制度　管理

主要观念

企业管理　现代企业的法律形式　企业与环境的相互作用

思考与练习题

1. 简答题

(1) 企业的含义是什么？

(2) 简述管理的含义及企业管理的含义。

(3) 管理的职能有哪些？各个职能之间的关系是怎样的？

(4) 运用管理概念分析一下为什么"三个和尚没水喝"。

(5) 分析你身边的一个小卖部在经营当中所面临的外部环境。

2. 实训题

调查了解一个熟悉的家庭式企业管理思想的变化。

【实训项目】

找一个家庭式企业中的老职工，谈谈企业从产生到发展过程中领导者管理思想的变化。

【实训目的】

通过了解企业在经营管理过程中管理思想变化的必然趋势，从而认识中西方管理思想演变的内在动因。

【实训内容】

(1) 要求学生能够将实践中管理思想变化的阶段划分出来，并加以分析。

(2) 学生通过分析可以将中西方管理思想的基本内容讲述出来。

【实训组织】

(1) 要求学生指出我国不同家庭式企业处于不同管理理论阶段的例子。

(2) 教师可以按照这些信息进行归类。学生可以分散了解，也可以集体组织调查(分小组)。

【实训考核】

撰写实训报告,包括以下内容:

(1) 你所了解企业的基本情况;

(2) 企业在不同发展时期与中西方管理思想的发展阶段相对应的原因分析;

(3) 联系中国家庭式企业的发展历程,分析这些企业处于一个什么样的管理理论阶段。

3. 案例分析题

××公司的组织结构设计

××公司是一家生产新型建筑材料的民营企业,产品供不应求。公司总经理王强曾经是一所理工大学的教授,是新型建筑材料领域的专家。王总今年已65岁,由于体力和精力不足,最近在公司管理中感到力不从心。公司现行的组织职能分工如下。

直接对总经理负责的是一位总经理助理杨扬,40岁,具有丰富的生产经验,协调能力强,目前主要负责市场研究工作。对总经理负责的还有财务主任、销售副总经理、采购主任、生产副总经理、总工程师和工厂经理。

财务主任是会计师,直接对他负责的是一位办公室主任。后者不仅负责办公室业务,而且兼营财务科工作,工作头绪多,有时难免忙中出错。

销售副总经理负责销售业务,虽已有一位销售经理对他负责,但实际上其亲自指挥着每个销售人员的工作,销售经理大部分时间处理代销商送来的文稿。订货部主任也向销售部副总经理报告工作。

采购主任过去对生产副总经理负责,由于王总想严格控制成本转而向总经理负责。采购主任手下有两个采购员和一个办事员。

生产副总经理是总经理的亲戚,目前唯一向他报告的是生产计划部门的负责人。

总工程师担负着公司主要产品的设计工作,业务能力强,指挥设计科长和实验车间主任。

工厂经理50多岁,身体不太好,经常请假。对工厂经理负责的有机械加工工长、质量控制科长、装配工长、维修工长、货物收发工长和实验车间主任。工厂的工作人员目前直接向工厂助理报告工作,再由其以书面报告形式向工厂经理汇报。实验车间主要从事总工程师指派的科研项目的试制。

资料来源:http://zhidao.baidu.com/question/272017899.html?fr=qrl&cid=979&index=2&fr2=query

问题:

(1) 绘制××公司目前采用的组织结构图。

(2) ××公司目前采用的组织结构存在什么问题?

(3) 根据××公司的实际情况设计新的组织结构图。

第二章

企业计划与决策

【学习目标】

- ♦ 掌握计划、决策的概念
- ♦ 了解计划的内容
- ♦ 了解决策的原则与程序
- ♦ 掌握计划和决策的一般方法

成功企业的大胆下注

企业家不仅应是谋略家,还要是有谋略的冒险家。在生意场中,只要看准机会,就要敢于决策,"大胆下注"。成功的老板,常常会发动果敢的变革或投资行动,有时几乎是以公司命运作为赌注。这些行动风险极高,有些是在公司发轫期想要巩固自己的市场地位时采取的。

美国安全克伦公司总裁唐纳·布伦曼决心要使自己的公司成为全国性公司,他在18个月的时间里,在全国各地开辟了100多条新线路,借以抢先占有全国的市场。另一个相似的例子是美国共同医疗系统公司的首脑詹姆·麦卡勒,他在公司创立的头两年,敢于投入资本额的90%在电脑系统方面,以巩固公司和最大客户的关系,进而建立和形成对其他客户提供优质服务的能力。

也有一些公司是在发展的十字路口上,冒险下决心,改变方向。美国企业家迪米屈·狄埃拜洛夫为了促进本公司有更大的发展,投巨资吞并了合众水质公司,确立了米利坡公司在材料分离技术方面为全美最大厂商的地位。

还有一个生动的例子:美国契尔登公司的鲍伯·契尔登总裁,他在1965—1966年间投下850万美元,进行信用档案资料的全面电脑化。当时这家公司的年营业额与之比较起来实在很小,鲍伯愿意赌一下,因为他知道这项投资可以极大地扩充资料处理能力,使得任何一家竞争对手都无法匹敌。鲍伯的赌注终于赚回来了。客户对该公司的能力给予很高的评价,公司的收益急剧上升。20世纪80年代初期,契尔登又一次在系统方面投入一大笔资金,花费450万美元用于程序的重新设计,大大提高了客户取得资料和操作的能力。现在契尔登已成为全美的消费者随时保持最新信息资料的最大档案管理机构。

大胆下注并不等于蛮干。对于成功的企业家来说，敢冒风险的前提是明了胜算的大小。调查表明，那些敢于大胆下注的企业家在决定采取冒险行动之前，无不是经过慎重的调查分析，确定周密的行动方案(计划)以及与之配套的应变计划。

资料来源：http://auto.hx2car.com/kanche/20140903/508345_1.html

第一节 计划工作概述

在管理研究中，一般把计划称为首要职能，即首先和必要，从中可以体现出计划的重要性。企业经营管理过程中，由于所处的环境条件不断变化，所以充满了不确定性。因此，必须通过计划的制订和实施，减少不确定性带来的影响，使企业能从容面对挑战，把握机遇，按部就班地实现企业目标。

一、计划工作的概念

计划工作的概念有广义和狭义之分。广义的计划是指制订计划、执行计划和检查计划执行情况三个紧密衔接的工作过程。狭义的计划则是指制订计划过程。这里说的就是狭义的计划工作。

所谓计划工作，就是根据社会的需要及组织的自身能力，确定出组织在一定时期内的奋斗目标，通过计划的编制、执行和检查，协调和合理安排组织中各方面的经营和管理活动，有效地利用组织的人力、物力和财力资源，取得最佳的经济效益和社会效益。

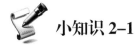
小知识 2-1

计划的类型

计划的种类非常多，按照不同的标准可以分成不同的类型，常见的分类方法有以下几种。

(1) 按计划的期限分类，可分为长期计划、中期计划和短期计划。一般地，长期计划是确定组织今后的发展方向、描述组织的未来形象，期限在 5 年以上的计划；中期计划主要是确定组织具体的目标和战略，期限在 1～5 年之内的计划；短期计划是反映组织在短期内要完成的任务，具有比较具体的方法或程序，期限在 1 年或 1 年以内的计划。

(2) 按职能分类，可相应地分为物资计划、设备计划、生产计划、销售计划、财务计划、人事计划等。这些计划一般是根据总体计划制订的，并考虑部门之间的协调关系。

(3) 按计划的层次分类，可相应地分为战略计划、战术计划和作业计划。战略计划一般由高层管理者制订，内容包括组织的长远目标、政治策略等；战术计划一般由中层管理者制订，是战略计划的具体化，以具体的行动方案为主要形式；作业计划一般由基层管理者制订，其主要内容是基层工作人员的具体任务与作业程序。

二、计划工作的内容

通常把计划工作的内容概括为6个方面，俗称5W1H：做什么(what to do)、为什么做(why to do it)、何时做(when to do it)、何地做(where to do it)、谁去做(who to do it)和怎样做(how to do it)。具体含义如下。

(1) 做什么。要明确计划工作的具体任务和要求，明确每一个时期的中心任务和工作重点。例如，企业生产计划的任务主要是确定生产哪些产品，生产多少，合理安排产品投入和产出的数量和进度，在保证按期、保质和保量完成订货合同的前提下，使得生产能力得到尽可能充分的利用。

(2) 为什么做。要明确计划工作的宗旨、目标和战略，并论证可行性。实践表明，计划工作人员对组织和企业的宗旨、目标和战略了解得越清楚，认识得越深刻，就越有助于他们在计划工作中发挥主动性和创造性。正如通常所说的"要我做"和"我要做"的结果是大不一样的，其道理就在于此。

(3) 何时做。规定计划中各项工作的开始和完成时间，以便进行有效控制以及对能力和资源进行平衡。

(4) 何地做。规定计划的实施地点或场所，了解计划实施的环境条件和限制，以便合理安排计划实施的空间组织和布局。

(5) 谁去做。不仅要明确规定目标、任务、地点和进度，还应规定由哪个主管部门负责。例如，开发一种新产品要经过产品设计、样机试制、小批试制和正式投产几个阶段，在计划中要明确规定每个阶段由哪个部门负主要责任、哪些部门协助、各阶段交接时由哪些部门和哪些人员参加鉴定和审核等。

(6) 怎么做。制订实施计划的措施及相应的政策和规则，对资源进行合理分配和集中使用，对人力生产能力进行平衡，对各种派生计划进行综合平衡等。

实际上，一个完整的计划还应包括控制标准和考核指标的制定，也就是告诉实施计划的部门或人员，做成什么样、达到什么标准才算是完成了计划。

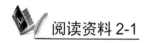
阅读资料2-1

计划的层级与表现形式

三、计划工作的方法和技术

现代组织面对更加复杂和动荡的外部环境，为使其适应越来越激烈的市场竞争，确保其稳定、持续的发展，要求组织能够更准确地预测环境的变化，并制订出科学的计划指标。现代计划方法为制订切实可行的计划提供了保证。下面介绍几种主要的方法和技术。

(一) PDCA 计划循环法

PDCA 计划循环法是美国质量管理专家休哈特博士首先提出的,由戴明采纳、宣传,并获得普及,故又称为"戴明循环管理法"。PDCA 是英文 plan(计划)、do(执行)、check(检查)、action(总结) 4 个单词的第一个字母的缩写。其基本原理是:做任何一项工作,首先要有个计划,然后按照计划去执行、检查和总结,这种程序周而复始,不断循环前进,并一步步地提高水平,从而使工作越做越好。这是做好任何计划工作和管理工作的一般规律(如图 2-1 所示)。

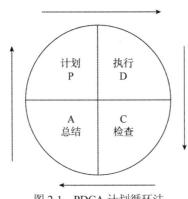

图 2-1　PDCA 计划循环法

(二) 滚动计划法

它是一种定期修订未来计划的方法。其编制方法是:在已编制计划的基础上,每经过一段固定的时期(如一年或一季度等,这段固定时期被称为滚动期),便根据变化了的环境条件和计划的实际完成情况,从确保实现计划目标出发,对原计划进行调整。每次调整时,保持原计划期限不变,而将计划期限顺序向前推进一个滚动期(如图 2-2 所示)。

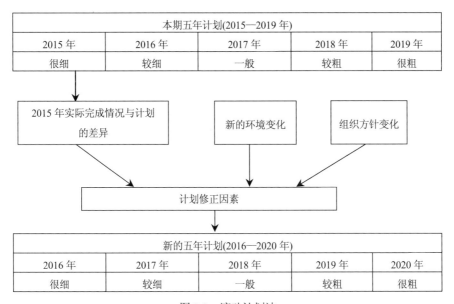

图 2-2　滚动计划法

由于长期计划的计划期较长,很难准确地预测各种影响因素的变化,因而很难确保长期计划的成功实施。而采用滚动计划法,就可根据环境条件变化和实际完成情况,定期地对计划进行修订,使组织始终有一个较为切合实际的长期计划做指导,并使长期计划能够始终与短期计划紧密地衔接在一起。

(三) 网络计划图

网络计划技术是20世纪50年代后期美国人在研制北极星导弹时创造的一种计划管理工具。它最适用于复杂工作项目的管理,所以在技术开发、城市建设、造船工业上应用广泛,在各种大型活动实施策划中的应用也很成功。此方法是以网络图的形式来制订计划,通过网络图的绘制和相应的网络时间的计算,了解整个工作任务的全貌,对工作进行科学的安排,并据以组织和控制工作的进行,以达到预期目的。

该方法的基本原理是将一项工作分为若干作业项目,然后按照作业的顺序进行排列,应用网络图对整个工作或项目进行总体规划和调配,以便用最少的人力、物力和财力资源及最快的速度完成整个项目。以建造小型加工车间为例,如表 2-1 所示,将该项目分为若干作业,先行作业是指该作业开始之前必须完成的相邻作业。

表 2-1　小型加工车间建筑网络计划作业划分

作业具体名称及内容	预期所需时间/天	先行作业名称
A. 审核设计图样、购买建材	5	
B. 平整,清理施工	2	A
C. 建立框架并砌墙	6	B
D. 搭建楼板	2	C
E. 安好门窗	2	C
F. 布设电线	2	E
G. 安装各种电动机械	2	F
H. 平整室内地面	3	D
I. 室内清理	2	G,H
J. 工程交接验收	1	I

绘出网络图(如图 2-3 所示),图中实线表示的是网络的关键作业链,即 A-B-C-E-F-G-I-J。在这一链上的任何一项作业若是推迟完成,都将影响计划的按时完成。虚线上的作业若无法按照预期的时间完工,在一定限度内对计划的按时完成影响不大。可以看出,在作业链 C-D-H-I-J 上的时间为 8 天(2+3+2+1),而在作业链 C-E-F-G-I-J 上的时间为 9 天(2+2+2+2+1)。所以,若想提前完成计划,就必须从关键作业链上设法缩短某作业的施工时间。

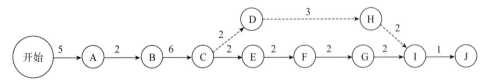

图 2-3　小型加工车间建筑施工 PERT 网络计划

对于涉及面十分广泛，许多具体工作已相互交叉在一起的情况，最好采取网络计划设计过程，从更全面的角度出发，对项目做出完整的考虑与安排。网络计划方法具有如下几个优点。

(1) 简单易行。无须掌握高深的定量分析方法，基层管理者很容易掌握这种方法。

(2) 可迅速确定计划的重点。设计网络计划图即可清楚地获悉计划中的关键作业，便于管理者对它们进行监督、控制。

(四) 鱼刺图

鱼刺图原来是在全面质量管理中所运用的一种因果分析图，专门用于分析质量问题的原因，也可用于具体的项目计划图表，具有简单明了、便于实施的特点。

鱼刺图的绘制很简单：确定计划项目，连接一条箭线。以舞台制作为例，把制作舞台的关键要素在箭线的上下两端以分箭线画出，形成一个类似鱼刺的图形，如图 2-4 所示。鱼刺图的绘制过程就是一个分析计划过程。

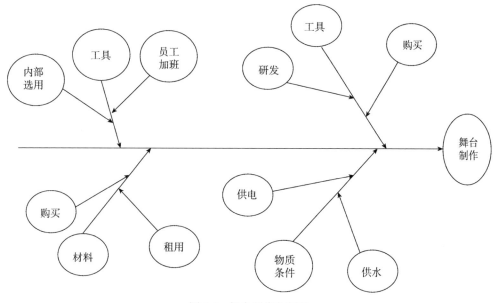

图 2-4 舞台制作鱼刺图

(五) 甘特图

甘特图是由甘特发明的，又称线条图、展开图、横线工作法，实际上是一种常用的日程工作计划进度图表。它以纵轴表示计划项目，横轴表示时间刻度，适用于具体实施计划的管理，操作简便。绘制的关键字段一般包括序号、工作项目、时间刻度、责任人和备注等，视具体计划而定。其特点是清楚地展示了工作的日程计划进程。图 2-5 所示为典礼日程计划甘特图。

序号	项目	日期																													责任人
		1	2	3	4	5	6	7	8	9	10	11	12	13	14	15	16	17	18	19	20	21	22	23	24	25	26	27	28	29	30	
1	典礼场地布置效果图送审	•	•	•	•																											
2	大马路布置效果图送审					•	•	•	•	•																						
3	舞台布置效果图					•	•	•	•	•																						
4	签到处布置效果图					•	•	•	•																							
5	奠基石设计图样						•	•	•	•																						
6	拟订标语口号							•	•																							
7	拟订演奏曲目							•	•	•	•	•	•	•	•																	
8	第一次工作会议							•	•	•																						
9	排练													•	•	•	•	•	•	•	•											

图 2-5　典礼日程计划甘特图

方法应用 2-1

动态环境下如何进行有效的计划工作？

在不确定的情况下，管理者制订出来的计划是既具体又灵活的，虽然这看上去是相互冲突的，但二者完全可以协调。为了使计划具有实用性，计划必须是具体的，但不应该是僵死的。管理者必须认识到计划是一个持续的过程，纵然是计划的最终目的，也会随着客观环境的变化而发生改变。管理者应当随时准备在环境发生变化的时候改变前进的方向和路线，保持这种灵活性在计划的实施阶段非常重要。值得指出的是，即使环境存在着很大的不确定性，正式的计划工作仍然必不可少。

第二节　决　策

决策是管理的基础，也是管理的核心。虽然管理者要做的事很多，但决策却是最重要、最费时、最困难，也是最冒风险的事情。在管理的几项职能中都会遇到决策问题，从某种意义上讲，整个管理过程都是围绕着决策的制定和组织实施而展开的。计划、组织、领导和控制都涉及决策问题。采用哪种组织结构，选择哪个计划方案，都是属于管理的决策问题。诺贝尔经济学奖得主西蒙甚至强调："管理就是决策。"

阅读资料 2-2

《管理决策新科学》经典速读

一、决策的概念

决策,就是人们为了达到一定目标,在掌握充分的信息和对有关情况进行深刻分析的基础上,用科学的方法拟订并评估各种方案,从中选出合理方案的过程。合理的决策必须具备 3 个条件:①目标合理;②决策结果满足预定目标的要求;③决策本身符合效率、满意、有限合理、经济性原则。

决策在本质上是一个系统的过程,而不是一个"瞬间"做出的决定。理论上可以想象,所有可能的方案都已被设计好,决策者的工作是从这些备选方案中挑选最好的。但事实上,决策者需要做大量的调查、分析和预测工作,然后确定行动目标,找出可行方案,并进行判断、权衡、选择,最后结合起来组成一个完整的决策过程。在这个过程中,每一阶段都相互影响,一项选择在决策的某一阶段是最好的,但是会被接下去的选择所影响。因此,良好的决策活动必须依赖整个管理系统的辅助才能完成。

二、决策的合理性标准和决策者的理性限制

(一)决策的合理性标准

什么是有效的决策?什么是正确的抉择?其判断标准是什么?除了根据决策实施的效果判断以外,在方案抉择阶段还有没有更直接的判决标准?对此,有以下 3 种代表性的观点。

(1)"最优"标准。第一种观点是由科学管理的创始人泰罗首先提出的,并为运筹学家和管理科学家所一贯坚持的"最优"标准。在泰罗看来,任何一项管理工作都存在一种最佳的工作方式。他认为:"管理这门学问注定会具有更富于技术的性质。那些现在还被认为是在精密知识领域以外的基本因素,很快都会像其他工程基本因素那样标准化,制成表格被接受和利用。"泰罗对管理技术所下的定义是:"确切知道别人干什么,并注意他们用最好、最经济的方法去干。"应该肯定,追求最佳是决策者的一种优良的心理品质。

(2)"满意"标准。第二种代表性观点是西蒙提出的"满意"标准。他认为:"对于使用运筹学方法来说,不需要什么精确性——只要能足够给出一个近似的比不用数学而单靠常识得出的那种结果要更好的结果来。而这样的标准是不难达到的。"

(3)"合理性"标准。还有一种有代表性的观点是美国管理学家哈罗德·孔茨提出的"合理性"决策标准。他对合理性决策标准的解释是:"首先,他们必须力图达到如无积极的行动就不

可能达到的某些目标。其次,他们必须对现有环境和限定条件下依循什么方针达到目标有清楚的了解。再次,他们必须有情报资料的依据,并有能力根据所要达到目标去分析和评价抉择方案。最后,他们必须有以最好的办法能最满意地达到目标的方案。"由于决策的未来环境包含不肯定因素,做到完全合理是很难的。孔茨认为,主管人员必须确定的是有一定限度的合理性,是"有界合理性"。尽管如此,主管人员还是应在合理性的限度内,根据各种变化的性质和大小尽其所能地做出最好的决策。

(二) 决策者的理性限制

决策规定了组织在未来一定时期内的活动方向和方式,提供了组织中各种资源配置的依据,因而在组织活动尚未开始之前就已经在一定程度上决定了组织的活动效率。所以,决策的正确、合理性对组织的生存和发展是至关重要的。但是,决策者的理性由于种种原因是有限的,这就给合理决策设置了许多障碍。决策者的理性限制主要表现在以下方面。

(1) 知识有限。找出所有的可供选择的行动方案,了解每一个备选方案在未来的实施后果,是以决策者拥有完全的知识为前提的。然而,决策者的知识是有限的。由于时间和精力、认识能力、信息搜集所需的成本等的限制,决策者对环境中的不同因素对组织活动的影响方面、影响方式、影响程度不可能有完全的了解。这种知识的不完整性,必然限制着决策者关于行动方案的制定、实施后果的预见及不同方案的评价能力。

(2) 预见能力有限。任何决策方案都需通过未来的活动去实施。外界环境不仅错综复杂,而且是多变的,因此,未来组织活动的外界环境将表现出与目前不同的特点。要能准确地预计各种行为方案的未来实施效果,首先必须能够正确地描述未来的环境状况。然而,决策者不仅知识有限,而且对于掌握的有限知识,其认识、利用能力(比如计算能力)也是有限的。这种利用能力限制决定了他们对未来的预测不可能是完全准确的,他们所预测的未来环境与未来发生变化后的环境状况不可能完全相符。对未来预见能力的限制,必然会影响其对不同方案未来实施效果的评价,从而影响决策的合理性。

(3) 设计能力有限。人的想象力、设计能力的有限性也影响着决策的合理性。在一定时间内,决策者能够考虑的行动范围有限,从而能够设计出的备选方案的数量也是有限的。

阅读资料2-3

决策偏见和错误

三、决策的一般程序

管理决策是一个科学的过程,一般包括以下7个步骤。

(1) 调查研究、分析情报资料，找出决策者期望解决的问题。这是决策中最重要的一环，是决策无一例外首先面临的问题。任何决策总是为了解决某一问题而制定的。关键是找出：希望解决的问题是什么，必须在什么时间解决它，为什么要解决这一问题，为解决这一问题愿付出多大代价。

(2) 确定目标。在找出问题并确定需要决策之前，还应准确地知道决策的目标，方才可能有的放矢地做出有效的决策。合理的决策目标应该是可以衡量其成果、规定其时间和确定其责任的。此外，由于决策目标往往不止一项，应注意选择其中一项为主要目标，并协调好多元目标之间的关系。

(3) 找出所有可行的方案。决策的本质是选择，而进行正确的选择必须提供多种备选方案。如果只有一种方案而无选择余地的话，也就无所谓决策。国外有句格言："如果看起来只有一种行事方法，那么这种方法很可能是错误的。"故决策就是在各种不同意见中做出抉择。在制定备选方案时，应满足整体详尽性和相互排斥性的要求，即要在条件允许的情况下，尽量考虑所有可能的方案，同时各个可行方案要能相互替代、排斥，不能相互包容。

(4) 确立衡量效益的标准化，测算每个方案的预期结果。管理决策中，通常通过成本与收益来衡量方案效益。成本是方案实施过程中所需消耗的资源——资金、人员、机器等，收益则是由某些行动的结果而产生的价值。确立了各可行方案的效益衡量标准后，就可据以对每个方案的预期结果进行测量，以供方案评价和选择之用。

(5) 方案的评估及方案选择。评估是根据确立的决策目标所提出的各种可行方案，以及衡量效益的标准、预期的结果等，分别对各种方案进行衡量。方案的选择则是就每一方案的结果进行比较，选出最可能实现决策预期目标或期望收益最大的方案，作为初步最佳方案。评估是一种机械过程，选择则是一种判断及价值观的运用。管理者须对备选方案可能带来的经济、社会效益及可能付出的代价进行综合评价，分析比较各方案的优劣，并从中选择最佳方案。应注意确定"有限合理原则"和"满意"标准、"最优"标准在不同管理环境中的适用性。

(6) 实施决策方案。方案的实施是决策程序中至关重要的，也是最困难的一步。在方案选定后，就可制定实施方案的具体措施和政策，还要注意运用目标管理方法把决策目标层层分解，落实到每个单位和个人，并随时了解方案的进展情况，及时调整行动。

(7) 追踪决策方案实施对目标的保证程序。实际上就是管理者通过对决策方案的追加评价来衡量决策的结果，可及时发现方案实际执行情况与原决策目标的偏差，并及时采取措施，消除偏差，改进决策，使之达到理想效果。

以上 7 个步骤构成了决策的制定、实施、调整的全过程。但应强调的是，在实际决策中，不能将这些步骤看成死板的公式，过分拘泥地去做。决策是一种经验的积累，往往可"跳过"很多步骤直接设想出满意的方案，从而提高决策效率。

四、决策的方法

决策的方法从技术上分为"硬"技术和"软"技术。决策的"硬"技术，是指建立在数学模型基础上，运用电子计算机辅助决策的方法。其中，应用比较广泛、成熟的技术是以运筹学和管理科学为主要内容的计算机决策支持系统。它大大提高了决策的准确性和实时性,把决策人员从大量烦琐的计算中解放出来,使他们能把精力更多地集中于分析解决关键性的重大问题。由于"硬"技术的数学模型往往要求的条件是明确的,而社会经济活动和管理活动却是不断变化的,存在着决策者难以控制和不确定的条件因素,使"硬"技术在运用上具有局限性。决策的"软"技术,是指建立在心理学、社会学、行为科学等基础上的"专家法",即"专家创造力技术"。它通过有合理结构的专家群体,依靠以现代科学技术掌握的大量信息,迅速、严密地分析、归纳和演绎,提出决策的目标、方案、参数,并做出相应的评价和选择。"软"技术最适用于受社会因素影响较大、所含不确定因素多的综合性决策,特别是战略决策问题。"软"技术弥补了"硬"技术对政治、社会和人文因素无法定量测算分析的缺陷。"硬"技术和"软"技术各有所长,决策者应根据具体情况,采用不同的方法或将两者结合使用,取长补短,以做出科学的决策。

小思考 2-1

有一种说法,当管理者越来越多地使用电脑和软件工具时,他们将能够制定更理性化的决策。你是否同意这种说法?为什么?

答案:不同意。因为制定出理性的决策依赖于管理者本身的经验和知识水平,以及详细、充分的历史资料,而电脑和软件工具仅仅是一些辅助的手段。

(一) 主观决策法(软技术方法)

主观决策法是运用社会学、心理学、组织行为学、政治学等有关专业知识、经验,在经营决策的各个阶段,根据已知情况和资料,提出决策意见,并做出相应的评价和选择,可以使决策更加完善。主观决策常用的方法有以下几种。

(1) 专家意见法(德尔菲法),又称专家意见函询调查法。发函请某些专家就一定问题提出看法和意见,被征询的专家彼此不相知,收到专家回答的意见后,综合归纳、整理,再分寄给各专家继续征求意见,如此反复数次,直到意见比较集中为止。

(2) 方案前提分析法。它的特点是不分析方案内容,只分析方案的前提能否成立。如果前提能成立,即可说明目标和途径是正确的。

(3) 头脑风暴法与反头脑风暴法。头脑风暴法,亦称畅谈会法。这种方法的特点是邀集专家,针对一定范围的问题,敞开思想,畅所欲言,同时规定四条规矩:第一,鼓励每一个人独立思考、开阔思路,不要重复别人的意见;第二,意见和建议越多越好,不受限制,也不怕冲突;第三,对别人的意见不要反驳、不要批评,也不要做结论;第四,可以补充和发表相同的意见。这种方法旨在鼓励创新并集思广益。反头脑风暴法正好与上法相反,同意的肯定意见一概不提,而专门找矛盾、挑毛病,群起而攻之。这两种方法运用得当,可以起到互补的作用。

(4) 创造工程方法。这种方法追求的目的是针对一定问题提出创新性的方法或方案。创造工程方法把创新过程看作一项有秩序、有步骤的工程。它把创新过程分为3个阶段和10多个步骤。第一阶段是确定问题阶段,包括主动搜索、发现问题、认识环境、取得资料、确定问题等步骤;第二阶段是创新思想阶段,通过主动多发性想象、自发聚合等步骤形成创造性设想;第三阶段是提出设想和付诸实施阶段,把设想形成方案付诸实施,并接受实践验证。

(二) 计量决策法(硬技术方法)

计量决策法是建立在计量模型基础上的一种决策方法,是运用统计学、运筹学、电子计算机等科学技术,把决策的变量(影响因素)与目标用数学关系表示出来,求出方案的损益值,然后选择出满意的方案。这种决策可以分为确定型、风险型和不确定型3种。

1. 确定型决策方法

确定型决策是指影响决策的因素、条件和发展前景比较清晰明确,并且容易做出判断,根据决策目标可以选择最佳方案的决策。确定型决策方法可分为单纯选优法和量本利分析决策法两类。

(1) 单纯选优法。单纯选优法是根据已掌握的每一个方案的每项确切结果,进行比较,直接选择最优方案的方法。

例如,某印染厂拟向4个工厂购得质量相当的坯布,单价分别为:甲厂1.5元/米,乙厂1.65元/米,丙厂1.7元/米,丁厂1.55元/米,则该印染厂选甲厂的坯布。

(2) 量本利分析决策法。量本利分析决策法亦称盈亏平衡分析法,是根据对业务量(产量、销售量、销售额)、成本、利润三者综合关系分析,用来预测利润、控制成本的一种分析方法,是企业决策的常用方法。量本利分析的关键在于找出盈亏平衡点。所谓盈亏平衡点是指盈亏平衡图中企业利润为零的点,即企业销售收入总额与成本总额相等的点,如图2-6所示,A点即是盈亏平衡点。

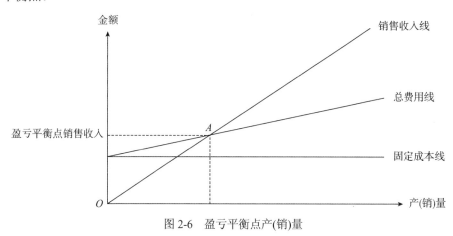

图 2-6 盈亏平衡点产(销)量

盈亏平衡点常用所对应的产(销)量来表示,也可用销售收入表示。其计算公式如下:

盈亏平衡点产(销)量=固定成本/(单位售价-单位变动成本)

盈亏平衡点销售收入=固定成本/(1-单位变动成本/单位售价)

确定盈亏平衡点后,就能做出相应的决策判断。

2. 不确定型决策方法

不确定型决策所面临的问题是决策目标、备选方案尚可知,但很难估计各种自然状态发生的概率。因此,此类决策主要靠决策者的经验、智力及对承担风险的态度。不确定型决策主要方法有以下5种。

(1) 等概率决策法。既然各种各样自然状态出现的概率无法预测，不妨按出现的概率机会相等计算期望值，做出方案的抉择。例如，某企业准备生产一种新产品，对于市场的需求量估计有 3 种自然状态，即较多、中等和较少。企业拟定了 3 种方案，即第一方案是改建生产；第二方案是新建生产线；第三方案是与外厂协作生产。对这种产品，工厂拟生产 5 年。根据计算，其收益期望值如表 2-2 所示。

表 2-2　某企业新产品生产等概率决策法决策表

自然状态 方案	不同需求量的收益值			收益期望值/万元
	需求量大 (概率 1/3)	需求量一般 (概率 1/3)	需求量较少 (概率 1/3)	
改建生产线	18	6	-2	1/3×18+1/3×6+1/3×(-2)=7.3
新建生产线	20	5	-5	1/3×20+1/3×5+1/3×(-5)=6.7
协作生产	16	7	1	1/3×16+1/3×7+1/3×1=8

从表 2-2 中看出，协作生产收益期望值最理想，故决策方案为协作生产。

(2) 悲观原则决策法(小中取大法)。首先找出各个方案的最小收益值，然后选择最小收益值最大的方案为最优方案。

以表 2-2 为例，看出改建生产线方案最小收益值为-2，新建生产线方案最小收益值为-5，协作生产方案最小收益值为 1。因此，协作方案应为最优方案。

(3) 乐观原则决策法(大中取大法)。在上例中找出各方案的最大收益值分别为 18、20、16，从中选择最大值，这样，新建生产线方案将为最优方案。但这种方案风险较大，要慎用。

(4) 折中原则决策法。悲观原则决策法和乐观原则决策法都受个人个性影响，有的专家提出一种在乐观原则和悲观原则之间进行折中的方法，要求决策者对未来发展做出判断，选择一个系数 a 作为主观概率，叫作乐观系数。

以表 2-2 为例，若 $a=0.7$，则：

改建生产线收益期望值=0.7×18+0.3×(-2)=12；

新建生产线收益期望值=0.7×20+0.3×(-5)=12.5；

协作生产收益期望值=0.7×16+0.3×1=11.5。

这 3 种方案中新建生产线期望值最高，故决策方案为新建生产线方案。

(5) 后悔值原则决策法。某一种自然状态发生时，即可明确哪个方案是最优的，其收益值是最大的。如果决策人当初并未采用这一方案而采取其他方案，这时就会感到后悔，最大收益值与所采用的方案收益值之差，即后悔值。后悔值原则决策法即选择后悔值最小的方案为最优方案。

根据上述例题可做如下分析，见表 2-3。

首先，找出各自然状态的最大值为 20、7、1。

其次，对各个自然状态，用最大收益值减去同种状态的收益值，即为后悔值。

从表 2-3 中可见，各方案的最大后悔值分别为 3、6、4。因此，改建生产线方案是最佳决策方案。

表 2-3　某企业新产品生产后悔值原则决策法决策表　　　　　　　　　单位：万元

自然状态 后悔值 方　案	在不同需求下的后悔值			最大后悔值
	需求 较多	需求 中等	需求 较少	
改建生产线	20−18＝2	7−6＝1	1−(−2)＝3	3
新建生产线	20−20＝0	7−5＝2	1−(−5)＝6	6
协作生产	20−16＝4	7−7＝0	1−1＝0	4

3. 风险型决策法

风险型决策有明确的目标，如获得最大利润；有可以选择的两个以上的可行方案；有两种以上的自然状态；决策者能估算出不同自然状态出现的概率；不同方案在不同自然状态下的损益值可以计算出来。因此，决策者在决策时，无论采用哪一个方案，都要承担一定风险。

风险型决策常用的方法是决策树法。决策树法是以图解方式分别计算各个方案在不同自然状态下的损益值，通过综合损益值比较，做出决策的方法。决策树法是将可行方案、影响因素用一张树形图表示的方法。以决策点为出发点，引出若干方案枝，每个方案枝都代表一个可行方案。在各方案枝末端有一个自然状态结点，从自然状态结点引出若干概率枝，每个概率枝表示一种自然状态。在各概率枝末端注有损益值。决策树结构如图 2-7 所示。

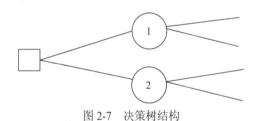

图 2-7　决策树结构

例如，某工厂准备生产一种新产品，3 种自然状态高、中、低市场需求量出现的概率分别为 0.3、0.5、0.2。企业有两个方案可供选择：①新建一个新产品车间，需要投资 140 万元；②扩建原有车间，需要投资 60 万元。两个方案在不同自然状态下年收益如表 2-4 所示。

表 2-4　某工厂不同方案的收益　　　　　　　　　　　　　　　　　　　单位：万元

自然状态 收益值 方案	高需求	中需求	低需求
新　建	170	90	0
扩　建	100	50	20

要求：①绘制决策树；②计算损益值；③方案优选(剪枝)。

根据条件绘制决策树(如图 2-8 所示)。

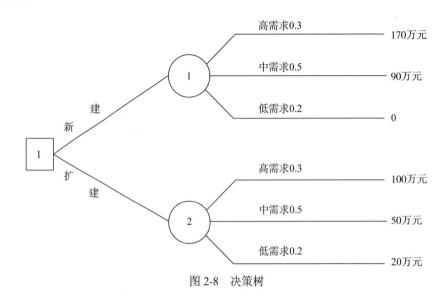

图 2-8 决策树

按 3 年计算不同方案的综合损益值：

新建方案收益＝3×(0.3×170＋0.5×90＋0.2×0)＝288(万元)；

扩建方案收益＝3×(0.3×100＋0.5×50＋0.2×20)＝177(万元)；

新建方案净收益＝288-140＝148(万元)；

扩建方案净收益＝177-60＝117(万元)。

方案优选：比较结果，新建方案的预期净收益为 148 万元，大于扩建方案净收益 117 万元，所以新建方案是最优方案。

第三节 本章小结

所谓计划工作，就是根据社会的需要及组织的自身能力，确定出组织在一定时期内的奋斗目标，通过计划的编制、执行和检查，协调和合理安排组织中各方面的经营和管理活动，有效地利用组织的人力、物力和财力资源，取得最佳的经济效益和社会效益。

通常把计划工作的内容概括为 6 个方面，称为 5W1H，即做什么(what to do)、为什么做(why to do it)、何时做(when to do it)、何地做(where to do it)、谁去做(who to do it)和怎样做(how to do it)。计划工作的方法有 PDCA 计划循环法、滚动计划法、网络计划图、甘特图和鱼刺图。

决策，就是人们为了达到一定目标，在掌握充分的信息和对有关情况进行深刻分析的基础上，用科学的方法拟订并评估各种方案，从中选出合理方案的过程。决策的合理性标准有"最优"标准、"满意"标准、"合理性"标准。决策者的理性限制有知识有限、预见能力有限、设计能力有限。决策方法包括主观决策法和计量决策法。

主要概念

计划　滚动计划法　决策

主要观念

PDCA 循环法　硬技术决策　软技术决策

思考与练习题

1. 思考题

(1) 什么是计划工作？计划有哪些重要作用？

(2) 决策过程一般包括哪些步骤？

(3) 什么是 PDCA 计划循环法？它具有哪些特点？

(4) 某厂欲生产一种新产品，有两种方案：一是建设大工厂；一是建设小工厂。两者的使用期都是 10 年。大工厂需要投资 500 万元，小工厂需要投资 240 万元。两种方案的年损益值(以万元为单位)及自然状态的概率如表 2-5 所示。

表 2-5　新产品生产方案　　　　　　　　　　　　　　　　　单位：万元

自然状态	概率	大工厂	小工厂
销路好	0.6	300	100
销路差	0.4	-80	40

两种方案哪一个更优？使用决策树的方法进行判断。

(5) 某公司为了获得更好的发展，决定投资建设一通信设备厂，决策者有 3 个方案可供选择，即建设大型工厂、中型工厂和小型工厂。对于通信设备的市场前景，存在着 3 种自然状态：销路好、销路一般、销路差。通过调查研究，决策者对各个方案在各种自然状态下的损益值进行了估计，其结果如表 2-6 所示(单位：万元)。

表 2-6　损益值表　　　　　　　　　　　　　　　　　　　　单位：万元

决策方案	自然状态		
	销路好	销路一般	销路差
建设大型工厂	300	120	-70
建设中型工厂	200	150	20
建设小型工厂	100	60	40

试用乐观原则、悲观原则、折中原则及后悔值原则分别做出选择。

2. 实训题

实训项目一：编制计划

【实训目的】

(1) 培养创新能力与策划能力。

(2) 掌握实际编制计划的方法。

【实训内容】

(1) 在调研的基础上,运用创造性思维,策划一项活动,制订计划书。要求:

① 所策划活动的内容与主题,既可以由教师统一指定,也可以由学生自选。选题尽可能与所学专业相关。

② 应通过调研,提供较为充分的材料。

③ 要运用创造性思维,所策划的活动一定要有创意。

④ 要科学地规划有关要素,计划书的结构要合理、完整。

(2) 在每个人进行个别策划的基础上,以模拟公司为单位,运用"头脑风暴法"等方法,组织深入研讨,形成公司的创意。

(3) 利用课余时间进行系统的活动策划,编制公司的活动策划书或计划书。

(4) 在课上进行交流。

实训项目二:决策与分析

【实训目的】

(1) 培训运筹与决策能力。

(2) 培养对决策方案分析评价的能力。

【实训内容】

(1) 将全班分成A、B两组,并相对而坐,围成圆圈。

(2) 教师每10分钟发放一个题目(也可以抽签)。教师公布题目后,负责制订计划的一组用抢答的方式确定制订计划者,经过5~10分钟准备后提出一个简要的创意或计划构想。也可在课前先确定题目,以使学生有更充分的准备时间。

(3) 第一节由A组对指定题目进行策划,提出计划要点或构想;B组成员对该计划构想进行分析评论,指出其合理之处、存在的问题和不足;制订一方的成员可对计划构想做进一步补充和解释说明。第二节课A、B两组轮换角色。

3. 案例分析题

柯达:治理决策

企业的转型并不是有勇气和方向感就可以实现的,还需要协调多方利益,否则可能使转型半路夭折,改革者被迫下课。而且,改革时机难以把握,因为不到危急情势,难达成共识,但真到危急时刻又可能已经错失良机。

在欧美上市公司的体制里,股东利益是非常复杂分散的,而且凌驾于一切之上。任何一项重大的决定,都需要说服股东一致同意才能生效。而在资本市场中,股东往往过分关注股价红利等短期利益而忽视对公司业务的监督。在柯达几次巨大的裁员风波中,股东们也起到了推波助澜的作用,他们的眼睛只盯在利润报表上,不断要求削减公司人员以求得短期成本控制。裁员的消息确实使柯达原本疲软的股票价值一度飞速上扬,使华尔街要求提高季度产值的沸沸扬扬的吵闹声归于沉寂。但事实上这些措施只不过是掌权者借以掩盖几十年经营不善的事实的手段,效果短暂而且产生了极大的副作用。

柯达股东们短浅而狭隘的关注力一路阻碍着公司的变革，使得柯达没有把精力集中在追求真正的改革和进步上，而是过多关注于股票升值以追求短期利益。2003年年初，感觉形势不对的邓凯达做出了柯达全面向数码转型的决定，然而这意味着要削减72%的红利派发额度并向新兴的数码技术投资30亿美元，于是遭到了部分股东的强烈反对，计划最终搁浅。

柯达的董事会很少履行监督职能，薪酬却非常丰厚，进一步减少了他们对公司监管的激励。在柯达内部会议上，董事会甚至懒得听取关于公司具体问题的汇报。据某位经理称："在我当高级职员的5年里，与董事会讨论实质性的问题所占用的时间总共不到38分钟。有人对我施加很大的压力，让我只考虑好的一面。"

在外国公司开始严重影响柯达的支柱项目即胶卷生产时，柯达公司的第三任总裁钱德勒下令削减10%的人员和5%的预算，董事会却又一次投票为自己再争取到每年1000美元的加薪和更高的参会费，毫无与公司同甘共苦的态度。董事会成员每天都可以在俱乐部里消耗掉许多时光。假如空出一个成员的位置，董事会的成员们会从公司里选一个朋友上来补缺。

同时，柯达的董事会结构也带来诸多的利益冲突与决策的低效率。柯达的董事会成员都只拥有极少的公司股份，这使得他们与公司效益之间没有形成真正的利害关系。在1984年，整个董事会不过持有84 669股股票。一些董事十分依赖于岗位补贴，因一份津贴而受缚于公司，变得唯唯诺诺，丧失了董事应该具有的完全独立性，阻碍了董事会对公司治理的监管及对总裁行为的有效干预。而且董事会里来自公司内部的成员过多，董事长和总裁一直由同一人担任，不利于权力的制衡与多样性的公司文化建设。在1984年的董事会里，15名成员中有8名来自柯达的管理部门。钱德勒离职后，仍然作为董事会一员参与决策，使得许多决策复杂化。

柯达的官僚文化传统和股份政策同样给予柯达寄予创新厚望的子公司们以层层束缚。这些在母公司的革新道路上冲锋陷阵的小公司被纳入柯达的大系统里，问题就会接踵而至。作为母公司，柯达坚持要求这些刚刚奋斗出来的小企业遵循柯达的股份政策，而这样会给这些羽翼未丰的小公司增加财政负担。尽管子公司的企业家们一直在争取一个不受柯达官僚主义传统束缚的、独立性更强的企业氛围，但他们很快就明白了要违抗母公司的文化传统实属不易。各小公司"都被柯达分派了无底洞式的支出项目，还远未强大起来的小公司里每个人都觉得自己似乎被一个财大气粗的大公司压得喘不过气来"。显然，母公司的管理者缺乏长远与全盘的考虑。

即使在两次改革当中，董事会也仍然没有进行足够的反省与改革。在公司对工人的工资体制进行改革的时候，并没有从公司最高层自上而下地实行，董事会高高在上、对错误不愿反省的态度引来不少员工的不满。

因此，董事会对短期利益的过度关注，对企业长远发展战略的忽略，使其自身利益与柯达公司整体利益发生分离，导致柯达难以割舍当下为其带来巨大利润的胶片产业，错过了战略转型的最佳时机。相比之下，脱离柯达后的伊士曼化学公司为了统一多方利益，唤起公司各阶层人士的责任感，要求公司包括董事会成员在内的每个人都要认购伊士曼公司的股票，投资额要占到个人年收入的4倍之多。这样，每个人的利益都与公司的财政收入联系在一起，人人都承担一定程度的风险，大家的工资单就是公司业绩好坏的晴雨表。特别是，公司要求董事会成员必须持有价值是其全年津贴3倍的公司股份，也就是大约10万美元的股票，以加强董事会与公司业绩的利益关联。

日本的富士胶片株式会社，曾是世界三大胶片巨头之一，成立也近百年。但相比柯达，富士的转型要成功得多。这是由于富士乃日式家族企业，执行力相对较强，只要企业领袖下定决心，相对更容易做出重大改革的决定。

2001年，在"98协议"的打击下，富士在中国胶卷市场的占有率从70%迅速滑落到20%。在近乎走投无路的情况下，富士确立了向数码转型的基本思路，并从此在这条道路上心无旁骛。之后，在数码业务得到巩固后，富士开始了声势浩大的"二次创业"。

富士在传统胶片领域停止了部分生产线，同时裁减相关员工5000人，已经减少了大量的投入；对于数码相机领域，则继续强化产品研发，适当削减经费并对库存管理进行强化。与此同时，在全球展开了近30亿美元非消费业务的大范围投资，投资领域涉及液晶屏材料、医疗、印刷等。2006年，甚至推出了护肤品与保健品。通过长达7年的结构性调整，富士的业务领域早已不再局限于胶卷，已扩大到影像、信息、文件处理三大板块，传统感光材料的销售额比例则在本已不多的6%的基础上下降至一半。富士灵活地将胶片时代的技术优势延续并运用到化学、医疗、高性能材料等领域，为日后打下基础。

富士胶片株式会社社长古森对富士的成功转型和未来"新富士"的构想充满了自信："今后的富士既不是胶片企业，也不是数码相机企业，而应该把它理解成一家'综合信息技术公司'。"

资料来源：顾倩妮. 美国企业管理经典案例解析[M]. 上海：上海交通大学出版社，2016，笔者节选

问题：

(1) 请根据案例内容，分析柯达公司在决策方面存在什么问题？

(2) 同样是以生产胶片为主的企业，富士公司通过什么方面的决策实现了转型？

第三章

生产管理

【学习目标】
- 认识生产管理的发展及在企业中的作用
- 掌握组织生产过程的空间组织原则和时间组织原则
- 了解生产管理中计划的作用及实施方法
- 了解实施设备管理和设备维修的基本方法和要求

草籽娃娃

草籽娃娃迅速成为这个夏天风行一时的新产品。从 4 月中旬开始生产以来，Seiger Marketing 已经两次搬迁和扩建它的草籽娃娃生产分厂及仓库。即使这样，现在的生产水平仍然使它们位于安大略省的多伦多工厂的设备生产能力达到了其物理极限。

当草籽娃娃的主人把它们从盒子里取出时，他们会发现一个光秃秃的惹人喜爱的人头状的小东西，这个小东西的直径大约 8 厘米。在水中浸泡后，把草籽娃娃放在潮湿的环境中待上几天，它就会长出一头漂亮的绿发。草籽娃娃主人的创造力能够通过发型的变化表现出来。草籽娃娃的销售工作是从多伦多地区的花店和礼物商店开始的，但由于产品获得广大顾客的普遍欢迎和认可，分销工作通过沃尔玛这样的商店在全国范围内开展。到 7 月中旬，已有 10 万多草籽娃娃在加拿大出售，向美国的出口工作也已经开始。

草籽娃娃通过一个混合批量流水生产过程加工出来。6 个填充机操作员同时工作，把锯末和草籽装进尼龙袋子里，这样就制成了基本的球形体。操作员把球形体放入塑料的装载盒里，每盒可装 25 只。在另一个批量作业地，一个操作工人把带有塑料外衣的电线在一个简单的模具上缠绕一下就制成了草籽娃娃的眼镜。接下来的作业过程是一个由人工组成的流水线。三个塑形工把球形体从装载盒中拿出来，通过加工使球形体看起来更像人头，这包括为它们塑造出鼻子和耳朵，并把两只塑料的小眼睛用胶水粘在镜框里。经过塑形和组装的草籽娃娃都转交给下一个工人，他负责用织物染料给它画上一个红红的嘴巴，画完后把它们放在一个晾干架上，经过 5 个小时的晾干以后，两个包装工人把草籽娃娃放进盒子，然后再把它们装入便于运输的箱子中。

为了分析研究生产能力，本和他的日常监管鲍勃·韦克莫对草籽娃娃的各加工工序及转移时间做了估计。估计的时间如下：填充——1.5 分钟；塑形——0.8 分钟；制作眼睛——0.4 分钟；

构造眼镜——0.2 分钟；涂染——0.25 分钟；包装——0.33 分钟。除去不可避免的拖延和休息时间，本得出他可以对一个 8 小时班次按 7 小时计算实际工作时间。

资料来源：https://wenku.baidu.com/view/fabb7f6dccbff121dd368362.html

第一节　生产管理的概念和内涵

现代企业经营管理涉及面非常广泛，如战略、营销、财务、生产、供应库存、产品开发、人力资源等很多方面。但是无论是哪一类企业，生产管理仍然居于企业的重要部分。因此，任何管理者都必须好好学习和掌握生产管理这门知识。

一、生产管理的概念

在研究生产管理的理论和方法之前，我们有必要把与生产管理有关的基本概念和与它们之间的关系做一说明。

生产是指人们创造产品和服务的有组织的活动。生产管理是指组织为实现一定的目标，有效利用资源，对组织创造产品和服务的过程进行系统的管理。

企业管理最初是由生产管理发展起来的，随着社会的发展，生产管理已经不仅仅局限于企业的制造作业，也开始应用于服务性企业。企业之间竞争的加剧，使企业必须从战略的高度对生产进行管理。而服务业的兴起，使生产和生产管理的概念得到延伸和发展。研究有形产品制造的"生产管理"(production management)一词逐渐演变为研究有形产品和无形产品制造的"生产与运作管理"(production and operation management)，进而演变为研究创造社会财富的"运作管理"(operation management)。由于在中文里，一切创造财富的活动都称作"生产"，它既包括有形产品的生产，也包括服务等无形产品的生产，所以，在此我们统一用"生产"和"生产管理"来表示上述概念。

小思考 3-1

服务业的生产与有形产品生产相比有何特点？

答案：服务业生产的特点有以下几点：①无形、不耐久；②不能保存，生产与消费基本同时发生；③顾客与服务接触频繁；④响应顾客需求周期短；⑤主要服务于本地有限区域；⑥设施规模一般较小；⑦服务质量难以衡量。

二、生产管理的内涵

（一）生产管理在企业中的地位

企业管理有营销管理、生产管理、财务管理三大基本职能。这三大职能和其他一系列职能相互联系又相互作用，缺一不可。营销管理是企业生存和发展的航标灯，营销管理工作做不好，企业立刻驶入危险的境地；营销管理工作做好了，企业的生产等各项工作才有前进的方向。生产管理是企业发展的基础，企业要想满足市场的需求，输入转换为输出的工作必须保质保量按时完成；否则，将无以为继。企业在开展营销、生产等一系列工作时，必须依靠财务部门(编制预算、财务评估、筹措资金等)的配合，进而涉及人力、技术、信息等方面，企业生产管理中的各个部门、各个环节乃至整个生产过程都需要他们的配合。

(二) 生产管理的内容

生产管理的内容一般包括生产系统设计和生产运行管理两大方面。

生产系统设计是指对厂址选择、能力规划、部门设置、产品计划、设备布置等的决策过程，一般在新建、改建、扩建生产系统时进行。它对生产系统具有先天性的决定影响。

生产运行管理是指对生产过程的计划、组织、领导、控制，一般有客户需求的预测、生产计划的制订、供应库存控制、人员排班、质量控制等工作。

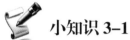

小知识 3-1

生产管理的主要研究手段

生产管理的主要研究手段有：①数理统计分析；②图表分析方法；③理论模型分析；④模拟仿真分析；⑤实证操作分析。

(三) 生产管理的目标

(1) 时间(T—time)：满足顾客对产品和服务时间的要求，即生产周期短、交货期准确。
(2) 质量(Q—quality)：满足顾客对产品和服务质量的要求，顾客要满意。
(3) 成本(C—cost)：满足顾客对产品和服务价格的要求，生产成本低，顾客使用成本小。
(4) 服务(S—service)：满足顾客对产品和服务的相关要求，如售前服务、售后服务等。

阅读资料 3-1

福特的装配流水线

第二节　生产过程组织

生产过程是企业为社会服务的基本过程。企业提供给社会的各种款式的产品和优质的服务，是劳动者通过操作机器设备,把原材料通过一定方式加工装配出来的。企业要想在市场竞争当中占据优势地位,需要对生产过程进行科学的计划、组织、领导和控制,投入生产的各种不同要素充分体现其价值。因此,只有合理有效地组织管理好生产过程,才能为企业提高劳动效率、降低生产成本、增强应变能力、满足社会需求打下一个坚实的物质基础。

一、生产过程的含义

产品的生产过程是指完成产品生产的全过程,一般包括从原材料投入到产品完工出厂的全过程,通常包括工艺过程、检验过程、运输过程、等待停歇过程和自然过程。它涉及形态转换、场所转换和时间转换三种状态。

工艺过程是产品生产最主要的部分。检验和运输过程也是必不可少的,但应该尽可能缩短。等待停歇过程也是不可避免的,如属于制度规定,则是可接受的;如属于管理不善造成,则应该消除。自然过程指借助自然力的作用,完成某种物理、化学变化的过程,如冷却、干燥、发酵,它是工艺上的要求,是不可避免的,但可以通过一定的方式改变它的影响。

二、生产过程组织的基本要求

(一) 生产过程的连续性

生产过程的连续性是指生产对象在生产过程中的流动紧密衔接,连续进行。它包括空间上的连续性与时间上的连续性。空间上的连续性要求生产过程各个环节在空间布置上合理紧凑,使生产对象的流程尽可能短,没有或很少有迂回往返现象。时间上的连续性是指生产对象在生产过程的各个环节的运动,一直处于连续运动状态,没有或很少有不必要的停顿与等待现象。提高生产过程的连续性,可以缩短产品的生产周期,降低在制品库存,加快资金的流转,提高资金利用率。

(二) 生产过程的平行性

生产过程的平行性是指生产对象在生产过程中实行平行交叉作业。平行作业是指相同的零件同时在数台相同的机床上加工;交叉作业是指一批零件在上道工序还未加工完时,将已完成的部分零件转到下道工序加工。平行交叉作业可以大大缩短产品的生产周期。

(三) 生产过程的比例性

生产过程的比例性是指生产过程各环节的生产能力要保持适合产品制造质量和数量要求的比例关系。这是生产顺利进行的基本条件,一旦失去比例性,生产过程出现问题,某些环节就会形成"瓶颈"。瓶颈制约了整个生产系统的运行,既会造成非瓶颈资源生产能力的浪费,又会造成生产对象的阻塞,也就破坏了生产过程的连续性和经济性。

(四) 生产过程的均衡性

生产过程的均衡性是指在相等的时间内企业生产出相等或成比例数量的产品。生产不均衡会造成忙闲不均，既浪费资源，又不能保证质量，还容易引起生产事故。

(五) 生产过程的适应性

生产过程的适应性，也称为生产过程的柔性，是指生产过程的组织要尽量适应多变的市场需求。企业的生产必须以市场为导向，客户何时需要多少什么款式的产品，企业就需要按照要求及时、灵活、机动地把产品生产出来。由于需求的多样性，只有柔性生产才能较好地解决这一问题。

小知识 3-2

业务外包

业务外包(outsourcing)是指企业将自己的内部职能转化为利用外部资源进行生产。由于越来越多的企业集中资源于自己的核心竞争力，因此，外包受到前所未有的重视，主要运用在零部件加工、信息系统维护、运输、仓储、人力资源等方面。

三、生产过程的空间组织原则

生产过程的空间组织原则是指生产各个部门应该按照什么标准建立起来。现代工业生产是建立在生产专业化和分工协作基础上的社会化大生产。任何产品的生产过程都是由一系列生产单位通过科学分工和有效协作完成的。为了提高效率，现代化大生产必须遵循分工原则，实行专业化生产。生产过程的空间组织有两个基本的原则：一是依据工艺特征建立生产过程，称为工艺专业化原则；二是依据产品(零部件)特征建立生产过程，称为对象专业化原则。

(一) 工艺专业化原则

工艺专业化原则是将完成相同、相似工艺的设备和工人放到一个厂房或区域内，组成专门对某一工艺进行加工的生产单元，如铸造厂、锻造厂、机械制造厂的铸造车间、锻造车间、机械加工车间、热处理车间，机械加工车间的车工工段、铣刨工段等。

(二) 对象专业化原则

对象专业化原则是将加工某种产品(零部件)所需的设备、工艺装备和工人放到一个厂房或一个区域内，组成专门加工某一产品(零部件)的生产单元，如汽车制造厂、发动机分厂(车间)、齿轮工段等。

以上两种生产过程的空间组织原则的优、缺点对比如表 3-1 所示。

表 3-1 两种生产过程的空间组织原则的优、缺点对比

生产过程的空间组织原则	优　点	缺　点
工艺专业化原则	① 对产品品种变化的适应能力强 ② 生产系统的可靠性较高 ③ 工艺及设备管理较方便	① 工件在加工过程中运输次数多，运输路线长 ② 协作关系复杂，协调任务重 ③ 只能使用通用机床、工艺装备，生产效率低 ④ 在制品量大，生产周期长
对象专业化原则	① 可减少运输次数，缩短运输路线 ② 协作关系简单，简化了生产管理 ③ 可使用专用高效设备和工艺设备 ④ 在制品少，生产周期短	① 对品种变化适应性差 ② 生产系统的可靠性较差 ③ 工艺及设备管理较复杂

在实际生产过程的空间组织中，一般综合运用以上两个原则，以取两者的优点。应用形式有两种：①在对象专业化原则的基础上采用工艺专业化原则，如发动机厂的铸造车间、加工车间。②在工艺专业化原则的基础上采用对象专业化原则，如铸造厂的箱体造型工段、床身造型工段等。

四、生产过程的时间组织原则

有效组织生产过程，不仅要求企业将各个生产部门、各个工序在空间上合理布置，而且要求劳动对象在生产过程的时间上紧密衔接，使人、机、料科学组合，经济运行。生产过程的时间组织，主要是研究零件在加工过程中的移动方式。

零件在加工过程中一般采用顺序移动、平行移动和平行顺序移动 3 种典型的移动方式。

（一）顺序移动方式

顺序移动方式是指一批零件在上道工序全部完工后才整批地转移到下道工序进行加工的移动方式。采用顺序移动方式，一批零件的加工周期 $T_顺$ 为：

$$T_顺 = n\sum_{i}^{m} t_i \qquad \text{(公式 4-1)}$$

式中：$T_顺$ 表示一批零件的加工周期；n 表示零件加工批量；t_i 表示第 i 工序的单件工序时间；m 表示零件加工的工序数。

【例 3.1】已知一批零件 $n=4$，$t_1=10$，$t_2=5$，$t_3=15$，$t_4=20$，$t_5=10$，求一批零件的加工周期 $T_顺$。

解：$T_顺 = 4 \times (10+5+15+20+10) = 240$（分）。

（二）平行移动方式

平行移动方式是指一批零件中的每个零件在上道工序加工完毕后，立即转移到下道工序去继续加工，形成前后工序交叉作业的移动方式。采用平行移动方式，一批零件的加工周期 $T_平$ 为：

$$T_平 = \sum_{i}^{m} t_i + (n-1)t_L \qquad \text{(公式 4-2)}$$

式中：$T_平$ 表示一批零件平行移动的加工周期；n 表示零件加工批量；t_i 表示第 i 工序的单件

工序时间；t_L 表示各道工序中最长的单件工序时间；m 表示零件加工的工序数。

【例 3.2】已知一批零件 $n=4$，$t_1=10$，$t_2=5$，$t_3=15$，$t_4=20$，$t_5=10$，求一批零件的加工周期 $T_平$。

解：$T_平=(10+5+15+20+10)+(4-1)\times20=120$(分)。

(三) 平行顺序移动方式

平行顺序移动方式是指一批零件在上道工序尚未全部加工完毕，就将已加工好的一部分零件转送到下道工序去加工，使下道工序能连续加工完该批零件的移动方式。

顺序移动方式中零件运输次数少，设备利用充分，管理简单，但加工周期长；而平行移动方式加工周期短，但运输频繁，设备空闲时间多且零碎，不便利用。综合两者的优点，可采用平行顺序移动方式。平行顺序移动方式要求每道工序连续进行加工，但又要求各道工序尽可能平行地加工。具体做法如下：

(1) 当 $t_i<t_{i+1}$ 时，零件按平行移动方式转移；

(2) 当 $t_i \geq t_{i+1}$ 时，以 i 工序最后一个零件的完工时间为基准，往前推移 $(n-1)\times t_{i+1}$ 作为零件在第 $i+1$ 工序的开始加工时间。

采用平行顺序移动方式，一批零件的加工周期 $T_{平顺}$ 为：

$$T_{平顺}=\sum_{i}^{m} t_i+(n-1)\left(\sum t_L-\sum t_s\right) \tag{公式4-3}$$

式中：$T_{平顺}$ 表示一批零件平行顺序移动的加工周期；n 表示零件加工批量；t_i 表示第 i 工序的单件工序时间；t_L 表示比前、后工序的单件工序时间都长的工序；t_s 表示比前、后工序的单件工序时间都短的工序；m 表示零件加工的工序数。

【例 3.3】已知一批零件 $n=4$，$t_1=10$，$t_2=5$，$t_3=15$，$t_4=20$，$t_5=10$，求一批零件的加工周期 $T_{平顺}$。

解：$T_{平顺}=(10+5+15+20+10)+(4-1)\times(10+20-5)=135$(分)。

三种移动方式各有优缺点，它们之间的比较如表 3-2 所示。

表 3-2 零件在加工过程中三种移动方式的比较

项　　目	顺序移动	平行移动	平行顺序移动
生产周期	长	短	中
运输次数	少	多	中
设备利用	好	差	好
组织管理	易	中	难

在实际生产过程中，选择零件在加工过程中的移动方式时，需要考虑零件的大小、加工时间的长短、批量的大小及生产单位专业化的形式等条件。一般来讲，大零件宜采用平行移动，小零件宜采用顺序移动或平行顺序移动，如表 3-3 所示。

表 3-3　选择零件移动方式需考虑的因素

方式	零件尺寸	加工时间	任务期限	批量大小	专业化形式
顺序移动	小	短	松	小	工艺专业化
平行移动	大	长	紧	大	对象专业化
平行顺序移动	小	长	紧	大	对象专业化

第三节　生产计划

现代企业生产都是社会化大生产，企业内部的分工协作日益精细，企业要想顺利开展生产经营工作，必须依据一定的计划要求，按照统一的步骤进行。计划是管理的首要职能。没有计划，企业一切都会陷入混乱。依靠计划来管理企业的生产经营活动，叫作计划管理。计划管理是一个循环往复的过程，通常包括计划编制、计划执行、计划检查和计划改进四个阶段。计划管理涉及企业生产、销售、供应、设备、财务、人力等方面。

一、年度生产计划

(一) 企业计划管理的内容

企业有各种各样的计划，这些计划一般可以分成发展计划、年度计划与作业计划三个层次。发展计划涉及产品发展方向、生产发展规模、技术发展水平等。年度计划是在计划年度内在现有资源条件下所从事的生产经营活动应该达到的目标，如产量、品种、产值和利润等。作业计划是确定日常的生产经营活动的安排。三个层次的计划有不同的特点，如表 3-4 所示。

表 3-4　不同层次计划的特点

计划指标	发展计划	年度计划	作业计划
计划期	长(≥5年)	中(1年)	短(月、旬、周)
计划的时间单位	年(粗)	月、季(中)	工作日、班次、小时、分(细)
空间范围	企业、公司	工厂	车间、工段、班组
详细程度	高度综合	综合	详细
不确定性	高	中	低
管理层次	企业高层领导	中层，部门领导	低层，车间领导
特点	涉及资源获取	资源利用	日常活动处理

(二) 年度计划在计划管理中的作用

企业发展计划主要是指导企业长远发展的规划，一经制订就不应轻易修改。要实现发展计划的宏伟目标，最重要的就是依靠每一年的年度计划的顺利完成。对于企业的生产管理工作而言，就是要按照一年的年度生产计划对所有生产工作进行管理。年度生产计划是实现企业年度经营目标的最重要的计划之一，是企业生产活动的指挥棒，是编制生产作业计划、物资供应计划、劳动工资计划和技术组织计划的重要依据。各种职能计划又是编制成本计划和财务计划的依据。

(三) 年度生产计划指标体系

年度生产计划的主要指标有以下几点。

(1) 品种指标。这主要解决"生产什么"的问题。它是指企业在计划期内应该生产的产品品名、型号、规格。企业确定品种指标是编制年度生产计划第一个要解决的问题，它对于满足社会的相关需求和企业的生存发展具有非常重要的意义。

(2) 质量指标。这主要解决"生产到什么程度"的问题。它是指企业在计划期内生产的产品应该达到什么质量标准。企业要最大限度地满足社会需求，应该从设计、制造、使用、服务等方面去设计质量指标，常采用统计指标来衡量，如一等品率、合格品率、废品率、返修率等。

(3) 产量指标。这是解决企业"生产多少"的问题。它明确企业在计划期内出产的产品的数量。它可以用辆、台等表示；对于品种、规格很多的系列产品，也可用主要技术参数计量，如米、千瓦等。

(4) 产值指标。这是用货币表示的产量指标，能综合反映企业生产经营活动成果，以便不同行业进行比较，可用总产值、净产值等计量。

(5) 出产期。这是为了保证按期交货而确定的产品出产期限。科学确定出产期对企业很重要。出产期与交货期太紧，有关因素一变动就容易受影响而造成不能按期交货，这会给企业带来损失；出产期太松，既不利于争取顾客，还会造成企业的人力、物力、生产能力的浪费。

对于订货型生产企业，关键要确定交货期和产品价格；对于备货型生产企业，关键要确定品种和产量。

(四) 制订计划的一般步骤

制订计划的一般步骤如图 3-1 所示。

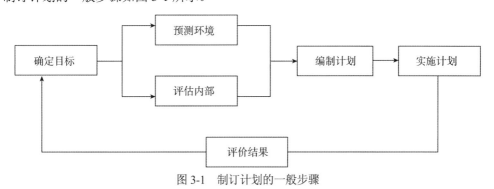

图 3-1 制订计划的一般步骤

(1) 确定目标。根据上期计划执行的结果和本期企业经营的要求确定目标。

(2) 预测环境。预测国内外各种政治因素、经济因素、社会因素和技术因素综合作用于产品市场的情况，找出实现目标的有利因素和阻碍目标实现的不利因素。

(3) 评估内部。分析企业内部资源与实现目标之间的关系，主要包括设备完好率、生产技术准备、物资库存、原料、动力、工人状况、产品开发等情况。

(4) 编制计划。拟订多个可实现目标的可行计划方案，并从中选择一个最优计划。

(5) 实施计划。按照计划要求开展工作。

(6) 评价结果。检查目标是否达到，如未达到，要及时找出原因，采取补救措施，以及根据实际情况的变化，考虑对计划进行适当的修订。

(五) 生产能力

生产能力是指在一定时期内(通常是一年)，企业在先进合理的技术组织条件下所能生产一定种类产品的最大数量。

对于流程式生产，生产能力是一个较清晰的概念。如某化工厂年产 300 万吨强碱，这是设备的能力和实际运行时间决定的。对于加工装配式生产，生产能力则是一个较模糊的概念。不同的产品组合，表现出的生产能力是不一样的。大量生产，品种单一，可用具体产品数表示生产能力；大批生产，品种数少，可用代表产品数表示生产能力；多品种、中小批量生产，则只能以假定产品的产量来表示生产能力。

生产能力有设计能力、查定能力和现实能力之分。设计能力是建厂或扩建后技术文件中设计规定应该达到的最大产量；查定能力是企业运营一段时期后，原设计能力已不能真实反映实际状况，重新调查核实的生产能力；现实能力为现在企业实际可达到的生产能力。现实能力是编制年度生产计划的依据，是生产能力的上限。

代表产品是结构与工艺有代表性，且产量与劳动量乘积最大的产品。在多品种生产企业里，产品的结构、工艺、劳动量差别很大，难以确定代表产品，这时可采用假定产品。假定产品是按各种具体产品工作量比重构成的一种实际上不存在的产品。

生产能力与生产任务平衡包括三个方面内容：将生产任务与生产能力进行比较；按比较的结果采取措施；计算生产能力利用指标。

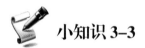

小知识 3-3

学习效应

学习效应是指当一个人重复地从事某一项工作时，由于熟练程度不断提高和通过学习不断积累经验，从而使继续从事该项工作所需的时间随着重复次数的增加而逐渐减少，在降低到一定水平后才趋于稳定。

二、生产作业计划

(一) 生产作业计划的含义

生产作业计划是企业生产计划的具体执行计划，是年度生产计划的延续和补充，是企业组织日常生产活动的依据。

生产作业计划有以下特点：

(1) 计划期较短。生产作业计划具体规定到月、旬、周、日、轮班、小时。

(2) 计划的内容具体。生产作业计划把规定的任务分解落实到车间、工段、班组、机器和个人。

(3) 计划的单位小。生产作业计划的计划单位是产品的部件、零件、工序。

小思考 3-2

生产作业计划在实施过程中难免出现一些不可预见的妨碍计划完成的干扰因素，为保证计划的顺利完成，需要对计划实施全过程的监督，请问应该监督哪些内容？

答案：为保证计划的顺利完成，对计划实施全过程的监督。应该监督的内容包括：生产作业准备工作检查；生产过程实时监控；生产作业统计；生产调度工作；生产作业计划完成情况考核。

(二) 编制生产作业计划的期量标准

期量标准，即作业计划标准，是指对生产作业计划中的生产期限和生产数量，经过科学分析后精确计算制定出来的一套标准数据。

由于企业的生产类型、生产组织形式千差万别，因而采用的期量标准也各不相同。大量流水生产的期量标准有节拍、流水线工作指示图表、在制品定额等；成批生产的期量标准有批量、生产间隔期、生产周期、生产提前期、在制品定额等；单件小批量生产的期量标准有生产周期、生产提前期等。在此着重介绍批量、生产间隔期、生产周期、生产提前期和在制品定额。

(1) 批量和生产间隔期。批量是指一次投入(或产出)相同产品、零部件的数量。生产间隔期是指前后相邻两批同种产品、零部件投入(或产出)的时间间隔。批量和生产间隔期之间的关系可以用下列公式表示：

$$批量 = 生产间隔期 \times 平均日产量$$
$$生产间隔期 = 批量 \div 平均日产量$$

在年度生产计划既定的条件下，加大批量，生产间隔期就会相应延长；减少批量，生产间隔期就会相应缩短。

(2) 生产周期和生产提前期。生产周期是指从原材料投入到成品出产为止所经历的全部时间。生产提前期是指产品、零部件在各工艺阶段投入(或出产)的时间比最后出产成品的时间所提前的天数。

制定出产提前期有以下两种情况：
① 前后工序的生产批量相同。

$$本工序投入提前期＝本工序出产提前期＋本工序生产周期$$

$$本工序出产提前期＝后工序投入提前期＋保险期$$

② 前后工序的生产批量不同。

$$本工序投入提前期＝本工序出产提前期＋本工序生产周期$$

本工序出产提前期＝后工序投入提前期＋保险期＋(本工序生产间隔期－后工序生产间隔期)

(3) 在制品定额。在制品定额是指在一定生产技术组织条件下，各生产环节为保证生产正常进行所占用的最低限度的在制品定额。

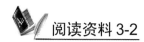

阅读资料3-2

滚动计划法

第四节　生产设备管理

随着现代科学技术在企业的广泛应用，生产设备的精密程度、复杂程度越来越高，经济价值日趋增大，生产对设备的依赖性越来越大。产品的质量、数量、品种、交货期、成本和企业的效率、效益、安全、环保等都会受到设备的直接影响，设备一投入生产就开始磨损，甚至会发生故障。因此，如何科学、合理使用，有效计划管理生产设备，已经成为企业的一项非常重要的经营管理工作，也是摆在企业管理者和科学技术人员面前的一个重要课题。

一、设备管理和设备维修

设备是企业生产产品和提供服务的物质基础，对设备维护和管理的好坏将直接影响企业竞争能力和经济效益。

(一) 设备和设备管理

设备，通常指机器装备，实质是企业生产中使用的各种起到工具作用物体的总称。

"设备"一词的含义非常广泛。它包括生产设备、动力设备、传导设备、运输设备和科研设备等。从设备在生产中的作用看，可以把企业生产中使用的设备分为以下5类：

(1) 生产工艺设备，用于改变劳动对象形状、性能，发生直接生产行为的设备，如数控机床。

(2) 辅助生产设备，为生产服务的设备，如动力、运输设备。

(3) 试验研究设备，用于科学研究的设备，如光谱仪。
(4) 管理用设备，用于经营管理的设备，如计算机、复印机。
(5) 公用福利设备，用于职工福利的设备，如 X 光机、交通班车。

设备管理是指依据企业生产经营的目标，通过相应的技术、经济和组织保障，对处于寿命周期内的设备进行的综合管理。

设备寿命周期是指设备从规划购置、安装调试、使用维修、更新改造及报废回收全过程所经历的时间。

设备管理主要涉及设备的物质运动形态和价值运动形态，具体内容包括以下几点：

(1) 根据企业未来经营目标和现时生产需要，制定设备使用管理的系统规划。
(2) 合理选择、购置、安装、调试设备。
(3) 正确、合理使用投入生产运行的设备。
(4) 及时检修，精心维护，定期保养设备，保证设备正常运行。
(5) 适时改造和更新设备。
(6) 加强设备备件的管理。
(7) 加强设备档案和信息的管理。

(二) 设备维修

什么是维修？英国标准 3811 号给"维修"(maintenance)下的定义是："各种技术行动与相关的管理行动相配合，其目的是使一个物件保持或者恢复达到能履行它所规定功能的状态。"在企业里，需要维护的对象主要是为生产产品服务的一切设施和系统。

二、设备维修发展概述

(一) 设备维修体制的发展简介

设备维修体制的发展过程一般可划分为 5 个阶段，如表 3-5 所示。

表 3-5　设备维修体制发展的 5 个阶段

阶　段	产生时间	应用做法	先进性	局限性
事后修理	历史悠久	• 设备发生故障后进行修理 • 在小型、一般设备中采用，已被先进设备维修制度代替	• 简便易行 • 修理成本较低	• 故障随机发生，缺乏准备，修理时间长 • 修理无计划，打乱生产计划，影响交货期
预防维修	第二次世界大战—1953年	• 以预防为主，做好维护保养 • 加强日常检查和定期检查 • 根据零件磨损规律和检查结果，在故障发生前有计划修理	• 加强日常维护保养，延长设备有效寿命 • 修理有计划，便于做好修理准备工作 • 设备修理停歇时间缩短，设备利用率提高	• 维修工作量大 • 过分维修保养 • 修理成本高

(续表)

阶　段	产生时间	应用做法	先进性	局限性
生产维修	1954—1959年	• 根据设备重要性选用维修保养方法 • 重点设备采用预防维修 • 一般设备采用事后修理	• 集中力量做好重要设备的维修保养工作 • 节省维修费用 • 提高企业生产经营效果	• 维修工作量较大 • 修理成本较高 • 维修管理工作要求较高
维修预防	1960—1969年	• 在设备设计、制造阶段就考虑维修问题，以便在以后的使用中，最大可能地减少或不发生设备故障 • 一旦故障发生，维修工作也能顺利进行	• 提高设备的可靠性和易修性 • 维修预防是设备维修体制方面的一个重大突破	• 解决设备的先天不足是相对困难的 • 对设备管理工作提出更高的要求
设备综合管理	1970年至今	在设备维修预防的基础上，从行为科学、系统理论的观点出发，又形成了设备综合管理的概念。设备综合工程学，或叫设备综合管理学，英文原名是Terotechnology	• 对设备实行全面管理 • 设备管理的一次革命 • 日本在引进学习中，结合生产维修的实践经验，创造了全面生产维修制度，它是日本式的设备综合管理	• 企业管理工作重新规划，难度大，要求严 • 投入大、成本高

(二) 设备综合工程学

如今设备正朝着大型化、组合化、精密化、网络化等方向发展，而自动化程度较高，现代化生产会增加废水、废气、废渣等的排放，这对环境的影响日益严重。高度机械化、自动化的设备一旦发生故障，就会打乱生产计划，影响交货期。严重的设备故障不但形成大量的次品、废品，甚至还会造成人身安全事故，给企业带来巨大的经济和人员损失。设备的磨损、腐蚀、损坏会造成检查、清洁、修理等维护人员的增加和维护成本的提高。所有这些都对设备管理提出了新的课题，设备综合工程学就是在这种形势下产生和发展起来的。设备综合工程学包括以下内容。

(1) 把设备的经济寿命周期费用作为研究目的。以寿命周期费用作为评价标准，就是要求在选购设备时，既要考虑购置费等一次性投入成本，也要考虑维持费等长期性使用成本。当然，单纯考虑寿命周期费用还不够，还要求设备的综合效率高，即设备在整个寿命周期内的输出与输入之比要高。

(2) 运用工程技术、人机工程、管理数学、经济学、心理学等多方面的知识，对设备进行全面的、综合的管理。

(3) 从设计阶段开始研究提高设备的可靠性、维修性设计，提高设计的质量和效率。

(4) 设备综合工程学运用系统的观点和方法进行设备管理，并以设备的寿命周期作为管理研究的对象。

(5) 加强设备信息管理，强调设备的设计、使用和费用的信息反馈。

三、生产维护

设备维修的理论主要有以下两种基本观点。

(1) 一种观点建立在摩擦学基础之上,研究机械磨损规律的"设备修理周期结构"理论。这种理论认为,随着磨损的延续和磨损量的增加,会造成机器零件表层破坏和几何形状改变,严重的会造成设备动作失调和工作精度的下降,丧失工作能力,导致故障发生。

(2) 另一种观点是建立在故障物理学基础之上,研究故障规律和设备可靠性的"故障分析与状态管理"理论。这种理论认为,设备的故障除了磨损的原因之外,还有外部工作环境如温度、压力、振动等,以及内部工作条件如内应力、疲劳和老化等多种原因。

(一) 零件的磨损规律

所有设备都是由零件组合而成的。任何一个零件丧失了功能,都会或多或少地影响设备的正常工作,如果是关键零件出了问题,则必然使设备出现故障。所以,了解和掌握零件的磨损规律,对于保证设备在生产过程中正常运转、为生产服务具有非常重要的意义。零件的磨损规律如图 3-2 所示。

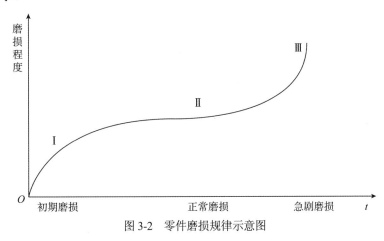

图 3-2 零件磨损规律示意图

零件从使用到报废一般经历三个阶段,具体如表 3-6 所示。

表 3-6 零件磨损的三个阶段

阶 段	表 现	作 用	指导意义
初期磨损	• 零件的表面宏观几何和微观几何都要发生明显变化 • 磨损速度很快 • 初期磨损期较短	• 俗称"跑合、磨合",对设备没有危害 • 合理的磨损有利于设备今后使用	了解设备的特征,合理运用初期磨损
正常磨损	只要工作稳定,磨损比较缓慢	• 这一阶段代表零件的寿命周期 • 正常使用和保养,有利于延长零件的使用寿命	• 加强日常保养 • 及时清扫、润滑
急剧磨损	• 正常磨损关系被破坏 • 磨损速度非常快 • 零件在短时间内丧失作用	• 不及时更换会导致设备失常 • 严重的会造成事故,导致设备报废	• 及时检查、提前预防 • 发现问题,马上更换 • 总结经验,指导工作

(二) 设备故障曲线

根据设备出现故障的基本规律，人们归纳总结出了设备故障曲线，如图 3-3 所示。

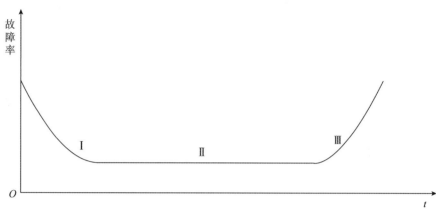

图 3-3　设备故障曲线

根据对设备故障情况的分析，人们把设备出现故障的时期分成三个不同的阶段，具体如表 3-7 所示。

表 3-7　设备故障的三个阶段

阶　段	原　因	表　现	指导意义
初期故障	·设计、制造质量佳 ·搬运、安装的失误	开始故障率较高，随后逐渐降低	认真安装，严格试运转，及时消除缺陷
初期故障	·磨合不好 ·操作者失误	经过一段时间，故障率就稳定	·认真研究操作方法 ·反馈设计、制造的缺陷给制造单位 ·抓好培训，让操作者熟练掌握操作技能
偶发故障	·维护不好 ·操作失误 ·原材料不达标 ·意外因素	·设备正常运转，故障率低 ·出现故障，往往是偶然因素造成	·使用可靠性高的设备 ·掌握机器性能 ·搞好日常维护保养 ·定期维修
耗损故障	·使用时间长 ·零件老化	·故障率上升 ·损耗加剧	·设备处于不正常状态 ·停机检修，更换损坏零件，恢复设备原有性能 ·做好设备的预防性修理 ·进行改革性维修

四、设备维护体制

设备管理的主要目的是使设备始终处于完好状态，保证生产的顺利进行，为此要做好设备维修的各项工作。根据设备出现故障的基本规律，人们提出了一些设备维修的方式。

（一）计划预防修理制

计划预防修理制度，简称计划预修制。它是进行有计划的维护、检查和修理，以保证设备经常处于完好状态的一种技术组织措施。它是苏联在 20 世纪 50 年代建立起来的一种维修制度，我国在第一个五年计划期间引入，工业企业从 20 世纪 50 年代开始普遍推行，目前还有许多企业仍在使用。

(1) 计划预修制的内容。计划预修制是根据零件的一般磨损规律和设备故障规律，有计划地进行维修，在故障发生之前修复或更换已磨损或老化的零部件。计划预修制的主要内容包括对设备的维护和计划修理。设备维护的主要工作内容有日常维护、定期清洗换油、定期检查。计划修理由于修理工作项目和修理内容及要求不同，分为小修、中修和大修三种。

(2) 实现计划修理的方法。由于设备的重要程度和结构的繁简程度不同，以及对零件使用寿命的掌握程度不同，一般有三种实现计划修理的方法。

① 标准修理法，亦称为强制修理法，是指按标准事先制订设备修理计划，不管设备的实际磨损和运转情况如何，都严格按照计划进行修理工作。它的优点是便于做好修理前准备工作，缩短修理时间，保证设备正常运转。但是这种方法有许多不足，脱离设备实际状况，容易造成过剩修理，加大修理成本。所以，一般重点用于必须保证安全运转和特别重要的设备。

② 定期修理法，是指根据设备实际使用状况，参考有关修理标准，制订设备修理的计划时间和修理基本内容。根据每次修理前对设备的检查情况，再详细安排修理计划的内容。它的优点是对修理计划的规定既有科学依据，又能够根据实际情况对修理计划做出适当的调整。因而既有利于做好修理的准备工作，缩短设备检修时间，又能有效利用零件的使用寿命，提高修理质量，降低修理成本。我国不少企业都采用这种方法。

③ 检查后修理法。这种方法只规定设备的检查计划，每次具体的修理是根据检查结果和历史修理资料来判断决定。这种方法可充分利用零件的使用寿命，修理成本低。但是因为每次修理都是根据检查的结果，有可能由于主观判断错误而导致决定不正确，同时也增加了修理前准备工作的难度，延长设备停歇时间。一般在缺乏修理标准或对一般的设备维修时使用。

计划预修制是一种比较科学的预防维修制，但还不完善，既可能过剩修理，也有可能出现错失修理的情况，不能很好解决修理计划和设备实际相配合的问题。

（二）全员生产维修制(total productive maintenance，TPM)

TPM 是日本企业界在生产维修制的基础上，吸收欧美最新的维修研究成果，在 1971 年提出的动员全企业人员参加的"全面"生产性维修。TPM 理论的出现是现代设备管理走向成熟的一个重要标志。

1. TPM 的基本思想

(1) 全效益。要求设备在整个的寿命周期内的费用最小、输出最大，即设备综合效率最高。

(2) 全系统。对设备从设计、制造、使用、维修、改造到更新全程的管理，故又称全过程管理。

(3) 全员参加。凡是和设备的规划、设计、制造、使用、维修有关的部门和人员都参与到设备管理中。

所以,TPM 是指全员参加的、以提高设备综合效率为目标的、以设备一生为对象的生产维修制。

2. TPM 的基本特征

(1) 以提高设备综合效率为目标。

(2) 建立以设备一生为对象的生产维修总系统。

(3) 涉及设备的计划、使用、保养等所有部门。

(4) 从最高领导到第一线工人全体成员参加。

(5) 加强生产维修保养思想教育,开展班组自主活动,推广生产维修。

3. TPM 的主要内容

(1) 点检制度。首先由技术人员、维修人员共同制定出点检卡,并向操作人员讲解点检方法。操作工人在上班后的 5~10 分钟,根据点检卡内容逐项进行检查。15 分钟后,维修人员逐台检查点检卡,若有标记机器运转不良的符号,立即进行处理。

根据日本丰田公司的统计,有 80%的故障都是由生产工人在日常点检时发现的。

(2) 定期检查。对设备建立彻底的预防维修体制,按照检查手册检查设备状况,及时发现问题并处理,确保设备运转正常。

(3) 计划修理。在运转部门自主保养的基础上,设备的保养部门根据维修计划,有针对性地对设备的劣化进行复原及设备的改善保养。

(4) 改善维修。对设备的某些结构进行改进修理,主要用于经常发生故障的设备。

(5) 故障修理。打破传统的"我操作,你维修"的分工概念,操作工人能自主维修。专业维修人员则主要负责控制设备的过度耗损和主要停机问题,最大程度地发挥出设备的性能和机能。

(6) 记录分析。这是 TPM 的一项重要内容,尤其是"平均故障间隔时间"分析很受日本企业的重视。它把各项维修作业的发生时间、现象、原因、所需工时、停机时间等都记录下来,做成分析表,通过分析找出故障重点次数多、间隔时间短、维修工作量大、对生产影响大的设备和部件,把它们作为维修保养的重点对象。

(7) 经常教育。开展 5S 活动。5S 活动是指整理(Seiri)、整顿(Seiton)、清扫(Seiso)、清洁(Seikeetsu)、素养(Shitsuke),主要目的是从思想上建立良好的工作作风。因为再先进的方法也要靠人去执行(特别是第一线的操作工人),因此 TPM 特别重视对员工的经常性教育,它不仅仅从技术上,更重要的是从职业道德和敬业精神上开展不懈的教育活动,使员工能够自觉按照工作标准开展生产。

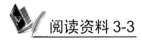

阅读资料 3-3

现场 5S 管理

自产业革命以来，随着工业化社会的发展，生产力水平飞速的提高，工业化创造出了巨大的物质财富，对人类社会的发展做出了巨大的贡献。20世纪80年代以后，由于世界各国经济体制的趋同，企业全球性扩张活动半径加大，信息技术的进步降低了远距离控制的成本，这些促成了经济全球化的发展。企业资源计划(enterprise resource planning，ERP)、敏捷制造(agile manufacturing)、大规模定制(mass customization，MC)、业务流程再造(business procedure reengineering，BPR)、六西格玛管理、供应链管理(supply chain management，SCM)、客户导向的运作管理、物流管理(logistics management)等全新的运作理念和方法，引起了企业的极大重视，并形成了生产管理发展的新趋势。

但是，经济的全球化、生产的社会化也带来了不少令世人必须面对的严峻现实。全球化的工业化大生产消耗着大量的社会资源，地球的资源是有限的，许多稀有资源和物种已经濒临消耗殆尽的境地。同时，生产使自然环境遭受污染，生态平衡遭到破坏，这些都直接影响和威胁着全人类的生存。所以，"可持续发展"已经成了21世纪人类社会要继续发展必须遵循的根本策略。

如何贯彻"可持续发展"的方针，是企业管理——特别是生产管理面临的全新课题。目前已经出现"绿色制造""绿色服务""清洁生产"的理论和实践，这些都是"可持续发展"策略的具体实施。可以预期在新世纪里生产管理将会以更新的面貌出现，必将有更大和更快的发展，为促进社会的繁荣发展做出巨大的贡献。

 观念应用 3-1

大规模生产观念的更新：大规模定制

随着客户需求的多样性，传统大规模生产已经无法适应快速多变的市场需要。20世纪90年代以后，一种既能够具有大规模生产低成本、短交货期效益，又能够根据用户的特殊要求进行定制产品的生产应运而生，这就是——大规模定制。它能够很好地实现用户的个性化和大规模生产的有机结合，是现代工业发展的一个必然趋势。

第五节　准时化生产与精益生产

准时化生产与精益生产理论是"二战"以后形成的重要的生产方式和理论之一，通过系统结构、人员组织、运行方式和市场供求等方面的变革，使生产系统能很快适应用户需求不断变化，并能使生产过程中一切无用、多余的东西被精简，最终达到包括市场供销在内的生产的各方面最好结果。

一、准时化生产

(一) 准时化生产的含义

准时化生产(just in time，JIT)方式是日本在20世纪五六十年代研究和开始实施的生产管理方式,是一种有效地利用各种资源、降低成本的准则,是指在需要的时间和地点生产必要数量和完美质量的产品和零部件,以杜绝超量生产,消除无效劳动和浪费,达到用最少的投入实现最大产出的目的。

JIT系统以准时生产为出发点,首先揭示了生产过量的浪费,进而暴露出其他方面的浪费(如设备布局不当、人员过多),然后对设备、人员等资源进行调整。如此不断循环,使成本不断降低,计划和控制水平也随之不断提高。

20世纪80年代,随着日本企业在国际市场竞争中的胜利,准时化生产方式被作为日本企业成功的秘诀受到广泛的关注,现在JIT已在许多国家推广、运用,它是精益生产方式的核心。

(二) 准时化生产的内容和目标

1. 准时化生产的内容

JIT方式由以下三方面组成。

(1) JIT方式的新思维。JIT之所以成功,首先是由于它大胆地向传统管理观念提出了挑战,使得生产管理的观念发生了巨大的变化。JIT方式的新思维是JIT最基本的方面。

(2) JIT生产系统设计与计划技术。为达到准时生产、杜绝浪费、合理利用资源,在JIT系统中要进行广义的生产系统设计。JIT生产系统设计与计划技术体现JIT的新思维,同时为JIT的生产现场管理与控制打下基础。

(3) JIT生产现场管理。JIT的零部件仅当后续工序提出要求时才生产,是一种"拉动"的生产方式,后道工序需要多少,前道工序就生产或供应多少。它将传统生产过程中前道工序向后道工序送货,改为后道工序根据"看板"向前道工序取货。看板系统是JIT生产现场控制技术的核心。

2. 准时化生产的目标

JIT方式的目标是彻底消除无效劳动造成的浪费。使用专业化的术语来说明,JIT寻求达到以下目标:①废品量最低(零废品);②准备时间最短(零准备时间);③库存量最低(零库存);④搬运量最低;⑤机器损坏率低;⑥生产提前期短;⑦批量小。

(三) 准时化生产的现场控制——看板管理

1. 看板管理

看板管理是一种生产现场物流控制系统,它是通过看板的传递或运动来控制物流的一种方法。

JIT生产作业计划的主要特征是:它只向总装配指示顺序计划,除此之外,不再向其他加工工序指示顺序计划。但是,应该尽量使总装之前的各工序,即加工工序、毛坯工序、外协及供应部门等,都大体了解本工序(部门)每月需要生产(供应)的数量。这样,在现场除总装配以外,其他工序都不领取生产计划表。也可以说,对各加工、子装配过程没有统一的生产指示,它们需要生产什么、生产量多少、何时工作等都由看板进行控制。

2. 看板的形式和分类

实际生产管理中使用的看板形式很多，常见的有：塑料夹内装的卡片或类似的标识牌，运送零件小车、工位器具或存件箱上的标签，指示部件吊运场所的标签，流水生产线上各种颜色的小球或信号灯，电视图像等。

看板根据功能和应用对象的不同，可分为生产看板和取货看板两大类。

(1) 生产看板，指在一个工厂内，指示某工序加工制造规定数量工作所用的看板，它又包括以下两种类型。

① 一般的生产看板。它指出需加工零件的零件号、零件名称、零件类型、零件存放位置、所需物料、物料存放处、加工设备等。

② 三角看板。它指出待加工工件号、名称、存放位置、批量及货盘数、再订购点及货盘数、加工设备等。

(2) 取货看板，指后工序的操作者按看板上所列件号、数量等信息，到前工序(或协作厂)领取零部件的看板，取货看板又可分为以下两种类型。

① 工序间取货看板。它指出应领取的工件件号、件名、类型、工件存放位置、工件背面编号、紧前加工工序号、紧后加工工序号等，是厂内工序间的取货凭证。

② 外协取货看板，它除了指出有关外协件特征信息外，还指出本企业名称、外协厂名、交货时间、数量等，可用作向固定的协作厂取货的凭证。

二、精益生产

(一) 精益生产的含义

精益生产(lean production，LP)方式是指运用多种现代管理方法和手段，以社会需要为依据，以充分发挥人的积极性为根本，有效配置和合理使用企业资源，以彻底消除无效劳动和浪费为目标，最大限度地为企业谋取经济效益的生产方式。

(二) 精益生产的主要内容

(1) 在生产系统方面，以作业现场具有高度工作热情的"多面手"(具有多种技能的工人)和独特的设备配置为基础，将质量控制融汇到每一生产工序中去；生产起步迅速，能够灵活敏捷地适应产品的设计变更、产品变换及多品种混合生产的要求。

(2) 在零部件供应系统，采取与大量生产方式截然不同的方法，在运用竞争原理的同时，与零部件供应厂家保持长期稳定的全面合作关系，包括资金合作、技术合作及人员合作(派遣、培训等)，形成一种"命运共同体"。

(3) 在产品的研究与开发方面，以并行工程和团队工作方式为研究开发队伍的主要组织形式和工作方式，以"主查"负责制为领导方式，强调产品开发、设计、工艺、制造等不同部门之间的信息沟通和同时并行开发，这种并行开发还扩大至零部件供应厂家，充分利用它们的开发能力，以缩短开发周期降低成本。

(4) 在流通方面，与顾客及零售商、批发商建立一种长期的关系，使订货与工厂生产系统直接挂钩；极力减少流通环节的库存，以迅速、周到的服务最大限度地满足顾客的需要。

(5) 在人力资源的利用上，形成一套劳资互惠的管理体制，并以 QC(quality control，质量控制)小组、提案制度、团队工作方式、目标管理等一系列具体方法，调动和鼓励职工进行"创造性思考"的积极性，并注重培养和训练工人及管理人员的多方面技能，由此提高职工的工作热情和工作兴趣。

(6) 从管理观念上说，总是把现有的生产方式、管理方式看作改善的对象，不断地追求进一步降低成本、降低费用、质量完善、缺陷为零、产品多样化等目标，追求尽善尽美。

总而言之，这是一种资源节约型、劳动节约型的生产方式。

(三) 精益企业

全面实行精益生产的企业是精益企业。精益企业包括以下 5 个方面的含义：

(1) 产品。产品必须精细。
(2) 生产过程。要加快生产过程，提高对市场变化的响应速度。
(3) 工厂布置。尽可能少地占用并最有效地利用土地和空间。
(4) 组织。精益企业具有全新的组织及人际关系，在企业内部，不仅要求彻底改变机构臃肿、人浮于事的状态，而且要对劳动分工做出调整。
(5) 环境。精益企业是污染小的企业，这也是精益的一个含义。

第六节　本章小结

本章介绍了生产管理的发展历史及其在企业管理中的作用，解释了生产和生产管理的基本含义。企业只有管理好生产过程的空间和时间组织，才能为满足社会需求和创造自身价值打下坚实的基础。

要想顺利开展生产经营工作，还必须依据计划，按照统一的步骤进行。计划是管理的首要职能。计划管理是一个循环往复的过程，通常包括计划编制、计划执行、计划检查和计划改进四个阶段，生产计划管理涉及企业的年度生产计划和生产作业计划等方面。

随着生产设备的复杂程度日趋提高，生产对设备的依赖性越来越大，产品的生产和企业的效益都受到设备的直接影响。设备一投入生产就开始磨损，甚至会发生故障，因此，认识零件磨损规律和设备故障规律，合理运用计划预修制和全员生产维修制等计划预防修理制度，是企业的一项非常重要的经营管理工作。

采用现代管理方法和手段，加强企业生产管理，提高企业管理水平，是企业提升自身竞争力的必然要求。准时化生产(JIT)及精益生产(LP)是现代企业加强生产管理的重要手段和方法。

主要概念

生产管理　生产过程　设备管理　准时化生产(JIT)　精益生产(LP)

主要观念

生产过程组织　企业生产计划管理　全员生产维修制

思考与练习题

1. 名词解释
生产管理　　生产过程　　设备管理主要观念　　生产过程组织
企业生产计划管理　　全员生产维修制

2. 不定项选择题
(1) 生产管理是销售管理的前提，也是销售的(　　)和后盾。
　　A. 要求　　　　　　　　　　B. 手段
　　C. 保证　　　　　　　　　　D. 条件

(2) 在生产周期的时间构成中还包含着大量的等待、(　　)等无效时间。
　　A. 休息　　　　　　　　　　B. 闲置
　　C. 交流　　　　　　　　　　D. 访问

(3) 工序间在时间上结合的移动方式，主要有三种(当一批零件的加工数量等于或大于 2 时)，即顺序移动方式、平行移动方式和(　　)方式。
　　A. 平行顺序移动　　　　　　B. 连续平行移动
　　C. 连续顺序移动　　　　　　D. 交叉连续移动

(4) 5S 活动，是对生产现场各生产要素(主要是物的要素)所处状态不断进行整理、整顿、清洁、清扫和(　　)的活动。
　　A. 提高水平　　　　　　　　B. 提高素养
　　C. 提高文明　　　　　　　　D. 提高文化

(5) 在生产计划系统中，对于处理流程型企业，最关键的是(　　)。
　　A. 长期计划　　　　　　　　B. 中期计划
　　C. 短期计划　　　　　　　　D. 作业计划

(6) 从原料、外购件投入生产起，到经检验合格办完入库手续之前，存在各环节的零部件都称为(　　)。
　　A. 原料　　　　　　　　　　B. 外购件
　　C. 在制品　　　　　　　　　D. 半成品

3. 简答题
(1) 试述年度生产计划的主要指标及其内容。
(2) 简述生产计划编制的步骤。
(3) 生产作业计划的期量标准包括哪些内容？

4. 实践应用题
红光润滑油公司产品的市场需求预测和成本数据如表 3-8 和表 3-9 所示。现有库存量 250 吨，希望期末库存为 300 吨，该公司生产能力和外协能力如表 3-10 所示。试用图表法制订公司的生产计划(不允许任务积压和缺货)。

表 3-8　需求预测　　　　　　　　　　　　　　　　　　　　(单位：吨)

季度	需求
1	300
2	850
3	1500
4	350
合计	3000

表 3-9　成本数据

单位产品的库存成本	单位产品的正常生产成本	单位产品的加班生产成本	单位产品的外协成本
0.3 元/季度	1.00 元	1.50 元	1.90 元

表 3-10　可提供的生产力　　　　　　　　　　　　　　　　　(单位：吨)

季度	正常生产	加班生产	外协
1	450	90	200
2	450	90	200
3	750	150	200
4	450	90	200

5. 案例分析题

戴尔——大规模定制的先锋

自 1984 年成立以来，戴尔独创了"直接模式"及根据客户订单生产电脑的方式。戴尔不会预先生产任何电脑成品，戴尔的每台电脑都是接到客户的订单(一般家用电脑由互联网订购)后，于 36 小时内完成生产装配，从收到订单到送货到客户手中不会超过 5 天。这就是迈克·戴尔最后为自己找到的竞争法宝。

戴尔公司每年生产数百万台个人计算机，每台都是根据客户的具体要求组装的。戴尔公司让用户按照自己的爱好从戴尔公司的网址上选定他们所需的声卡、显像卡、显示器、喇叭及内存容量来配置个人计算机和服务器。戴尔公司甚至可以告诉用户是否因为挑选某个部件需要延期付货，是否需要考虑一个部件与另一个部件的兼容问题。

戴尔的订单源源不断地到戴尔公司的三家大生产厂——奥斯汀、槟榔屿和利莫瑞克。但是，在这些工厂是见不到库存的。"我们所有的供应商都知道，我们用的配件必须在 1 小时之内送到。"奥斯汀工厂的总经理说。芯片、集成线路和驱动器装上卡车，直接开到距离组装线仅 50 英尺的卸车台。在那里，也没有产成品的库存。

戴尔的定制化生产之所以取得成功，一是因为它充分利用了当代先进的网络技术。互联网使公司能轻松自如地同每一个用户进行持续的、一对一的对话，确切了解他们的爱好并做出迅速反应，满足用户的一切要求。戴尔认为，公司未来个人电脑业务的发展，更快的芯片或调解器固然重要，但更重要的是掌握大规模定制技术，更好地简化网上高质量信息的传递。二是公司拥有一整套进行大规模定制生产的技术装备。公司的数据储存有数万亿字节的信息；计算机控制的工厂设备和工业机器人使生产工厂能够很快地调整装配线；条形码扫描仪的普遍使用能惠及工厂每一个部件和产品；数字打印机使即刻改变产品包装的说明易如反掌。三是公司采用了先进的后勤管理软件。软件把从成千上万的用户那里接收到的信息传给公司内部需要信息的每个部门，如传给需要赶快运送硬盘的供应商，或者根据客户需要的配置把成品迅速送到对方手里。这种后勤管理软件的最大好处在于确切、及时地知道用户需要什么，什么时候需要，需要多少，从而实现零库存生产和供货。计算机零部件的价格大约每周下降 1%，过多的储存无异于增加生产成本。产品一旦下了装配线，就径直送到用户手里去了。

资料来源：谢和书，陈君. 现代企业管理[M]. 2 版. 北京：北京理工大学出版社，2015

问题：

(1) 戴尔的大规模定制取得成功的首要条件是什么？

(2) 实现零库存生产和供货，除信息技术条件保障外，还有哪些基本保障条件？

第四章

质量管理

【学习目标】
- ♦ 了解质量管理发展史中各阶段的特点
- ♦ 掌握质量和质量管理的概念
- ♦ 明确管理、质量管理、全面质量管理的相互关系
- ♦ 掌握质量管理的基本方法

 引入案例

质检总局公布 2018 年第 1 批产品质量

近期，质检总局组织开展了 2018 年第 1 批羊绒针织衫、运动头盔、衬衫、笔记本电脑、电热水壶、纸尿裤(片、垫)、卫生巾(含卫生护垫)、电能表 8 种产品质量国家监督抽查。

本次共抽查 465 家企业生产的 470 批次产品(不涉及出口产品)，发现不合格产品 36 批次，涉嫌假冒、无 CCC 证书产品 6 批次，涉嫌假冒、无 CCC 证书产品已移送相关部门处理。36 批次不合格产品中，羊绒针织衫 12 批次产品不合格，不合格项目涉及甲醛含量、pH 值、耐碱汗渍色牢度、纤维含量；运动头盔 4 批次产品不合格，不合格项目涉及佩戴装置稳定性、佩戴装置强度性能和吸收碰撞能量性能；衬衫 8 批次产品不合格，不合格项目涉及纤维含量项目；电热水壶 5 批次产品不合格，不合格项目涉及对触及带电部件的防护、输入功率和电流、电源连接和外部软线、接地措施；纸尿裤(片、垫)1 批次产品不合格，不合格项目涉及产品渗透性能(滑渗量)；电能表 6 批次产品不合格，不合格项目涉及基本误差、潜动、高频电磁场抗扰度、交流电压试验。

本次国家监督抽查全面落实产品质量监督抽查制度改革的要求，首次实行招标入围、抽检分离、市场买样和视频监控等多项改革举措。一是采用招标入围的方式，公开、公正、科学地遴选承检机构。二是深化"双随机"抽查工作机制，采用双随机软件，随机确定承检机构，随机确定抽查企业，对承检机构与抽查企业进行随机匹配。三是实行市场买样和生产企业抽样相结合，对羊绒针织衫、运动头盔、衬衫、笔记本电脑、纸尿裤(片、垫)、卫生巾(含卫生护垫)6 种产品采用市场买样。四是全面实施抽检分离，生产企业抽样由企业所在地质量监督部门负责实施，市场买样由不承担该产品检验任务的机构实施。五是全面实行视频可视化监控，实行远程监控抽样全过程，提供可追溯性的证据。六是继续突出抽查产业集聚区，对电热水壶、纸尿裤(片、垫)、电能表等产品集中产区的生产企业进行了重点抽查。

针对产品质量国家监督抽查中发现的问题，国家质检总局已责成各省(自治区、直辖市)质量技术监督部门(市场监督管理部门)按照有关法律法规的规定，对本次抽查中不合格产品的生产企业依法进行责令整改、限期改正等后处理措施；针对本次抽查中反映出的不合格产品检出率较高的产品，加大后续跟踪监督检查力度；针对集中产区继续开展质量整治和质量提升活动，通过标准宣贯、技术帮扶、公共检测服务等多种措施，督促企业落实质量安全主体责任，促进产品质量的整体提升。

资料来源：http://samr.aqsiq.gov.cn/zjxw/zjxw/zjftpxw/201803/t20180313_514329.htm

第一节　质量与质量管理

产品和服务质量是企业生存与发展的前提，企业应该增强质量意识，发现质量管控方面的薄弱环节，预防并控制不合格的发生，及时纠正经营管理活动、服务质量方面存在的问题，以质量赢得客户信任，不断提高客户满意度，提升企业的社会形象和市场竞争力。

一、质量管理发展史

20世纪，人类跨入了以加工机械化、经营规模化、资本垄断化为特征的工业化时代。在过去的整整一个世纪中，质量管理的发展大致经历了三个阶段。

(一) 质量检验阶段

20世纪初，人们对质量管理的理解还只限于质量的检验。质量检验所使用的手段是各种检测设备和仪表，方式是严格把关，进行百分之百的检验。

质量检验是在成品中挑出废品，以保证出厂产品质量。但这种事后检验把关，无法在生产过程中起到预防、控制作用。废品已成事实，很难补救。且百分之百的检验，增加检验费用。生产规模进一步扩大，在大批量生产的情况下，其弊端就凸显出来。1924年，美国的休哈特提出了控制和预防缺陷的概念，并成功地创造了"控制图"，把数理统计方法引入到质量管理中，将质量管理推进到新阶段。

(二) 统计质量控制阶段

这一阶段的特征是数理统计方法和质量管理的结合。第二次世界大战开始以后，统计质量管理得到了广泛应用。这是由于战争的需要，美国军工生产急剧发展，尽管大量增加检验人员，产品积压待检的情况日趋严重，有时又不得不进行无科学根据的检查，结果不仅废品损失惊人，而且在战场上经常发生武器弹药的质量事故，如炮弹炸膛事件等，对士气产生了极坏的影响。在这种情况下，美国军政部门强制生产武器弹药的厂商推行统计质量管理的方法并收到了显著效果。第二次世界大战结束后，许多民用工业也纷纷采用统计质量管理，并取得了成效。

但是，统计质量管理也存在着缺陷，它过分强调质量控制的统计方法，使人们误认为"质量管理就是统计方法""质量管理是统计专家的事"，使多数人感到高不可攀、望而生畏。同时，它对质量的控制和管理只局限于制造和检验部门，忽视了其他部门的工作对质量的影响。这样不能充分发挥各个部门和广大员工的积极性，制约了它的推广和运用。这些问题的解决又把质量管理推进到一个新的阶段。

(三) 全面质量管理阶段

20世纪50年代以来，生产力迅速发展，科学技术日新月异，出现了很多新情况。如科学技术和工业生产的发展，对质量要求越来越高；在管理理论上出现了"行为科学法"，主张改善人际关系，调动人的积极性，突出"重视人的因素"，注意人在管理中的作用；随着市场竞争，尤其国际市场竞争的加剧，各国企业都很重视"产品责任"和"质量保证"问题，加强内部质量管理，确保生产的产品使用安全、可靠等。

由于上述情况的出现，仅仅依赖质量检验和运用统计方法已难以保证和提高产品质量，这促使"全面质量管理"的理论逐步形成。最早提出全面质量管理概念的是美国通用电气公司质量经理费根鲍姆。1961年，他出版了《全面质量管理》一书。该书强调执行质量职能是公司全体人员的责任。他提出："全面质量管理是为了能够在最经济的水平上，考虑到充分满足用户要求的条件下进行市场研究、设计、生产和服务，把企业内各部门的研制质量、维持质量和提高质量的活动构成为一体的有效体系。"

20世纪60年代以来，费根鲍姆的全面质量管理概念逐步被世界各国所接受，在运用时各有所长，在日本叫作全公司的质量管理(company-wide quality control，CWQC)。我国自1987年推行全面质量管理以来，在实践上和理论上都有所发展，也有待于进一步探索、总结、提高。

综上所述，随着生产力和科学技术的发展，质量管理的理论日趋完善，更趋科学性，更具实用性。各国在运用"质量管理"理论时，都各有所长。随着国际贸易的发展，产品的生产销售已打破国界，不同民族、不同国家有不同的社会历史背景，质量的观点也不一样，这往往会形成国际贸易的障碍或鸿沟，需要在质量上有共同的语言和共同的准则。

观念应用 4-1

质量不是制造和检验出来的

任何产品的质量都有一个产生、形成和实现的过程。这个过程由多个相互联系、相互影响的环节所组成，每一个环节都或轻或重地影响着最终的质量状况。要保证和提高产品质量，就必须把每个过程中影响质量的人、机、料、法、环都控制起来。

二、质量

(一) 质量的概念

ISO9000：2000版标准对"质量"做出以下定义：一组固有特性满足要求的程度。术语"质量"可使用形容词如差、好或优秀来修饰。"固有的"(其反义是"赋予的")就是指在某物种中本来就有的，尤其是那种永久的特性。

1. 关于固有特性

(1) 特性指"可区分的特征"。特性可有多种类别,如物理的(如长度、重量、硬度、强度等)、化学的(如溶液的 pH 值、卫生指标等)、感观的(如气味、手感、噪声、色彩等)、行为的(如礼貌、诚实、正直等)、时间的(如准时性、可靠性、可用性等)、功能的(如汽车的最高速度)等。

(2) 特性可以是固有的和赋予的。固有的就是指某事或某物中本来就有的,尤其是那种永久的特性,如螺栓的直径、物体的重量或接通电话的时间等技术特性。赋予特性不是固有特性,不是某事物或某物中本来就有的,而是完成产品后因不同的要求对产品所增加的特性,如产品的价格、运输方式、售后服务要求等。

2. 关于要求

要求指"明示的、通常隐含的或必须履行的需求或期望"。

(1) "明示"的要求可理解为"规定的要求",包括对产品固有特性的要求(如汽车的动力性、经济性、制动性、舒适性等,电视机的分辨率、安全性等,服务业的及时性、卫生、文明礼貌等),对产品的交付要求(如包装、交货期、交货地点与运输方式等),对产品交付后活动的要求(如售后服务等)。这类要求通常以合同、传真、协议、口头订单等方式予以规定。

(2) "通常隐含"的要求是指组织、顾客和其他相关方的惯例或一般的做法,所考虑的要求或期望是"不言而喻"的。如在高原使用的各种机器、用具应考虑到如何能在空气稀薄条件下保持正常使用;在腐蚀性气氛中工作的各种机电设备和零部件应进行盐雾试验;在服务业中,保持交通运输服务的正点率、通信服务的接通率、餐饮服务的等候时间、银行服务的保密性。

(3) "必须履行"是指法律法规的要求,强制性标准的要求。如汽车尾气排放要遵循《环境保护法》,食品制作应遵循《食品卫生法》。由于法律法规有动态性、地域性等特征,因此企业应重视对法律法规发布、变更信息的及时掌握,以及当产品进入国际市场应遵守 WTO 的法规性文件和相关国家的法律。

(4) 要求可由不同的相关方提出,必须兼顾各相关方的要求;要求可以是多方面的,当需要特指时可采用修饰词表示,如产品要求、过程要求、质量管理体系要求、顾客要求、相关方要求、法规要求、标准/规范要求等。

观念应用 4-2

儿童安全座椅 9 月 1 日起强制认证

质检总局、认监委决定,自 2014 年 9 月 1 日起对儿童安全座椅实施强制性产品认证,未获得强制性产品认证的儿童安全座椅不得出厂、销售、进口或在其他经营活动中使用。此前,中国已对儿童安全座椅实施了强制性国家标准。据了解,儿童安全座椅可大大降低交通事故中儿童受伤害的概率,许多国家和地区强制要求儿童乘车必须使用安全座椅。强制性产品认证(CCC 认证)制度是各国政府为保护消费者人身安全等依法实施的一种产品合格评定制度。

资料来源:http://www.aqsiq.gov.cn/zjxw/dfzjxw/dfftpxw/201409/t20140903_420767.htm

（二）质量的特点

(1) 质量的广义性。在质量管理体系所涉及的范围内，产品、过程和体系都具有固有特性，都要满足顾客或供方的要求，因此形成了产品质量、过程质量、体系质量。

(2) 质量的相对性。顾客可能对同一产品的功能提出不同的需求，也可能对同一产品的同一功能提出不同的需求。需求不同，质量要求就不同。满足需求越充分，质量就越好。

(3) 质量的时效性。由于顾客对供方的产品、过程和体系的需求或期望是不断变化的，如原先被顾客认为质量好的产品会因为顾客要求的提高而不再受到顾客的欢迎，因此，组织应不断地调整对质量的要求。

阅读资料 4-1

质量无国界

三、质量管理

ISO9000：2000 版标准对"质量管理"一词做了如下定义：在质量方面指挥和控制组织的协调的活动。指挥和控制与质量有关的活动，通常包括质量方针和质量目标的建立、质量策划、质量控制、质量保证和质量改进。全面质量管理(TQM)是基于组织全员参与的一种质量管理形式。

（一）管理和质量管理

任何组织都要从事经营，并承担社会责任。因此，每个组织都要考虑自身的目标，为了实现目标，组织会对各个方面实行管理，如行政管理、人力资源管理、财务管理、技术管理、质量管理、营销管理等。质量管理是组织各项管理内容中的一项，质量管理应与其他管理相结合。组织的质量目标与其他目标(如增长、资金、利润、环境及职业卫生与安全等)相辅相成。

（二）质量策划

质量策划是质量管理的一部分，致力于制定质量目标并规定必要的运行过程和相关资源实现质量目标。

质量策划的主要内容是制定质量目标。质量策划的类型有很多，主要包括质量管理体系策划、产品及过程策划、产品的设计开发策划等。组织通过质量策划做出正确的决策，对组织的质量管理体系和产品质量满足顾客及相关方的需要和期望起着十分关键的作用。质量策划是组织各级管理者的重要职责，在质量策划中，各级管理者运用数据分析的方法进行识别、分析和做出正确的抉择，确保组织质量目标的实现。

(三) 质量控制

质量控制是质量管理的一部分，致力于满足质量要求。质量控制的主要内容是制定一系列过程的控制要求并实施，如文件和记录控制、设备和工作环境控制、设计开发控制、采购控制、生产控制、检验控制等。其目的是使产品、过程或体系的固有特性满足规定的要求。

质量控制贯穿于产品形成和体系运行的全过程。每一过程都有输入、转换和输出三个环节，通过对三个环节实施有效控制，对产品质量有影响的各个过程才能处于受控状态，稳定持续地提供符合规定要求的产品。

质量控制不是质量检验。质量检验是质量控制中必不可少的重要组成部分。

(四) 质量保证

质量保证是质量管理的一部分，致力于提供质量要求会得到满足的信任。质量保证的主要内容是提供客观证据证实已经达到规定的质量要求的各项活动，目的是取得顾客和其他相关方的信任。

质量保证定义的关键词是"信任"。这种信任是在订货前建立起来的，顾客不会与其不信任的组织订货。质量保证不是买到不合格品以后的保修、保换、保退。

质量保证和质量控制既有联系又有区别。质量控制是质量保证的前提。只有有效地实施质量控制，在此基础上才能提供质量保证。两者的区别在于目的不同。质量控制的目的是满足质量要求；质量保证的目的是通过提供客观证据来提供信任。

(五) 质量改进

质量改进也是质量管理的一部分，致力于增强满足质量要求的能力。质量改进是质量管理永恒的主题。质量改进的范围很广，包括产品的性能改进、过程的流程再造、体系的改进等。组织建立质量管理体系的目的是不仅要满足顾客对体系的要求、预防不合格发生和提供使顾客满意的产品，而且应利用优秀的管理模式来改进、完善质量管理体系。因此，除了定期评价质量管理体系如内部审核、管理评审外，还应按照质量管理体系或优秀的管理模式进行自我评定，以评价组织的业绩，识别需要改进的领域，努力实施持续改进，使质量管理体系提高到一个新的水平。

小思考 4-1

质量检验、质量控制、质量保证的区别是什么？

答案：质量控制包含质量检验，同时是质量保证的前提。质量保证和质量控制两者的区别在于目的不同。质量保证是对达到预期质量要求的能力提供足够的信任，强调客户对供方生产和提高合格产品的信任。质量控制是通过监视质量形成过程，消除质量环上所有阶段引起不合格或不满意效果的因素，从而达到质量要求。

第二节 全面质量管理

全面质量管理是企业管理现代化、科学化的一项重要内容。它于 20 世纪 60 年代产生于美国,后来在西欧与日本逐渐得到推广与发展。我国自 1978 年以来积极推行全面质量管理,从实施的效果来看,有利于提高企业素质,增强企业的市场竞争力,不断完善市场和提升效率。

一、全面质量管理的概念

1956 年,美国通用电气公司质量总经理费根鲍姆首先提出了"全面质量管理"(total quality control,TQC)的概念。他于 1961 年出版的《全面质量管理》一书中首先对 TQC 做出了如下的定义:"全面质量管理是为了能够在最经济的水平上,考虑到充分满足用户要求的条件下进行市场研究、设计、生产和服务,把企业内各部门研制质量、维持质量和提高质量的活动构成为一体的一种有效体系。"费根鲍姆认为执行质量职能是公司全体人员的责任,公司的全体人员都应承担质量的责任;为保证产品满足用户要求,企业不仅要控制产品制造过程,而且还要对产品质量产生、形成、实现的全过程进行质量管理;解决问题的方法多种多样,不仅限于检验和数理统计方法;质量应当是最经济的水平与充分满足顾客要求的完美统一,离开经济效益和质量成本去谈质量是没有实际意义的。

在 20 世纪的最后十几年中,经过长期而广泛的实践、积累、总结和升华,全面质量管理成了全球企业界的共同实践。全面质量管理逐渐由早期的 TQC 演变为 TQM,它已经不再局限于质量职能领域,已演变为一套以质量为中心的、综合的、全面的管理方式和管理理念。所以,1994 版 ISO9000 族标准中将全面质量管理(total quality management,TQM)定义为:"一个组织以质量为中心,以全员参与为基础,目的在于通过让顾客满意和本组织所有成员及社会受益而达到长期成功的管理途径。"该含义强调 TQM 是对一个组织进行管理的途径,除了这种途径以外还有别的管理途径;质量概念不仅包括产品质量,而且还包括全部管理目标,如提高产品质量、缩短生产周期、降低采购成本等;TQM 的思想是以全面质量为中心,全员参与为基础,目的是追求组织的持久成功,使顾客、社会、员工、供方或合作伙伴等相关方持续满意和受益。

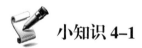

小知识 4-1

朱兰的质量管理学说

"事实证明,TQM 带给企业一个强烈的呼声、一个新的工作动力、一种新的管理方法,为此,我们对 TQM 必须全力以赴,再接再厉。因为 TQM 给我们的企业经营提供了一种新的管理方法和体系。"

——朱兰(Joseph H.Juran)

二、全面质量管理的要求

我国专家总结实践中的经验,提出了"三全一多样"的观点,认为推行 TQM,必须满足"三全一多样"的基本要求,即全范围的质量管理、全过程的质量管理、全员的质量管理、多方法的质量管理。

(一) 全范围的质量管理

它不仅仅限于生产中的产品质量,还包括与产品质量关联的各项工作质量,如方针决策的质量、生产和采购成本质量、交货期质量、售后服务质量等。质量不仅包括交付给顾客的最终产品质量,还包括形成产品过程的工序质量。因此,质量管理中的用户不只是产品出厂后的直接用户,而且包括企业内部前后工序,提倡树立"下道工序为上道工序的用户意识"。

(二) 全过程的质量管理

任何产品的质量,都有一个产生、形成和实现的过程。这个过程由多个相互联系、相互影响的环节所组成,每一个环节都或轻或重地影响着最终的质量状况。要保证和提高产品质量,就必须把影响质量的所有环节和因素都控制起来。因此,全面质量管理的范围应当是产品质量产生、形成和实现的全过程,包括从市场调研、设计开发、生产作业、销售、售后服务等全部有关过程。换句话说,要保证产品的质量,不仅要搞好生产或作业过程的质量管理,还要搞好销售、设计和使用过程的质量管理。

(三) 全员的质量管理

全面质量管理的基本原理是对生产和服务提供全过程的控制,而全过程的质量活动都是通过不同岗位的责任者实施和完成的。因此,组织中任何一个环节、岗位的责任者的工作质量都会对产品质量有着直接或间接的影响,产品质量是组织各方面、各部门、各环节工作质量的综合反映。产品质量人人有责,因此全面质量管理要求人人关心产品质量,人人做好本职工作,全员参与质量管理,这样才能生产出顾客满意的产品。

阅读资料 4-2

质量与每个员工相关

(四) 多方法的质量管理

影响产品质量的因素很多,包括人、物质、技术、管理、内部环境、市场环境等因素。要把一系列的因素系统地控制起来,必须根据不同因素对产品质量产生的影响,广泛、灵活地运用多种多样的现代化管理方法来解决质量问题。其中,使用较多的方法是系统工程思想和统计技术。常用的统计方法有所谓的老七种工具，包括因果图、排列图、直方图、控制图、散布图、分层图、调查表；还有新七种工具，包括关联图法、KJ法、系统图法、矩阵图法、矩阵数据分析法、PDPC法、矢线图法。此外，一些新方法近年来被广泛关注，具体包括质量功能展开(quality function deployment，QFD)、田口方法、故障模式和影响分析(failure mode and effect analysis，FMEA)、六西格玛管理等。

由于TQM的实施由企业内部自发组织进行，依靠的是员工的自觉性和制度的执行来完成，缺少外部力量进行推动和监督，因此，TQM的制度很难得以保持和改进。同时，随着国际贸易的迅猛发展，供应链的产生和发展，外购外协活动的频繁，使某一个企业同时存在多个顾客成为可能。为保证获得持续稳定质量的产品，企业必须接受顾客的审核。为降低因顾客审核而产生的成本，企业通过第三方机构的认证以提供给顾客充足的信任成为许多企业达成的共识。于是，企业贯彻ISO9000标准，进行质量认证成为当今质量管理的潮流。

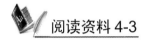

阅读资料4-3

六西格玛管理的含义

第三节　ISO9001认证

国际标准化组织(International Organization for Standardization，ISO)是一个全球性的非政府组织，是国际标准化领域中一个十分重要的组织。国际标准组织成立于1946年，其前身是国家标准化协会国际联合会和联合国标准协调委员会。国际标准化组织的宗旨是"在世界上促进标准化及其相关活动的发展，以便于商品和服务的国际交换，在智力、科学、技术和经济领域开展合作"。国际标准化组织通过它的2856个技术结构开展技术活动。

我国于1978年加入ISO，在2008年10月的第31届国际化标准组织大会上，正式成为ISO的常任理事国。

一、ISO9000族标准的产生及发展

(一) ISO9000族标准的产生

1979年，国际标准化组织(ISO)成立了第176个技术委员会(TC176)，负责制定质量管理和质量保证标准。ISO/TC176的目标是："要让全世界都接受和使用ISO9000族标准，为提高组织的运作能力提供有效的方法；增进国际贸易，促进全球的繁荣和发展；使任何机构和个人，可以有信心从世界各地得到任何期望的产品，以及将自己的产品顺利地销到世界各地"。

经过近 7 年时间，委员会完成了第一套质量管理和质量保证国际标准的制定工作，于 1986—1987 年发布，称为 1987 版 ISO9000 系列国际标准，具体包括：

ISO8402-86《质量——术语》

ISO9000-87《质量管理和质量保证标准选用指南》

ISO9001-87《质量体系——开发设计、制造、安装和服务的质量保证模式》

ISO9002-87《质量体系——制造和安装的质量保证模式》

ISO9003-87《质量体系——最终检验和试验的质量保证模式》

ISO9004-87《质量管理和质量体系要素指南》

(二) ISO9000 族标准的发展

1. 1994 版 ISO9000 族标准

1990 年，ISO/TC176 技术委员会开始对 ISO9000 系列标准进行修订，于 1994 年发布了 ISO8402：1994、ISO9000-1：1994、ISO9001：1994、ISO9002：1994、ISO9003：1994、ISO9004-1：1994 共 6 项国际标准，统称为 1994 版 ISO9000 族标准，这些标准分别取代 1987 版 6 项 ISO9000 族标准。随后，ISO9000 族标准进一步扩充到包含 27 个标准和技术文件的庞大标准家族。

2. 2000 版 ISO9000 族标准

为了进一步提高标准使用者的竞争力，促进组织内部工作的持续改进，ISO/TCl76 成立了战略规划咨询组(SPAG)，于 1996 年广泛征求了全世界标准使用者的意见。1997 年吸纳了国际上最受尊敬的质量管理专家的意见，整理为八项质量管理原则，为 2000 版 ISO9000 族标准的修订奠定了理论基础。

2000 年 12 月 15 日，ISO 正式发布了 2000 版 ISO9000 族的四个核心标准：

ISO9000《质量管理体系基础和术语》

ISO9001《质量管理体系要求》

ISO9004《质量管理体系业绩改进指南》

ISO19011《质量和(或)环境管理体系审核指南》

3. 2008 版 ISO9001 标准

为了更加明确地表述 2000 版 ISO9001 标准的内容，并加强与 ISO14001：2004 标准的相容性，ISO/TC176 决定对 2000 版 ISO9001 标准进行修正。其中核心标准修订为：

ISO9000：2005《质量管理体系基础和术语》

ISO9001：2008《质量管理体系要求》

ISO9004：2000《质量管理体系业绩改进指南》

ISO19011：2002《质量和(或)环境管理体系审核指南》

修改后的版本仍然保持原 2000 版的标题、范围不变，继续采用过程方法，仍然适用于各行各业。修改后的版本更加明确地表述 2000 版的内容，并加强了与环境管理体系标准的兼容性。

二、实施 ISO9000 族标准的作用

(1) 有利于提高产品质量，保护消费者利益。通过质量管理体系的运行，要求企业对生产和服务提供过程的关键工序进行严格控制，可以减少乃至杜绝不合格品的产生，提升了产品质量，有效保护消费者的权利。

(2) 为提高组织的运作能力提供了有效的方法。实施 ISO9000 族标准，可以将社会宏观管理与微观管理密切结合，将职责与权限密切结合，营造企业良好的运行氛围和运行机制，使全面质量管理理念成为企业管理的核心。

(3) 有利于增进国际贸易，消除技术壁垒。实施国际质量管理体系标准能为国际技术合作提供通用的语言和准则，企业通过取得国际质量管理体系认证，获得参与国内和国际贸易的重要通行证，有效增强市场竞争能力。

(4) 有利于组织的持续改进和持续满足顾客的需求和期望。根据 ISO9000 族标准持续更新的要求，企业通过改造生产的过程和工艺技术，设计和开发新产品、新的工艺流程，从而持续地满足顾客的需求和期望。

(5) 有助于提高组织的信誉和形象。通过质量管理体系认证对任何企业来说既是压力，也是动力。企业通过运用 ISO9000 族标准，建立和健全质量管理体系，不断提高产品质量和服务质量，履行对顾客和社会的承诺，有助于提高自身信誉，赢得社会的认可。

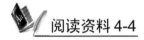
阅读资料 4-4

国内首张 ISO29990 证书颁发
我国职业教育迈向高质量发展

三、ISO9001 标准的基本要求

ISO9001：2008 标准以 PDCA 计划循环法和"过程方法"为指导思想，很好地体现了全面质量管理的理念，标准从以下几个方面对组织提出了要求。

(一) 文件要求

组织应按照标准要求建立质量管理体系并形成文件，建立的文件包括质量手册、程序文件、规范文件、质量记录。文件的结构如金字塔形状，文件的结构和作用见图 4-1。

质量手册(面)：纲领性文件，由顾客和公司领导使用。

程序文件(线)：标准性文件，由部门使用。

规范文件(点)：操作性文件，岗位使用。

质量记录(痕)：鉴证性文件，各层次使用。

图 4-1 文件的结构和作用图

(二) 质量方针

质量方针是组织正式发布的该组织总的质量宗旨和方向。质量方针制定的目的是引导组织的最高管理者统一组织的宗旨和方向,动员全员参与实现总目标。

1. 质量方针的内容要求

(1) 与组织的宗旨相适应。最高管理者应建立组织统一的宗旨和方向。质量方针是组织的总方针、总宗旨和总方向的一个有机的组成部分。除质量管理以外,还有经营管理、环境管理、财务管理、风险管理等。组织的各种管理体系都应统一协调、统筹兼顾、系统优化,取得组织的最大效益。

(2) 包括对满足要求和持续改进质量管理体系有效性的承诺。质量方针应体现满足要求,使顾客及其他相关方满意,而且持续改进质量管理体系的有效性和效率。

(3) 提供制定和评审质量目标的框架。质量方针应通过质量目标,层层分解落实,才能把主体思路体现到行动中,实现管理承诺。

2. 质量方针的管理要求

(1) 在组织内得到沟通和理解。通过质量方针在组织内的沟通和理解,创造一个良好的内部环境,整个组织内从领导到员工为实现组织的目标做贡献。

(2) 评审其持续的适宜性。最高管理者应适时(如通过管理评审)评价质量管理体系的适宜性、充分性、有效性,并持续改进,体现 PDCA 循环。

(3) 质量管理的八项原则可作为制定质量方针的基础。质量管理的八项原则分别是:①以顾客为关注焦点;②领导作用;③全员参与;④过程方法;⑤管理的系统方法;⑥持续改进;⑦基于事实的决策方法;⑧与供方互利的关系。

(4) 按照文件控制要求对质量方针的制定、批准、评审和修订实施控制。

(三) 质量目标

质量目标是指在质量方面所追求的目的。质量目标的内容要求如下:

(1) 最高管理者应确保在组织的相关职能和层次上建立质量目标。组织不仅要建立总体的质量目标,而且还应建立各部门的质量目标。

(2) 依据质量方针，具有先进性、远瞻性。质量目标的制定不能脱离质量方针，应和质量方针保持一致。

(3) 包含满足产品要求的内容。产品要求和顾客要求紧密联系，若质量目标中未体现满足产品要求，则以顾客为关注焦点的工作出发点成为空话。

(4) 可测量。组织制定的质量目标应是可测量的，以便于检查。同时，组织通过对质量目标的统计可以达到持续改进的目的。

(四) 过程要求

2000版ISO9001标准的最大特点是过程方法的运用。在产品形成的过程中存在着各种各样的过程影响产品质量，如培训、营销、设计、采购、生产、检验、售后服务、不合格控制等，如将过程中的活动、相关的资源进行管理，可以更高效地得到期望的结果。过程方法的运用体现了预防为主的思想，例如：

(1) 控制产品实现的策划质量。组织应对产品实现所需的过程进行策划和开发。策划和开发的内容包括：产品的质量目标和要求，过程、文件和(提供)资源的需求，产品所要求的验证、确认、监视、检验和试验活动，产品接收准则，所需的记录。

(2) 控制与顾客有关的过程。为生产出满足顾客和国家法律法规要求的产品，组织的销售部门应确定与产品有关的要求，包括顾客明示和未明示的要求、国家法律法规要求及组织其他要求。为了按时、按质、按量地交付产品给顾客，组织应在签订合同或接收订单前进行评审。同时，组织应做好与顾客的售前、售中、售后沟通工作。

(3) 控制设计和开发质量。设计开发新产品具有风险性，同时设计开发过程的质量对产品质量的影响很大，为降低设计开发的风险，避免先天性的不合格和缺陷产生，组织应控制设计过程的质量。通过市场调查、设计评审、设计验证、设计确认等活动，确保设计输出满足设计输入的要求，满足产品符合使用者的需求。

(4) 控制采购的质量。组织采购的原材料质量直接影响最终产品的质量，因此组织通过控制采购的质量来控制原材料质量。组织应通过供方评价、复评来选择合格供应商，在采购前提供充足的采购信息，对采购的产品进行验收等活动，保证生产产品所需的原材料、外购件、外协件符合规定的质量要求。

(5) 控制生产过程的质量。确定并执行适宜的生产方法，使用适宜的设备，保持生产所需的工作环境，对操作员工进行资格鉴定和培训，控制影响质量的工艺参数，使用监视和测量设备进行检验，对交付后的活动如售后服务实施控制。

(6) 控制检验和试验。按照产品实现的策划要求建立原材料检验、半成品检验、成品检验的文件并按照文件要求执行，确保产品质量符合规定要求，防止不合格的原材料、外购件投入生产，防止不合格的半成品流入下道工序，防止不合格成品交付给顾客。

(7) 控制标识和可追溯性。采用标志、标签、文字记录、涂颜色油漆等方法建立产品标识、检验试验状态标识、可追溯性标识。

(8) 控制产品防护。在内部处理和交付到预定的地点期间，组织应针对原材料、半成品、成品在标识、搬运、包装、贮存和保护等环节实施保护，以防止丢失、错用、损坏、变质。

(9) 控制监视和测量装置的质量。组织应使用经按要求进行校准或检定的检测装置，确保检验和试验结果的有效性，防止因检测手段不合格造成对产品质量不正确的判定。

(10) 控制不合格品。组织应确定和实施控制不合格品文件，可通过返工、降级使用、拒收、报废等措施降低或消除不合格品产生的风险。

(11) 培训。组织应确定影响产品质量的工作人员的任职要求，通过培训或转岗、调岗等措施满足岗位需要。积极开展员工岗位技能培训，评价培训的有效性，努力提高员工的质量意识。

(五) 持续改进要求

持续改进的手段有质量方针、质量目标、审核结果、数据分析、纠正和预防措施及管理评审。使用较多的手段是纠正和预防措施。当发现不合格或潜在不合格时，评审不合格，确定(潜在)不合格的原因，评价确保(潜在)不合格不再发生的措施的需求，确定和实施所需的措施，记录所采取措施的结果，评审所采取的(预防)纠正措施。

质量管理的要求通过文件的形式表达，组织在建立文件以后应严格按照文件要求执行。对质量管理体系文件的要求是：该做的要写到，写到的要做到，写到的要说到，说、写、做要一致。

四、企业开展 ISO9001 认证的程序

企业开展 ISO9001 认证的程序如下：
(1) 组建 ISO9000 推行组织。
(2) 对全体员工进行宣传，创建贯标气氛。
(3) 对企业现状进行识别、诊断。
(4) 依据诊断结果进行质量管理体系策划。
(5) 对各级员工开展 ISO9001 标准培训。
(6) 依据策划结果编写质量管理体系文件。
(7) 对质量管理体系文件开展宣传、发布、试运行。
(8) 依据试运行结果更新质量管理体系文件。
(9) 选择、培训内审员。
(10) 开展内部质量体系审核，关闭内审中的不合格项。
(11) 进行管理评审。
若质量管理体系运行的时间符合规定的要求，企业认为体系符合标准要求，可申请外部认证：
(1) 企业选择合适的认证机构并提出认证申请书。
(2) 认证机构受理认证申请。
(3) 认证机构制定审核方案。
(4) 认证机构委托审核机构进行现场审核前的策划和准备。

(5) 审核机构进行现场审核。

(6) 企业对不符合项按要求进行整改。

(7) 认证机构验证不符合项整改效果。

(8) 认证机构颁发证书。

(9) 实施监督审核和管理。

第四节 本章小结

质量管理的发展史是全面质量管理产生和发展的过程。它吸收了质量检验阶段和统计质量阶段的优点，成为现代质量管理的重要方法和手段。

质量不仅包括产品实体的质量特性，而且还包括顾客要求。质量管理是企业管理的一项内容，包括质量策划、质量控制、质量保证、质量改进等活动。

全范围、全过程、全员、多方法是全面质量管理的特点。

ISO9001 认证是一种依靠外部力量推动所进行的质量管理方法。组织结合行业特点将 ISO9001 标准要求转化为文件化的质量管理体系，有效地控制影响产品质量的各个过程(包括销售、设计、采购、生产、检验、售后服务等)，确保人、机、料、法、环处于受控状态，保证产品质量符合规定要求。

主要概念

质量　质量管理　全面质量管理

主要观念

全面质量管理要求　ISO9001 标准要求

思考与练习题

1. **名词解释**

质量　质量管理　全面质量管理　ISO9000 标准　六西格玛

2. **不定项选择题**

(1) 全面质量管理包括对质量进行(　　)管理。

　　A. 全员　　　　　　B. 全面　　　　　　C. 全过程　　　　　　D. 全身心

(2) (　　)代表了现代的质量管理意识和方法。

　　A. 质量检测阶段　　　　　　　　　　　B. 质量统计阶段

　　C. 质量评选阶段　　　　　　　　　　　D. 全面质量管理阶段

(3) (　　)是为寻找主要问题或影响质量的主要原因所使用的分析图。

　　A. 因果图　　　　　B. 直方图　　　　　C. 散布图　　　　　D. 排列图

3. 简答题

(1) 质量竞争力指数的基本内容是什么？

(2) ISO9000 标准有哪些基本要求？

(3) 企业质量管理的技术和方法、手段有哪些？

4. 实训题

参观某一企业全面质量管理的状况。

【实训项目】

了解某企业生产组织与全面质量管理的实际及做法。

【实训目的】

教师联系当地质量管理做得好的企业，带学生去参观学习，了解其生产组织与质量管理的模式和具体操作方法。

【实训内容】

(1) 请学生参观生产过程，从车间班组开始到产品产出。

(2) 了解其生产的各道工序、产出过程及质量管理情况。

【实训组织】

(1) 以 10 人为一组进行分组，并分别选出各组组长。

(2) 由老师带队参观企业。

【实训考核】

(1) 参观结束后，请学生写出该企业生产组织与质量管理的基本情况。

(2) 谈谈参观企业后的感受。

5. 案例分析题

上汽通用汽车有限公司质量管理案例分析

案例一：

2015 年 7 月 16 日，上汽通用汽车有限公司向国家质检总局备案了召回计划，将自 2015 年 10 月 1 日起，召回部分进口 2009—2012 年款别克昂科雷汽车，生产日期为 2008 年 8 月 15 日至 2012 年 2 月 1 日。据该公司统计，在中国大陆地区共涉及 23309 辆。

本次召回范围内的车辆，在长期使用后，后举升门气压撑杆内可能有杂质颗粒进入，导致气压下降，由于后举升门的保护程序不够完善，极端情况下，气压撑杆不足以将后举升门维持在全开状态，若人员忽视或未注意到车辆的报警提示，并在后举升门开启区域内停留，会增加人员受伤风险，存在安全隐患。上汽通用汽车有限公司将为召回范围内的车辆采取对后举升门的保护程序进行升级并检修后举升门气压撑杆的措施，以消除该隐患。

上汽通用汽车有限公司将通过别克特约售后服务中心主动与用户联系，安排免费检修事宜。用户可拨打免费客户服务热线、登录国家质检总局网站进出口商品检验栏目或缺陷产品管理中心网站、关注微信公众号来了解本次召回的详细信息。此外，还可拨打国家质检总局缺陷产品管理中心热线电话或地方出入境检验检疫机构的质量热线，反映在召回活动实施过程中的问题或提交缺陷线索。

案例二：

2015年10月23日，第十五届全国质量奖获奖名单揭晓，上汽通用汽车公司凭借业内领先的卓越绩效管理和企业综合质量管理与竞争能力，一举荣获第十五届全国质量奖，并在6家获奖企业中以优异的成绩名列首位。

上汽通用汽车的质量优势首先体现在通用汽车的全球体系中。目前，通用汽车(GM)全球169家工厂中有22家获得BIQ Level4的精益制造最高级别认证，上汽通用的工厂就占据四席，还有两家上汽通用新工厂已经通过现场评审，正在终评的公示阶段。

本届全国质量奖评委员会从卓越绩效模式的各个维度全面考核了上汽通用汽车的质量管理体系，并高度评价了其所具有的六大优势，包括：良好的战略管理机制和流程，具有特色的企业文化体系，涵盖优化组织结构和创新人才开发培养机制，技术核心能力储备和提升，全公司制造系统的精益生产，出色的信息化建设。这些优势正是上汽通用汽车卓越经营的集中体现。

案例分析：

上汽通用汽车有限公司是如何进行全面质量管理的呢？它在质量管理上又有哪些秘诀？相信在阅读案例过后，我们都会发出这种疑问。

接下来将结合案例内容与上汽通用汽车有限公司其他实际情况，运用5M1E法分析上汽通用汽车有限公司在人、机、物、法、测、环等生产现场管理六要素中所做出的质量管理改进，探索上汽通用在质量管理过程中的秘诀。

(一) 优秀的企业文化体系

1. 以客户为中心，以市场为导向

产品在使用过程中难免发生故障，产品发生故障后消费者、产品生产者的利益都会受到损失。降低产品故障率的重要措施之一就是加强售后服务。在案例一中，为消除安全隐患，上汽通用积极召回范围内汽车，主动联系客户并安排免费检修事宜，公布本次召回详细信息并且通过质量热线接收反馈意见，这些行为体现了上汽通用完善的售后服务及其优秀的经营战略头脑——既增加商品信誉、提升用户信任度，又通过热线反馈，直接了解客户要求，从而设计出更好的产品。它体现了上汽通用高标准要求的售后服务与区域营销，反映出上汽通用"以客户为中心，以市场为导向"的经营理念。

2. 企业质量文化建设

案例二中提到的上汽通用的卓越经营管理中的企业文化较于案例一，具有更丰富的含义。经过多年发展，上汽通用已形成了其独有的、优秀的企业文化，如"三不"原则和"三全"质量文化。

"三不"原则指的是"不接受、不制造、不传递缺陷"的质量价值观，"三全"指的是"全员、全时、全程，追求卓越质量"的核心质量文化，再加上"人人都是质量第一责任人"的质量管理理念等思想，构成了上汽通用的优秀企业质量文化。并通过宣讲、培训、建言、激励等方式强化质量理念，让质量文化建设形成了长效机制。

这些企业文化思想加强了员工对质量的认识，激励着员工提升个人素质，对企业产品质量和效益起到了明显的推动作用，为上汽通用竞争力的发展起到重要的支撑作用。

(二) 先进的生产设备

案例二中提到，上汽通用有四家工厂达到BIQ Level4的精益制造标准，这与其先进生产设备是分不开的。现代化厂房中先进的工艺装备、高自动化率的柔性生产线都是有效保证高质量制造的重要因素。

以通过BIQ Level4认证的四家工厂之一的上汽通用沈阳北盛工厂为例，其中先进的带有800吨压机、每分钟可冲压18次的全自动开卷落料生产线，以及拥有相当于"营级编制"的518台机器人的车身生产线、非接触式3D激光头检测，还有生产通用汽车全球新一代Ecotec小排量发动机的首个量产车间，都是名副其实的国内最先进、国际一流水平的制造设施和生产工艺。

先进的制造设备及生产工艺在提高生产效率与产品质量的同时，降低了对员工体力的消耗与产品质量成本，是企业进行生产和制造质量管理中的重要部分。

此外，生产设备达到先进、一流水平程度后也为测量任务提供了便利，更容易达到所要求的测量准确度，以避免测量的异常波动导致质量问题。

(三) 全过程控制

产品正式投产后，是否能达到设计质量标准，在很大程度上取决于制造部门的技术能力及生产制造过程中的质量管理水平。

由案例二可知，上汽通用具有良好的战略管理机制和流程。它将质量文化建设向供应链延伸，从源头上加强质量控制，进一步完善全业务链质量保障体系，不断提升产品的质量表现。

对于上汽通用而言，车辆生产制造环节是质量保证的重点。上汽通用以通用汽车全球制造系统(GMS)为基础，采用全球领先的精益生产制造系统。在生产过程中，生产部门通过自检、100%全检、过程抽检等多种手段实施全过程控制。

全过程控制加强了原材料的进厂检验和厂内自制零部件的工序和成品检验，从而在材料上保证了产品的质量。

此外，选择合适的供应商，与供应商建立战略合作伙伴关系，同时做好供应商的质量改进，也是上汽通用减少因材料不合格而导致的产品质量异常问题的战略性管理机制的内容之一。

(四) 柔性化与制造质量

1. 柔性化生产与柔性化质量管理

案例二中提到的信息化建设是上汽通用柔性化生产的一个必需条件，因为在柔性化生产中，需要清晰地定义不同系统间的信息流程，让各系统有效地协同运作，没有出色的信息系统建设，柔性化生产就无法发挥它应有的作用。

上汽通用的柔性化生产，是指在同一条生产线上同时共线生产多种不同平台、不同车型的车辆，从而实现快速灵活地响应客户订单需求及贯彻精益生产。柔性化生产能够增加企业生产效率，具有时间和成本方面的优势。在日益激烈的企业竞争中，能让企业获得更强的竞争力。

与柔性化生产相适应的是柔性化质量管理，柔性化质量管理将管理与技术充分结合，满足了消费者对产品质量的要求，并推动企业持续发展、不断前进。

2. 制造质量

结合案例二，可以得知上汽通用的精益制造是其质量管理体系的一大优势。上汽通用贯彻和实施精益制造的工具和体系是全球制造系统(GMS)，而制造质量(BIQ)则是用来衡量 GMS 实施水准和制造质量水平的一种精益制造标准。BIQ 是指在制造工序中求质量，将质量引入到工序中的方法，通过这些方法可以检测到缺陷的存在，从而实施对策以防止同样的缺陷再次出现。

制造质量管理的系统化，构成了"制造质量管理系统"，是质量管理中非常关键且实用的一种系统。

（五）本质安全化

生产环境对于产品质量具有一定程度上的影响，因为汽车生产工艺较为复杂，对环境有着更为严格的要求，如组装预测量精密汽车仪器时，需要质量高、中等湿度的空气。除了达到温度、湿度等一般汽车生产环境要求及规范员工行为外，上汽通用还不断改善作业现场环境、完善设备本质安全化以降低事故发生概率与严重度。

本质安全是指操作失误时，设备能自动保证安全；当设备出现故障时，能自动发现并自动消除，能确保人身和设备的安全。本质安全化就是使设备达到本质安全而进行的研究、设计、改造和采取各种措施的一种最佳组合。

本质安全化是对生产环境的一种改进，既保证员工人身安全，也确保了设备的安全和企业产品质量的稳定。

案例总结：

上文分别以现场管理六要素的角度，逐步对上汽通用汽车有限公司中的质量管理改进进行了分析。通过这些分析，我们不难看出，上汽通用实际上是在进行企业的全面质量管理，即一种以质量为中心，以全员参与为基础，目的在于通过顾客满意和本组织所有成员及社会受益而达到长期成功的管理途径。接下来，将全面地总结上汽通用全面质量管理的主要特点。

（一）全员性

上汽通用营造了一种优秀的企业文化体系，通过其中包含的"三不""三全"等质量文化教育提高了全体员工对于生产质量的关心程度和职业素养，人人关心质量，人人做好本职工作，这样生产出来的产品才能够让顾客满意、放心。

（二）预防性

产品质量是制造出来的，而不是检验出来的，之前分析所提到的上汽通用的全过程控制和制造质量管理都体现出其"预防为主、不断改进"的思想。

（三）服务性

该公司的服务性表现在它能够迅速识别客户需求，并满足客户的需要。其"以客户为中心"的经营理念与柔性化生产等过程，都很好地表现它为用户服务、对用户负责的态度。

（四）全面性

从质量职能的角度看，要保证与提高产品质量，就必须将分散到企业各部门的质量职能充分发挥出来。上汽通用为了制造出高质量、令顾客满意的商品，一直在加强各部门组织的协调，不断地完善自己的质量管理体系以构成一个有效的整体。

(五) 科学性

上汽通用运用出色的信息化建设来进行质量管理，例如其柔性化质量管理能充分地满足质量和消费者的要求。只有将先进的科学现代化技术与先进的科学管理方法相结合，才能进行真正高效、科学的管理。

优秀的质量文化建设、有效的质量管理体系、专业的员工队伍建设与科学的技术和管理方法，令上汽通用汽车有限公司的质量工作能够高效开展，很大地提高了该公司的质量管理水平，也就是这些关键因素引领着上汽通用走向获得2015年全国质量奖的荣耀之路。

然而奖项只是卓越经营旅途中的一个里程碑，质量管理从来不可能止步于奖项。希望上汽通用今后继续发扬其在质量管理上的优势，在创新的过程中为消费者带来更优质的产品与更满意的体验。同时，也希望其他企业能积极借鉴上汽通用卓越经营的案例，领会其精神，充分地意识到产品质量的重要性，从而建立、健全自身质量管理体系，不断地学习质量管理思想和方法，完善自身产品质量。因为随着社会经济的发展，未来发展的立足点终将转到高质量和效益上去，质量将和平地占有市场，21世纪终将是质量的世纪。

资料来源：周佳. 上汽通用汽车有限公司质量管理案例分析[J]. 广东经济，2016(5)：76-79

问题：

(1) 根据案例情况，分析上汽通用汽车有限公司质量管理所采取的方法有哪些？

(2) 上汽通用汽车有限公司质量的经营对企业做好质量管理有什么启示？

第五章

物流管理

【学习目标】

- ◆ 掌握物流的概念
- ◆ 了解现代物流产生的背景
- ◆ 熟悉物流的构成要素
- ◆ 对物流管理主要方面有一个基本的认识

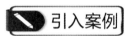引入案例

沃尔玛"天天平价"背后的奥秘

"我们的'天天平价'不是来自于外界所传言的榨干供应商和低工资、低福利,而是依靠改善和提高我们物流体系的效率来节约成本。物流供货系统是沃尔玛的核心竞争力所在。"戴浩文专程来京参加中国企业采购与供应链管理高层论坛。在这个有麦肯锡、惠普、Oracle以及索尼爱立信等跨国公司物流与信息主管参加的论坛上,戴浩文演讲的题目是"沃尔玛中国公司的物流体系和机遇"。由于沃尔玛在全球零售业乃至全球500强企业中多年来的"老大"地位,另外其在物流、信息流控制方面也早已闻名业界,因此戴浩文的演讲格外引人注目。

一、平价要靠现代物流

戴浩文说,在沃尔玛,物流配送体系的重要性仅次于员工,如果说员工对沃尔玛健康发展的重要程度占75%的话,物流几乎占了余下的25%。因为顾客之所以能在沃尔玛以最低价格买到最优的产品,在很大程度上都依赖于物流体系。

在戴浩文看来,沃尔玛的"天天平价"不是像其他零售商那样来自对供应商收取各种进场费等方式的"盘剥",更不是来自对内部员工克扣工资、降低福利待遇的"压榨",而是从不断改善和提升效率的物流配送体系中降低成本,从而进一步降低商品价格。沃尔玛中国公司在深圳和天津一南一北两个城市分别建有两大配送中心,分别负责沃尔玛在东北和南部的商品配送工作。戴浩文认为,正是依靠南北两大配送中心的集中配送(大型送货卡车主要在夜间工作),沃尔玛才能够有效控制商品的成本、交货时间以及供应商的订单满足率。

对于这一点,戴浩文显得格外自豪。他进一步介绍说,通过对供应链的有效整合,沃尔玛借助POS自动补货系统,可以实现配送中心和每个商店的现货最大化和多余库存最小化。这样,

进入沃尔玛配送中心的商品可以做到无滞留地于当天直接转送到各店,从而减少了库存,加速了流通速度。

二、完成"不可能完成的任务"

但戴浩文还不满足于这一点,他给物流部门定下了量化目标:实现98.5%的现货率和100%的供应商订单满足率。这个目标对别的企业来说,几乎是"不可能完成的任务",但在戴浩文看来,凭借沃尔玛全球的技术和经验支持,沃尔玛中国应该也必须完成这一任务。

在加盟沃尔玛之前,戴浩文是沃尔玛的一家第三方物流服务公司的老板。由于其出色的管理和服务水平,戴浩文被招聘进了发展空间更具想象力的沃尔玛体系中。尽管在中国工作多年,戴浩文已经是一个不折不扣的"中国通"了,但在刚刚起步的中国物流市场,仍有许多让戴浩文感到非常无奈的地方。

最让戴浩文感到为难的是国内各成体系、地方保护主义严重的地方货运系统,中央没有一个全国性的物流政策,各地方政府的物流体系与标准又各不相同,每个省都建有自己的运输配送体系,而全国性的运输网尚未建立起来,这对沃尔玛这样需要在全国范围内实现大规模物流配送的公司造成了较大的阻碍。

此外,由于国内的货运公司基本都是整车起运,没有全国范围内的门对门个性化运输服务,这些都在无形中加大了沃尔玛等的物流配送成本。物流需适应中国国情,对此戴浩文也不得不承认,中国充足而廉价的劳动力资源,使得沃尔玛这样善于依靠自动化设备的跨国企业的优势难以发挥。比如,很多供应商都依靠员工对货物进行手工贴标签,这并不需要太多技术性,成本还很低。这样一来,供应商建立自动化的货物识别体系的压力就不大。

尽管如此,沃尔玛仍一直在努力提高其在华物流供货体系的信息化水平。据戴浩文透露,目前沃尔玛中国公司正在尝试着将一种先进的无线射频技术引入中国,这种不需要高额成本的技术将有助于沃尔玛进一步降低商品管理成本,从而降低商品价格。但由于这一技术在美国刚开始试用,中国还没有国家标准,因此何时才能在中国大规模推广还不得而知。

资料来源:李加明. 连锁企业物流配送中心运营实务[M]. 北京:北京理工大学出版社,2014

第一节 物流与物流系统

根据我国国家标准《物流术语》的定义,物流是物品从供应地到接收地的实体流动过程,根据实际需要将运输、储存、装卸、搬运、包装、流通加工、配送、回收、信息处理等基本功能实施有机的结合。物流是企业经营活动的重要组成部分,是企业实现经营目标的重要途径,也是企业降低成本的重要环节和手段。

一、物流概述

物流是一门新兴的学科,它最初起源于美国,当时所研究的主要内容是企业为了把产品顺利销售出去而进行的一系列运输、仓储、包装等活动,使用的是 physical distribution(PD)一词,意为实体配送。第二次世界大战期间，美军后勤组织运用了一套科学方法，成功地将各种战略物资及时、准确地送至全球各地，为美军实施全球化战略提供了保障，这套方法在军事上被称为 logistics(后勤)。战后，这套后勤补给的方法经发展，运用在企业的采购、生产与销售的业务流程中，并取得了巨大的经济效益。PD 的概念也逐渐被 logistics 取代，logistics 最终成为物流的代名词。

小思考 5-1

物流概念从 physical distribution 被 logistics 取代，从单词的意思上看，"后勤"比"实体配送"提出哪些更高的要求？

答案：现代物流概念从"实体配送"发展到"后勤"，其中对物流提出更高的要求：高效，准确，以消费者或服务客体为中心，提供优质服务。

（一）流通

流通作为一种经济形式而存在，是伴随着商品生产和商品交换的历史而产生和发展的。在商品经济的初级阶段，由于产品的品种、数量很少，生产者和消费者往往通过比较直接的渠道建立交换关系，流通的形态是初级的。随着生产水平的提高，专业化的工厂越来越多，规模也越来越大，产品的品种和数量都大大地增加了。由于生产地点和消费地点逐渐分离，生产者想要直接和消费者见面销售自己的产品是很困难的，往往要通过市场这个环节，即流通领域的过渡，才能将产品转移到消费者手中。

流通过程要解决两方面问题：一是产成品从生产者所有转变为用户所有，解决所有权的更迭问题；二是要解决对象物从生产地转移到使用地以实现其使用价值，也就是实现物的流转过程。前者被称为商流，后者被称为物流。

1. 商流

对象物所有权转移的活动称为商流。在商流中的物资也称为商品，商流活动一般称为贸易或交易。商品通过交易活动由供给方转让给需求方，这种转让是按价值规律进行的。商流的研究内容是商品交换的全过程，具体包括市场需求预测、计划分配与供应、货源组织、订货、采购调拨、销售等。其中，既包括贸易决策，也包括具体业务及财物的处理。

2. 物流

物流是指实物从供给方向需求方的转移。这种转移既要通过运输或搬运来解决空间位置的变化，又要通过储存、保管来调节双方在时间节奏方面的差别。物流中"物"泛指一切物质资财，有物资、物体、物品的含义；而物流中的"流"泛指一切运动形态，有移动、运动、流动的含义，特别是把静止也作为一种形态。

物流系统中的"物"不改变其性质、尺寸、形状。也就是说物流活动和加工活动不同，不创造"物"的性质效用，但是它克服了供给方和需求方在空间和时间方面的距离，创造了空间价值和时间价值，在社会经济活动中起着不可缺少的作用。

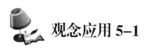

观念应用 5-1

物流的空间效应

山西省的煤与泥土、石块等自然物一样，被埋藏在深山中。只有经过采掘、输送到北京等地才能用来作为发电、取暖的燃料，成为重要的物资。它的使用价值是通过运输克服了空间距离才得以实现的，这就是物流的空间效应。

3. 商流和物流的关系

商流和物流都是流通的组成部分，二者结合才能有效地实现商品由供方向需方的转移过程。商流和物流关系密切，相辅相成。一般在商流发生之后，即所有权的转移达成交易之后，货物必然要根据新货主的需要进行转移，这就导致相应的物流活动出现。物流是产生商流的物质基础，商流是物流的先导。二者相辅相成，密切配合，缺一不可。只有在流通的局部环节，在特殊情况下，商流和物流才可能独立发生。一般而言，从全局来看，商流和物流总是相伴发生的。

(二) 商物分离

1. 商物分离的概念

尽管商流和物流的关系非常密切，但是它们各自具有不同的活动内容和规律。在现实经济生活中，进行商品交易活动的地点，往往不是商品实物流通的最佳路线必经之处。如果商品的交易过程和实物的运动过程路线完全一致，往往会发生实物流通路线的迂回、倒流、重复等不合理现象，造成资源和运力的浪费。商流一般要经过一定的经营环节来进行业务活动；而物流则不受经营环节的限制，它可以根据商品的种类、数量、交货要求、运输条件等，使商品尽可能由产地通过最少环节，以最短的物流路线，按时、保质地送到用户手中，以达到降低物流费用、提高经济效益的目的。

综上所述，在合理组织流通活动中，实行商物分离的原则是提高社会经济效益的客观需要，也是企业现代化发展的需要。对于商物分离的原则，通过图 5-1 进一步加以说明，图 5-1(a)表示商流和物流合一的流通网络，而图 5-1(b)则表示商物分离的流通网络。在图中每一圆圈称为网络的结点，在结点处发生货物的发送、停止、存放或者信息的发生、终结、处理、加工等活动。结点之间的实线箭头表示实物的流动，虚线箭头表示信息流，这些结点和虚实线及箭头就构成了网络。

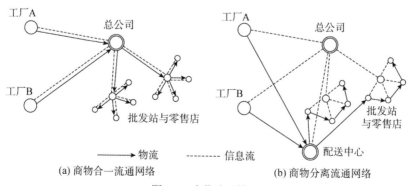

图 5-1 商物流通模式

图 5-1(a)的网络比较简单，总公司从工厂购得商品送至批发站，批发站再将商品分别送到各零售店，信息流和物流完全一致。

图 5-1(b)的网络是商物分离的模式，其运作过程如下：

(1) 零售店对批发站以电话方式订货，订货信息通过电话回路或计算机网络传达给总公司的信息中心，信息中心确认库存商品可以满足订货需要时，向配送中心下达出库指示。

(2) 配送中心根据要求向零售店按计划回路配送的方式进行送货。同时配送中心将商品出入库的有关数据传达给总公司的信息中心，商品库存量的减少数据和在库状况记入信息中心的数据库。

(3) 在库存量减少到一定水平时，总公司对工厂下达向配送中心补充货物的指令或发出订货的指令，以保证配送中心功能的实施。

2. 商物分离的特点

商物分离模式的特点包括以下几方面：

(1) 保管。取消总公司仓库和营业仓库分散保管方式而代之以配送中心集中保管。

(2) 输送。原先是从工厂仓库至总公司仓库，再到批发站仓库，最后到零售店，是商物一致的三段输送。而在商物分离模式中是由工厂仓库至配送中心，然后直接送至零售店的两段输送。

(3) 配送。原先是分别向各零售店送货，现改为回路配送。

(4) 信息系统。不再由总公司、批发站和工厂分头处理，而是以信息中心集中处理方式，用现代化通信系统进行各环节的控制。

3. 商物分离的优点

商物分离的优点如下：

(1) 为了营业方便，公司批发站一般设在都市的繁华地区，而配送中心可以设在郊外。工厂之间的大批货物输送较为便利，可以缓和市内交通的拥挤。

(2) 配送中心的仓库规模大，物流作业集中。同一地点处理的物流量大，便于采用机械化、自动化的保管设施和装卸机械，大幅度地提高了物流活动生产率，同时也可以降低物流成本。

(3) 配送中心实行回路配送，提高了运输设备利用率，降低了运输费用，对用户的服务质量也得到了改善。

(4) 商物分离使各部门的职能单纯化，可以提高工作效率。实现商物分离必须创造一定的条件，如商品标准化、合同标准化等，还应该建设完善的信息系统，保证总公司、工厂、配送中心及批发站之间的信息交换协同统一。

(三) 现代物流的概念

logistics 来源于法语的 logistique，即"宿营"，是有关军队移动、供应、宿营的军事用语。其含义是指军队的后勤保障，即将粮食、服装、军火等军需物资与人员按时、保量、保质地补充到指定的地点。logistics 由军事用语转变为经济用语后，其含义也发生了一些变化，存在着多种定义。

从各种对现代物流的定义来看，现代物流具有以下特点：

(1) 将向顾客提供的物流服务目标体现在现代物流的定义中，强调了物流顾客服务的重要性。

(2) 现代物流的活动范围极其广泛，既包括原材料采购与供应阶段的物流，也包括生产阶段的物流、销售阶段的物流、退货阶段的物流及废弃物处理阶段的物流等整个生产、流通、消费过程的全部物流活动。

(3) 现代物流不仅重视效率，更重视效果，即强调物流过程中的投入(成本)与产出(增加销售额或利润)之间的对比关系。

(4) 现代物流不仅强调物流各构成要素的整体最佳，而且还强调物流活动与其他生产经营活动之间的整体最佳。

(5) 现代物流更强调库存的一体化管理、信息管理及按需生产。

(6) 现代物流强调生产、销售、物流是企业经营的三大支柱，并将物流视为与生产、营销相并列的企业经营战略之一。

对现代物流的定义都强调了物流活动的"有效性"，以及对物流活动的"计划、执行与控制"。根据各国对现代物流的定义，现代物流是指基于满足顾客需求，以及对成本与效益的考虑而进行的涉及生产、销售、消费全过程的物品及其信息的系统流动过程。

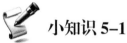

小知识 5-1

军事战争与 logistics

在历史上，因 logistics 而导致战争失败与胜利的例子很多。例如，素有战争天子之称的拿破仑也因缺乏强大的 logistics 能力而吃过败仗。拿破仑在 1821 年 5 月率领 60 万大军远征莫斯科时，虽然取得了一时的胜利，但是终因其后勤保障不得力而于当年 10 月 19 日兵败莫斯科。第二次世界大战期间，部队从各部门选拔出第一流的人才充实到 logistics 部门，该部门对驻扎在太平洋各岛屿上的日军战略部署进行了彻底的调查，据此进行了军事资源的最佳组合，对人员、武器装备、粮食等军需物资进行了全方位的计划与供应，从而取得了太平洋对日作战的最终胜利。

二、物流系统

物流系统是指在一定的时间和空间里，由所需输送的物料和包括有关设备、输送工具、仓储设备、人员及通信联系等若干相互制约的动态要素构成的具有特定功能的有机整体。

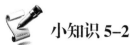

小知识 5-2

"系统"一词来源于古希腊的 system，有"共同"和"给以位置"的含义。在人类社会中，任何事物都是以"系统"的形式存在的。

(一) 物流系统的组成

物流系统由"物流作业系统"和支持物流信息流动的"物流信息系统"两大部分组成。物流作业系统包括运输、保管、搬运、包装、流通加工等诸多活动。物流信息系统包括对物流作业系统中的各种活动下达命令、实时控制和反馈协调等信息活动。物流作业系统中各活动是相互牵制、相互制约的关系,任何一个环节处理不好将影响整个物流作业的效益。只有通过物流信息系统,从整体上对各活动做统筹安排,实时控制,并根据反馈信息做出迅速调整,才能保证物流作业系统的高效、畅通和快捷。

观念应用 5-2

一些先进的科学技术成果正运用于物流作业系统,如磁悬浮列车、自动立体式仓库、机器人、机械手等,它们的应用大大提高了物流作业系统的运作效率。在物流信息系统中,先进技术的应用有计算机、网络、GPS(全球卫星定位系统)、GIS(地理信息系统)、RF(射频技术)、QR(快速反应系统)等。

物流作业系统和物流信息系统之间存在一定的层次关系,表现为物流信息系统对物流作业系统下达指令,物流作业系统反馈信息给物流信息系统。物流信息系统处在物流作业系统的上层,起着调控管理的作用,它们之间密不可分,相互依赖,互相配合,以实现整个物流系统的目标。

(二) 物流系统的目标

1. 6S 目标

(1) 服务性(service),即在为用户服务方面要求做到无缺货、无货物损伤和丢失等现象,且费用便宜。

(2) 快捷性(speed),要求把货物按照用户指定的地点和时间迅速送到。为此可以把物流设施建在供给地区附近,或者利用有效的运输工具和合理的配送计划等手段。

(3) 安全性(safety),即尽量保证货物运输途中的安全,装卸、搬运过程中的安全和保管阶段的安全;尽可能地减少客户的订货断档。

(4) 有效地利用面积和空间(space saving)。虽然我国土地费用比较低,但也在不断上涨。特别是对城市市区面积的有效利用必须加以充分考虑。应逐步发展立体化设施和有关物流机械,求得空间的有效利用。

(5) 规模适当化(scale optimization)。应该考虑物流设施集中与分散的问题是否适当,机械化与自动化程度如何合理利用,情报系统的集中化所要求的电子计算机等设备的利用等。

(6) 库存控制(stock control)。库存过多则需要更多的保管场所,而且会产生库存资金积压,造成浪费。因此,必须按照生产与流通的需求变化对库存进行控制。

上述物流系统化的目标简称为 6S,要发挥以上物流系统化的效果,就要进行研究,使物流作业合理化、现代化,从而降低其总成本。

2. 7R目标

密歇根大学的斯麦基教授倡导的物流系统的目标由7R组成：right quality(优良的质量)，right quantity(合适的数量)，right time(适当的时间)，right place(恰当的场所)，right impression(良好的印象)，right price(适宜的价格)，right commodity(适宜的商品)。

第二节　物流的构成要素

物流活动(物流的要素)一般包括运输、仓储、装卸搬运、包装、流通加工和物流信息等内容。

一、运输

(一) 运输的作用

运输的任务是对物资进行较长距离的空间移动。物流部门通过运输解决物资在生产地点和需要地点之间的空间距离问题，从而创造商品的空间效益，实现其使用价值，以满足社会需要。运输是物流的中心环节之一，是物流最重要的功能之一。

(二) 运输方式及特点

陆地、海洋和天空都可以作为运输活动的空间，运输的主要方式有以下几种。

(1) 铁道运输。它是陆地长距离运输的主要方式。由于其货车在固定轨道线路上行驶，可以自成系统，不受其他运输条件的影响，按时刻表运行，轨道行驶阻力小、不需频繁地启动制动、可重载高速运行及运输单位大等优点，从而使运费和劳务费降低。但由于在专用线路上行驶，而且车站之间距离比较远，因此其缺乏机动性。此外，运输的起点和终点常常需要汽车进行转运，增加了搬运次数。

(2) 汽车运输。它是最普及的一种运输方式。其最大优点是空间和时间方面具有充分的自由性，不受路线和停车站的约束，只要没有特别的障碍(如壕沟、过窄的通道等)，汽车都可以到达。因此，可以实行从发货人到受货人之间门对门直达输送。由于减少了转运环节，货物包装可以简化，货物损伤、丢失和误送的可能性很小。但汽车运输的运输单位小，运输量和汽车台数与操作人员数成正比，产生不了大批量输送的效果。动力费和劳务费较高，特别是长距离输送中缺点较为显著。此外，由于在运行中司机自由意志起主要作用，因此容易发生交通事故，对人身、货物、汽车本身造成损失。由于汽车数量的增多，产生交通阻塞，使汽车运行困难，同时产生的废气、噪声也造成了环境污染。

(3) 船舶运输。它有海运和内河航运两种。利用水路运送货物，在大批量和远距离的运输中价格便宜，可以运送超大物和超重物。运输线路主要利用自然的海洋与河流，不受道路的限制，在隔海的区域之间是代替陆地运输的必要方式。但水上航行的速度比较慢，航行周期长(海上运输有时以几个月为周期)。此外，易受天气影响，航期不能保证，建设港湾也要花费高额费用。

(4) 航空运输。其主要优点是速度快。由于时间短，货物损坏少，因此特别适合一些保鲜物品的输送。但是航空运输的费用高，离机场距离比较远的地方利用价值不大。

(5) 管道运输。自来水和城市煤气的运输配送方式是与人们生活密切相关的管道运输。它的主要优点是：基本没有运动部件，维修费便宜。管道一旦建成，可以连续不断地输送大量物资，不费人力，运输成本低。管道铺设可以不占用土地或占地较少。此外，具有安全、事故少、公害少等优点。管道运输的缺点是在输送地点和输送对象方面具有局限性。它一般适用于气体、液体，如天然气、石油等，也可用于粉粒体的近距离输送，如粮食、矿粉等。

二、仓储

(一) 仓储和保管

仓储(保管)在物流系统中起着缓冲、调节和平衡的作用，是物流的另一个中心环节。保管的目的是克服产品生产与消费在时间上的差异，使物资产生时间上的效果。它的内容包括储存、管理、保养、维护等活动。产品从生产领域进入消费领域之前，往往要在流通领域停留一定时间，这就形成了商品储存。在生产过程中原材料、燃料、产品备件和半成品也需要在相应的生产环节之间有一定的储备，作为生产环节之间的缓冲，以保证生产的连续进行。

(二) 仓储的功能

(1) 维持生产经营的稳定。企业在落实生产计划时，可能会受到原材料供应商供给情况的影响，进而影响企业正常的生产经营。因此，企业会增加材料仓储库存量，防止和消除采购延期交货对生产的影响。

(2) 维持产品销售的稳定。由于市场需求是动态的，受到多方面因素的影响，企业无法确切预测市场的具体情况，只能基于对市场需求的预测进行生产。因此，为应对市场需求变化会形成必要的库存，既缩短从接受订单到送达货物的时间，以保证优质服务，也避免产品销售的供不应求，从而维持产品销售的稳定。

(3) 提高企业经营管理效率。企业可以根据客户对产品需求的情况，通过材料、在制品及成品的库存量控制来降低对自身流动资金占用比例，提高资金的使用效率。通过平衡采购供应、提高生产及销售环节的物流，增强物料出入库和运输调配的计划性，提高生产效率，并通过减少加班加点生产及紧急采购的次数等措施降低企业经营成本。

阅读资料 5-1

优化仓储，牢守"第三利润源"

三、装卸搬运

(一) 装卸搬运的意义

装卸搬运是指在同一地域范围内进行的、以改变物的存放状态和空间位置为主要内容和目的的活动。具体说，包括装上、卸下、移送、拣选、分类、堆垛、入库、出库等活动。物流的主要环节，如运输和存储等是靠装卸、搬运活动联结起来的，物流活动其他各个阶段的转换也要通过装卸、搬运联结起来，由此可见在物流系统的合理化中，装卸和搬运环节占有重要地位。装卸、搬运不仅发生次数频繁，而且作业内容复杂，又是劳动密集型的作业，它所消耗的费用在物流费用中也占有相当大的比重。

(二) 装卸搬运作业的构成

装卸搬运作业有对输送设备(如辊道、车辆)的装入、装上、取出和卸下作业，也有对固定设备(如保管货架等)的出库、入库作业。

(1) 堆放拆垛作业。堆放(装上、装入)作业是指把货物移动或举升到装运设备或固定设备的指定位置，再按所要求的状态放置的作业；而拆垛(卸下、卸出)作业则是其逆向作业。

(2) 分拣配货作业。分拣是在堆垛作业前后或配送作业之前把货物按品种、出入先后、货流进行分类，再放到指定地点的作业。而配货则是把货物从所定的位置按品种、下一步作业种类、发货对象进行分类的作业。

(3) 搬送、移送作业。它是为了进行装卸、分拣、配送活动而发生的移动物资的作业，包括水平、垂直、斜行搬送及几种组合的搬送。

四、包装

包装是在流通过程中为保护产品、方便储运、促进销售，按一定技术方法而采用的容器、材料及辅助物等的总体名称；也指为了达到上述目的而采用容器、材料和辅助物的过程中施加一定技术方法等的操作活动。

(一) 包装的要素

一般来说，商品包装包括商标或品牌、形状、颜色、图案和材料等要素。

(1) 商标或品牌。商标或品牌是包装中最主要的构成要素，应在包装整体上占据突出的位置。

(2) 包装形状。形状是包装中不可缺少的组合要素。包装形状应以有利于储运和陈列，有利于产品的销售为标准。

(3) 包装颜色。颜色是包装中最具刺激销售作用的构成元素，通过突出商品特性的色调组合，充分发挥包装的视觉感染力。

(4) 包装图案。图案是品牌的视觉载体，通过线条和图形的信息传递，增强品牌特征。

(5) 包装材料。材料是包装的必备条件，包装材料的选择不仅影响包装成本，而且影响商品的安全性、使用价值等。包装材料的选择应该充分考虑材料的性能、应用范围等因素。

(6) 产品标签。标签是产品的标识。在标签上一般都印有包装内容和产品所包含的主要成分、品牌标志、产品质量等级、产品厂家、生产日期和有效期、使用方法。

(二) 包装的功能

包装的基本功能可以概括为以下几方面。

(1) 保护功能，即通过包装达到保护物品不受损伤的目的。保护功能具体体现在防止物资的破损变形，防止物资发生化学变化，防止有害生物对物资的影响，以及防止异物混入、污物污染、丢失、散失等。

(2) 方便储运功能。通过统一的包装袋规格、形状、重量等，方便物品的运输、搬运和装卸。包装物的各种标志方便仓库的管理者识别，易于存取、易于盘点，对有特殊要求的物资容易引起注意。

(3) 促销功能。设计精美的产品包装，可起到宣传产品、美化产品和促进销售的作用。厂家通过精巧的造型、醒目的商标、得体的文字和明快的色彩等艺术语言，在琳琅满目的同类产品中树立自身品牌形象，展示企业的性质与经营特点。

(4) 增值功能。通过包装工艺、包装材料等不断改进，提升了商品的美感，拓展了商品的使用价值，满足消费者对产品用途多样性的需求，实现对企业和消费者的增值作用。

(三) 包装材料的类别

比较常用的包装材料主要有以下类型。

(1) 纸包装材料：包装纸、蜂窝纸、纸袋纸、干燥剂包装纸、蜂窝纸板、牛皮纸、工业纸板、蜂窝纸芯。

(2) 塑料包装材料：PP打包带、PET打包带、撕裂膜、缠绕膜、封箱胶带、热收缩膜、塑料膜、中空板。

(3) 木材包装材料：木材制品和人造木材板材(如胶合板、纤维板)制成的包装，如木箱、木桶、木匣、木夹板、纤维板箱、胶合板箱及木制托盘等。

(4) 金属包装材料：马口铁铝箔、桶箍、钢带、打包扣、泡罩铝、PTP铝箔、铝板、钢扣。

(5) 陶瓷包装材料：陶瓷瓶、陶瓷缸、陶瓷坛、陶瓷壶。

(6) 复合类软包装材料：软包装、镀铝膜、铁芯线、铝箔复合膜、真空镀铝纸、复合膜、复合纸、BOPP。

(7) 其他包装材料或辅料如下。

① 烫金材料：烫金材料、镭射膜、电化铝烫金纸、烫金膜、烫印膜、烫印箔、烫印箔、色箔。

② 胶黏剂、涂料：黏合剂、胶黏剂、复合胶、增强剂、淀粉黏合剂、封口胶、乳胶、树脂、不干胶。

③ 包装辅助材料：瓶盖、手套机、模具、垫片、提手、衬垫、喷头、封口盖、包装膜。

五、流通加工

(一) 流通加工的概念

在流通过程中辅助性的加工活动称为流通加工。流通与加工的概念本属于不同范畴。加工是改变物质的形状和性质、形成一定产品的活动；而流通则是改变物质的空间状态与时间状态的活动。流通加工则是为了弥补生产过程加工不足，更有效地满足用户或本企业的需要，使产需双方更好地衔接，将这些加工活动放在物流过程中完成而成为物流的一个组成部分。流通加工是生产加工在流通领域中的延伸，也可以看成流通领域为了更好地服务在职能方面的扩大。

(二) 流通加工的形式

流通加工的形式有以下几种。

(1) 作为加工活动的组装环节在流通过程中完成。如铝制门窗框架、自行车、缝纫机等若在制造厂装配成完整的产品，在运输时将耗费很高的运输费用，为了运输方便，一般都是把它们的零部件，如铝制门窗框架的杆材、自行车车架和车轮分别集中捆扎或装箱，到达销售地点或使用地点以后，再分别组装成成品，这样不仅使运输方便而且经济。

(2) 由于用户需要的多样化，必须在流通部门按照顾客的要求进行加工。如平板玻璃及铁丝等均需在商店根据顾客所需要的尺寸临时配置。

(3) 为了综合利用，在流通中将货物分解、分类处理。如猪肉和牛肉等在食品中心进行加工，将肉、骨分离。其中肉只占65%左右，向零售店输送时就能大大提高输送效率；骨头则送往饲料加工厂，制成骨粉加以利用。

因此，流通加工这一环节的发展，使流通与加工总体过程更加合理化。流通加工的内容一般包括袋装、定量化小包装、挂牌子、贴标签、配货、拣选、分类、混装、刷标记等。生产的外延流通加工包括剪断、打孔、折弯、拉拔、挑扣、组装、改装、配套及混凝土搅拌等。

六、物流信息

物流活动进行中必要的信息为物流信息。信息是事物的内容、形式及其发展变化的反映。因此，物流信息和运输、仓储等各个环节都有密切关系，在物流活动中起着神经系统的作用。加强物流信息的研究才能使物流成为一个有机系统，而不是各个孤立的活动。一些物流技术发达的国家都把物流信息工作作为改善物流状况的关键，并给予充分的注意。在物流中对各项活动进行计划预测、动态分析时，还要及时提供物流费用、生产情况、市场动态等有关信息。只有及时收集和传输有关信息，才能使物流通畅化、定量化。

综上所述，物流系统是由运输、仓储、装卸搬运、包装、流通加工、物流信息等环节组成的。物流系统的效益并不是它们各个局部环节效益的简单相加，因为各环节的效益之间存在相互影响、相互制约的关系，也就是交替损益的关系。任何一个环节的过分削弱都会影响到物流系统链的整体强度。重视系统观念,追求综合效益最佳,是物流学的最基本观点之一。

观念应用 5-3

我国南北方的物流差距

从总体上看,南北方的物流规模(如货运量、货物周转量、物流领域就业量)相差不大,物流资源也互有优势。南方水上物流与公路物流资源相对丰富,而北方则拥有较丰富的铁路物流资源。但是,南方物流的产业化程度与物流产业的劳动效率要高于北方。这主要是因为南方沿海地区的物流产业化程度与物流产业的劳动效率较高,而不是因为所有地区都比北方高。

第三节　物流管理基本原理

对于任何一家企业,要想取得物流管理的成功,首先要明确企业的物流战略。战略是站在目标和远景的高度来指导某项行动的。

一、物流战略

(一) 物流战略的概念

物流战略是指企业根据自身情况,围绕物流发展目标及达成目标的途径与手段而制定的长远性、全局性的规划与谋略。

物流战略包括三个目标:成本最小、投资最少和服务改善。

(1) 成本最小,是指降低可变成本,主要包括运输和仓储成本。面对诸多竞争者,公司应达到何种服务水平是早已确定的事情,成本最小就是在保持服务水平不变的前提下选出成本最小的方案。当然,利润最大一般是公司追求的主要目标。

(2) 投资最少,是指对物流系统的直接硬件投资最小化从而获得最大的投资回报率。在保持服务水平不变的前提下,我们可以采用多种方法来降低企业的投资。例如,不设库存而将产品直接送交客户,选择使用公共仓库而非自建仓库,运用 JIT 策略来避免库存或利用第三方物流服务等。

(3) 服务改善,是提高竞争力的有效措施。随着市场的完善和竞争的激烈,顾客在选择公司时除了考虑价格因素外,及时、准确地到货也越来越成为公司的有力筹码。当然,高的服务水平要有高成本来保证,因此权衡综合利弊对企业来说是至关重要的。服务改善的指标值通常用顾客需求的满足率来评价,但最终的评价指标是企业的年收入。

(二) 物流实施计划

物流战略的实施由战略实施计划来支持。战略实施计划是指导物流战略管理的重要过程。物流实施计划主要包括四个方面的问题:顾客服务水平、物流设施分布、库存和运输。这四方面是设计物流系统不可分割的整体(如图 5-2 所示)。

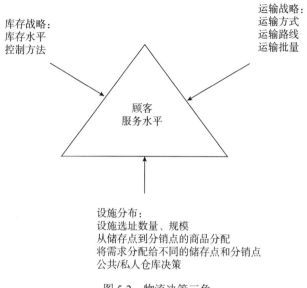

图 5-2　物流决策三角

(1) 物流系统的顾客服务水平是较其他因素更要引起关注的方面。若将服务定在较低的水平，企业则可使用较便宜的运输方式和在较少的地方设置库存；否则，则要求运输和库存都有足够的保障。

(2) 物流设施分布包括产品从工厂、分销商或中间库存到顾客整个商品供应的活动和相应的费用。存货和分销地点的地理分布构成了物流系统的骨架，选择何种分销方式直接影响物流的费用。物流设施分布要解决的问题就是找到费用最小或获利最大的商品分销方式。

(3) 库存方面需考虑货物的库存采取何种管理方式。将总的存货分配到不同的分销地点还是通过持续供货的方法是两种不同的存货方式。采取不同的库存管理方法决定了物流设施的分布决策。

(4) 运输所涉及的问题包括运输方式的选择、运输批量、运输路线和日程安排。这些决策受物流设施分布的影响，同时在做物流设施分布决策时也应考虑到运输的问题。库存水平的大小也与运输批量有关。

二、物流成本

(一) 物流成本与物流成本管理

物流成本是指物品在空间位移(含静止)过程中所耗费的各种劳动和物化劳动的货币表现。具体地说，它是物品在前面介绍的各种物流作业流程中所支出的人力、财力和物力的总和。加强对物流成本的管理，对降低物流成本、提高物流活动的经济效益具有非常重要的意义。

所谓物流成本管理，不是管理物流成本，而是通过成本去管理物流，可以说是以成本为手段的物流管理，通过对物流活动的管理降低物流费用。

（二）物流成本的特征

(1) 多数成本未进行物流费用计算，而是混杂在制造成本、销售成本及一般经费中，难以明确掌握。

(2) 物流成本的乘数效应。物流成本的削减对企业利润的增加具有乘数效应。

(3) 物流成本的效益背反。在物流功能之间，一种功能成本的削减可能引起其他功能成本的增加，由于各种物流成本的相关性，必须考虑整体最佳成本，即追求物流总成本的最小化。

(4) 物流成本的核算超越单个组织的边界。物流成本的计算范围，各企业均不相同；企业内部在降低物流成本的问题上，不能仅仅局限在某一部门，必须处理好各环节之间的"效益背反"问题。

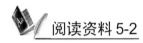

"物流成本冰山"学说

（三）物流成本的分类

按照物流的功能，可以对物流成本做如下分类。

(1) 运输成本。主要包括人工费用，如运输人员工资、福利、奖金、津贴和补贴等；营运费用，如营运车辆染料费、折旧费、维修费、养路费、保险费、公路运输管理费等；其他费用，如差旅费、事故损失费、相关税金等。

(2) 仓储成本。主要包括建造、购买或租赁仓库设施设备的成本和各类仓储作业带来的成本，如出入库作业、理货作业、场所管理作业、分区分拣作业中的人工成本和相关机器设备费用。

(3) 流通加工成本。主要有流通加工设备费用、流通加工材料费用、流通加工劳务费用及其他如在流通加工中耗用的电力、燃料、油料等费用。

(4) 包装成本。包括包装材料费用、包装机械费用、包装技术费用、包装人工费用等。

(5) 装卸与搬运成本。主要包括人工费用、资产折旧费、维修费、能源消耗费及其他相关费用。

(6) 物流信息和管理费用。包括企业为物流管理所发生的差旅费、会议费、交际费、管理信息系统费及其他杂费。

需要指出的是，广义的仓储费用包括流通加工成本及装卸搬运成本，由于这两者在整个仓储成本中占有较大的比例，所以单独列出以加强物流成本管理。

三、物流服务

(一) 物流服务的重要性

这里说的物流服务不仅仅指企业向外提供的服务,还包括企业享受的来自外部的物流服务。这是因为企业低成本的实现往往涉及商品生产、流通的全过程,除了生产原材料、零部件、人力成本等各种有形影响因素外,物流服务方式等软性要素的选择对成本也具有相当大的影响。物流服务水平直接影响着企业的市场份额和物流总成本,并最终影响其盈利能力。因此,在企业物流系统的设计和运转中,物流服务是至关重要的环节。

我们所说的物流服务,实际上是对顾客、对商品的利用可能性的一种保证,因此它包含三种要素:

(1) 有顾客所期望的商品(保证有货)。

(2) 在顾客需要的时间内传递商品(保证送货)。

(3) 达到顾客要求的质量(保证品质)。

(二) 物流的增值服务

增值服务是在基本物流服务的基础上提供的定制化服务。增值服务用于满足客户的特殊需求,体现企业竞争优势。它主要包括以客户为核心的服务、以促销为核心的服务、以制造为核心的服务、以时间为核心的服务。

(1) 以客户为核心的服务。以客户为核心的增值服务是指利用第三方专业人员向买卖双方提供对配送产品的各种可供选择的方式,如企业直接送货到客户家、按零售商需求的明细产品规格持续配送服务等。

(2) 以促销为核心的服务。以促销为核心的增值服务利用独特的销售点展销台的配置,旨在刺激销售的各种服务,包括直接邮寄促销、销售点广告宣传、促销材料的物流支持等。

(3) 以制造为核心的服务。以制造为核心的增值服务是通过独特的产品分类和递送来支持制造活动。不同客户的实际设施和制造装备都是独特的,配送和内向物流的材料和部件应进行客户定制化。如按要求装配成套机械以满足特定客户的需求,又如为支持各种促销方案进行相同产品的不同包装。一般而言,这些增值服务由专业人员承担,它意味着单位成本的增加,但同时大大降低在生产中的预期风险,使客户服务得到极大改善。

(4) 以时间为核心的服务。时间是获取竞争优势的关键。以时间为核心的增值服务是采用准时化制度,通过专业人员对配送以前的存货进行分类、组合、排序。其目的是要在总量上最低限度地减少搬运次数和检验次数。它消除了不必要的仓库设施与重复劳动,极大限度地提高了服务的速度。

第四节　本章小结

物流管理在企业中的地位随着企业经营规模的扩大越发显示出它的重要性。本章简明而清晰地阐述了物流的概念、物流各项功能及物流管理等几个方面。

物流的概念源于美国，各国对物流的定义有所差别。本书将现代物流定义为：基于满足顾客需求，以及对成本与效益的考虑而进行的涉及生产、销售、消费全过程的物品及其信息的系统流动过程。

物流的管理不是解决某一环节的问题，每一问题的出现都牵涉一个大的系统。物流系统包括物流作业系统和物流信息系统。重视系统观念，追求综合效益最佳，是物流学的最基本观点之一。在物流系统中包含着几个主要活动，它们是运输、仓储、装卸搬运、包装、流通加工、物流信息等。对它们的管理关键的问题是统筹安排，实现各环节的合理化。

物流管理是指为以最低的物流成本达到用户所满意的服务水平，对物流活动进行的计划、组织、协调与控制。它涉及多个层面的内容，如战略管理、成本管理、服务管理等。

主要概念

现代物流　物流管理

主要观念

现代物流产生的必要性　物流系统的构成

思考与练习题

1. 简答题

(1) 什么是物流？什么是物流管理？物流的构成要素有哪些？

(2) 传统物流与现代物流有何区别？

(3) 如何理解物流业会成为企业的第三利润源泉？

(4) 如何理解物流成本与物流服务的关系？

(5) 物流现代化主要利用了哪些先进技术？

2. 实训题

实训项目一：企业参观

在课程教学中，安排一次当地物流企业的参观，以3课时计。

【实训目的】

通过参观使学生实地考察典型工业企业厂区与车间布局的类型和特征，尤其加深对工业企业单件生产物流、生产物流管理和看板管理的认识。

【实训内容】

工业企业厂区与车间布局、工业企业采购与生产物流管理。

实训项目二：库存管理实训

【实训目的】

通过实训使学生更加清楚地理解库存的实践和方法，以提高学生具体库存管理的操作能力，使学生能够适应库存管理工作实际。

【实训内容】

(1) 以实训室为依托，模拟库存订货量的确定，掌握经济订货批量的计算。

(2) 库存计价与记录。

A. 库存计价：库存财务核算、库存取得计价、库存出货计价。

B. 库存计录：定期盘点记录、循环盘点记录。

C. 库存重要事项记录：存货储存记录、替代产品与交流调剂、维修配件。

3. 案例分析题

"零库存"与 MES

海尔曾掀起了家电行业管理风暴，成为第一个采用"零库存管理模式"的中国家电企业。通过改革，海尔的资金和存货周转时间已经下降到 3~4 天。由于周转时间的缩短，海尔集团两家上市公司经营活动产生的现金流量净额大幅增长。但也因为这种模式导致了货品供应不及时，出现了所谓的"旺季遭遇战"。海尔的改革为制造企业带来了一种新的管理模式。吃下这个"螃蟹"的海尔能否走好或者走向真正的强者虽还有待观察，但不可否认，海尔的管理模式已经成为众多企业关注的方向。"零库存"变革正是一匹烈马，能否驾驭好就要看这骑马人的能力了。

我们走访了一家企业配件生产厂家，300 人规模的小厂，产值却达到近 10 亿元，人均产值很高，令人羡慕。整个生产线就在车间里，一眼望去，从进料到成品出库都尽在眼下，生产布局紧凑而有序。

该公司制造经理介绍，目前公司采用的是"零库存，柔性化生产模式"。不管是物料还是成品都保持零库存(有些配件为少量库存，库存量不超过 3 天的需求量)，其周转率都在 3 天以内，在业界都保持了非常高的水准。

公司根据客户的生产计划安排供应商物料。在严格控制供应商资质及严格的约束下对大部分物料采用了免检处理，少部分关键物料采用了现场检验处理。对物料及成品出库卸货、装货及在途时间以分钟加以准确测算和控制。同时客户对其也有着严格的要求，在规定的时间必须把货品送到，如耽搁一分钟公司将会面临 2 万元的罚款。公司在经过一系列的管理变革后精算到了每分每秒，很少出现违规状态。零库存的模式保持了公司高生产率和高利润率。

"制造执行系统(Manufacturing Execution System，MES)在我们车间起到了非常重大的作用，正是 MES 使我们可以精确到分秒计算来料、上料、生产及出库的时间。"该公司的工程部经理表示了这样的观点，"从 2007 年以来，我们经过严格挑选后选择了广州万友软件有限公司为我们建造 MES，现在我们已经基本应用了 MES 的 11 个模块上的功能。"

"每一条生产线都会生产很多品种的产品，生产工人既不知道现在准备的物料将会应用到哪个产品上，也不会知道下一个将会生产哪种产品，完全就是靠 MES 检测物料。MES 会根据当天的生产计划计算出生产时间来安排每一条生产线生产多少产品。如果哪个点上出现生产浪费(时间利用不充分)，在上面安装的报警灯就会显示相应的报警信息，相关部门会据此做出相应改善。"

本次随我们一同来考察的还有2008年北京奥运会的供应商。他们在信息化建设方面也有着非常好的基础，其生产线整洁有序，管理水平很高。但对所考察公司的管理水平还是表示出了一份敬意，认为很有参考意义，但是对于实现零库存管理还是觉得有一段很长的路要走！

"MES是实现车间优化管理的基础，它可以让车间的生产精益化、透明化。我认为MES也是走向真正现代制造的必经之路。"一起前来考察的公司的精益制造经理表示，"下一步我们将着手研究MES的规划工作，以通过MES的规划进一步优化公司的生产工艺。零库存也是我们追求的目标，我们会根据我们的实际情况出发逐步改进管理模式。"

资料来源：李承霖. 企业物流管理实务[M]. 2版. 北京：北京理工大学出版社，2015

问题：

(1) 进行"零库存"管理，需要做好哪些准备工作？

(2) MES的主要作用是什么？对"零库存"的实现起到了什么作用？

第六章

市场营销

【学习目标】
- ◆ 掌握市场和市场营销的概念
- ◆ 了解市场营销观念的变化
- ◆ 掌握目标市场选择和定位的策略
- ◆ 掌握市场营销组合策略应用

 引入案例

不要小看"入乡随俗"的重要性

事件回放：1973年9月，香港市场的肯德基公司突然宣布多间家乡鸡快餐店停业，只剩下四间还在勉强支持。到1975年2月，首批进入香港的美国肯德基连锁店集团全军覆没。

20世纪70年代，肯德基家乡鸡首次在香港推出，肯德基公司一开始展开了声势浩大的宣传攻势，以"好味到舔手指"的广告语，吸引了众多的香港市民，很多人都乐于一试，一时间肯德基门庭若市。可惜好景不长，3个月后，就"门前冷落鞍马稀"了。

在世界各地拥有数千家连锁店的肯德基为什么唯独在香港遭受如此厄运呢？经过认真总结经验教训，发现是中国人固有的文化观念决定了肯德基的惨败。

首先，在世界其他地方行得通的广告词"好味到舔手指"在中国人的观念里不容易被接受。舔手指被视为肮脏的行为，味道再好也不会去舔手指。人们甚至对这种广告起了反感。其次，家乡鸡的味道和价格不容易被接受。鸡是采用当地鸡种，但其喂养方式仍是美国式的。用鱼肉喂养出来的鸡破坏了中国鸡的特有口味。另外，家乡鸡的价格对于一般市民来说还有点承受不了，因而抑制了需求量。此外，美国式服务难以吸引回头客。在美国，顾客一般是驾车到快餐店，买了食物回家吃。因此，在店内是通常不设座的。而中国人通常喜欢一群人或三三俩俩在店内边吃边聊，不设座位的服务方式难寻回头客。

资料来源：朱洪春，庄薇薇，付宏科. 市场营销实务[M]. 上海：上海交通大学出版社有限公司，2017

第一节 市场营销的基本知识

随着经济的不断发展，买方逐渐在市场中占据主动地位，"酒香不怕巷子深"的经营理念已经难以应对日渐激烈的市场竞争挑战，企业必须深究需求多样且不断变化的市场。

一、市场与市场营销

(一) 市场

市场是某种商品的现实购买者和潜在购买者需求的总和。这是从卖方(即企业)的角度来理解市场的。市场营销学产生于买方市场，它是站在卖方的角度去研究如何适应并满足买方的需求，以达到自己的经营目标。从市场营销角度看，卖方构成行业，同行业的卖方是竞争者，买方才构成市场。市场包括三个主要要素：有某种需要的人，为满足这种需要的购买力和购买欲望。用公式表示为：市场＝人口＋购买力＋购买欲望。市场的三个构成要素相互联系、相互制约、缺一不可，共同形成现实的市场，并决定市场的规模和容量。

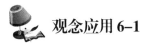

观念应用6-1

分析市场，抢占商机

海尔冰箱在开始进入农村市场时，就制定了与城市不同的营销策略。推出了"喜"系列和"福"系列两种类型的产品，分别针对农村喜庆需要和小康家庭生活需要。"喜"系列产品定价为1600～1800元，"福"系列产品定价为2000～2200元，考虑到农村的实际消费水平，定价比城市相同档次的冰箱价格稍低。

同时，海尔没有像在城市市场那样投入大量的广告，而是采取了具有农村特色的促销手段。把农村消费者划分为三类：半年之内购买冰箱的，采用赠品促销；一年之内有购买需求的，发送宣传册引导消费；两年以上有购买需求的潜在消费者，采用教育培养的方式，通过事例展示冰箱对提高生活质量的意义。

资料来源：郭防，向建国，张波. 市场营销[M]. 成都：西南财经大学出版社，2017

(二) 市场营销

市场营销是企业经营管理的一项重要职能，其含义随着经济的变化及工商企业的市场营销活动和实践的发展而发展。在不同时期国内外的专家、学者从不同角度曾经下过许多的定义，其中比较典型的是美国市场营销协会于1960年为市场营销所下的定义："市场营销是引导货物和劳务从生产者转到消费者或用户所进行的一切企业活动。"这是一个比较狭义的定义，曾经被视为最具权威的市场营销定义。美国市场营销协会于1985年将市场营销重新定义为："市场营销是(个人和组织)对思想(或主意、计策)、货物和劳务的构想、定价、促销和分销的计划和执行过程，由此产生满足个人和组织目标的交换。"这是一个比较广义的市场营销定义，使市场营销的范围扩大到了非营利部门，扩展到整个社会。

美国市场营销学家菲利普·科特勒也曾为市场营销下了一个更为宽泛的定义："市场营销是致力于通过交换过程以满足人类需要和欲望的活动。"

综上所述，我们认为：市场营销是在市场经济条件下，企业通过市场交换为最大限度地满足消费者的需要并获得自身的生存和发展而有计划地实施的一系列相互关联的整体经济活动。这一定义包括五层含义：①市场营销的体制条件是市场经济；②市场营销的主体是企业；③市场营销的对象是广大的消费者；④交易行为完成；⑤市场营销的手段是开展整体营销活动。

二、市场营销观念的演变

市场营销观念是企业市场营销活动的指导思想，也称营销哲学。其正确与否直接关系到营销活动的成败和企业的兴衰。

市场营销观念是随着商品经济的发展而产生和演进的。其演变过程大体可以划分为两大阶段——传统的市场营销观念和现代的市场营销观念。

(一)传统的市场营销观念

传统的市场营销观念是指20世纪50年代以前的营销观念，市场营销工作的中心是企业，消费者处于次要的地位。这个阶段具体有以下三种观念。

1. 生产观念

这种观念在产业革命后至1920年以前流行于西方企业界。所谓生产观念，是指企业一切工作是以生产，尤其是生产数量为中心。这种观念流行的原因是当时西方国家还处在产品供不应求的卖方市场形态，企业只要生产出来，肯定能卖出去。因此，企业工作的中心自然是追求产量的增长，至于顾客的需求，根本无须考虑。显然，这是一种重生产、轻市场营销的管理哲学。当时，美国福特汽车公司的总裁福特傲慢地宣称："不管顾客需要什么颜色的汽车，我只有一种，黑色。"

2. 产品观念

1920年前后，供不应求的现象在西方国家得以缓和，顾客对产品有了选择的余地，于是，产品观念应运而生。所谓产品观念，是指企业的一切工作只以产品质量为中心。持产品观念的企业认为只要有两种以上的同类产品，顾客会选择质量和性能最好的产品。产品观念比生产观念有所进步，但它仍然忽视消费者的需求和欲望。如果企业固守产品观念，迷恋于自己的产品，一味致力于提高产品质量，会导致企业患上"市场营销近视症"。

3. 推销观念

这种观念流行于20世纪30—40年代。由于生产力的发展、科学技术的进步，加之科学管理和在生产观念驱动下产生的大规模生产，商品产量迅速增加，买方市场在西方国家逐渐形成，许多企业的产品即使是物美价廉，也未必能销售出去。于是一种新的营销观念——推销观念产生了。推销观念认为,在市场竞争中取胜的关键是要把产品卖出去,而把产品卖出去的关键是通过各种推销手段、技巧引起消费者的注意,说服其购买。因此,在企业中推销工作是一切工作的中心。

推销观念与生产观念相比,是经营思想上的一大进步,但仍没有从根本上消除"以产定销"的思维模式,它只着眼于如何把已经生产出来的产品推销出去,而没有顾及消费者是否需要及售后服务是否满意,引诱和欺骗等强行推销手段经常被使用。

(二) 现代的市场营销观念

现代的市场营销观念是指 20 世纪 50 年代以后的营销观念,市场营销工作的中心由企业转向顾客。这个阶段具体有以下几种观念。

1. 市场营销观念

市场营销观念产生于 20 世纪 50 年代中期。第二次世界大战结束后,很多国家都要重建家园,各种工业品、消费品供不应求,于是,原有的企业加大产量,停产的企业恢复生产,军工企业转向民用工业,新建的企业加入竞争,产品的生产总量剧增,西方国家很快形成了名副其实的买方市场,企业之间的竞争异常激烈,消费者也逐渐成熟和理智,因此,许多企业开始认识到:传统的市场营销观念已经很难适应市场发展的需要,必须寻求一种充分考虑消费者需求的全新的观念,这样,市场营销观念产生了。

所谓市场营销观念,是指企业一切工作都要以顾客需求为中心,企业实行以需定产。其基本内容可以归纳为:顾客的需求是企业活动的中心;企业不仅要满足顾客的现实需求,还要满足顾客的潜在需求;企业各个部门、营销各环节要密切配合,努力达到满足及服务于顾客的目的;营销部门是指挥、协调企业活动的主要部门。

市场营销观念取代推销观念,是营销观念质的飞跃。

小思考 6-1

市场营销观念与推销观念的区别是什么?

答案:推销观念注重卖方的需要,考虑如何把产品变成现金;市场营销观念注重买方的需要,考虑如何通过制造、传送产品以及与最终消费者有关的所有事物,来满足顾客的需要。

2. 社会营销观念

社会营销观念产生于 20 世纪 70 年代。当时市场环境发生了很多变化:能源短缺、通货膨胀、失业增加、环境污染严重。许多企业为了牟取暴利,一方面以精美包装、诱人的广告吸引消费者,另一方面通过发布欺骗性信息、推销不安全商品损害消费者的利益。此外,市场营销观念回避了满足消费者目前需求与其长远利益、社会利益之间的潜在矛盾。一些企业贯彻市场营销观念,片面满足消费者的短期利益导致物质浪费、环境污染,社会的发展受到了威胁。因此,一些学者提出了社会营销观念。

社会营销观念强调,企业提供产品应当符合公众利益准则,不仅要满足消费者目前的需求,而且要符合社会和消费者长远的利益。企业要站在社会发展的立场进行营销决策，对企业利润、消费者需求及社会长远利益同时给予考虑，实现企业、消费者、社会三方面的统一。

3. 大市场营销观念

大市场营销观念是20世纪80年代以来，在西方国家积极推行贸易保护政策，加强经济干预，设置市场壁垒，企业难于进入市场的情况下，由美国市场营销学家菲利普·科特勒在1984年提出的一种以满足守门人的需求为中心，争取进入市场的营销观念。所谓守门人，是指那些可以阻止企业进入市场的个人或团体，包括政府、立法机关、劳动工会、宗教团体及其他利益集团等。大市场营销是指为了成功进入特定的市场需要协调使用经济的、心理的、政治的和公共关系的手段，以赢得守门人的支持与合作的战略思想和营销策略。"特定的市场"指贸易壁垒很高的封闭型或保护型的市场。科特勒认为，针对这样的市场，除了实施4Ps(即product，price，place，promotion)营销组合外，还必须加上政治权力(political power)和公共关系(public relations)，形成6Ps的营销组合策略才能奏效。

4. 整体市场营销观念

整体市场营销观念是菲利普·科特勒于1992年提出的跨世纪的市场营销新观念。他认为，从长远利益出发，企业的市场营销活动应该囊括构成其内、外环境的所有重要行为者，包括供应商、分销商、最终顾客、政府、同盟者、竞争者、传媒、公众等。

整体市场营销观念是对市场营销观念的进一步完善，强调企业更应重视长远利益。

5. 顾客让渡价值观念

顾客让渡价值观念是菲利普·科特勒于1994年提出的又一新观念。顾客让渡价值是指顾客总价值与总成本之间的差额。企业要想在竞争中取胜，就必须吸引更多的潜在顾客，就必须提供比竞争对手具有更多顾客让渡价值的产品。顾客让渡价值观念仍然是以满足消费者需求为核心，更适合于竞争激烈的外部环境。

6. 其他新的营销观念

20世纪90年代在西方企业界兴起的新的营销观念还有绿色营销、网络营销、服务营销、整合营销等。

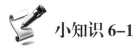 小知识 6-1

绿色营销的兴起和实质

1987年联合国环境与发展委员会发表《我们共同的未来》的宣言，促使绿色营销观点的萌芽；1992年联合国环境与发展大会通过的《21世纪议程》中强调，"要不断改变现行政策，实行生态与经济的协调发展"，为绿色营销理论奠定了基础。

绿色营销强调企业在进行市场营销活动时，要努力把经济效益与环境效益结合起来，尽量保持人与环境的和谐，不断改善人类的生存环境。

三、市场营销环境

市场营销环境是与企业营销活动有潜在关系的所有外部力量和相关因素的集合,是影响企业生存和发展的各种外部条件因素的总和。一般来说,营销环境主要包括两方面的构成要素:一是微观环境,即指与企业紧密相连,直接影响其营销能力与效果的各参与者,包括企业的供应商、营销中间商、顾客、竞争者及社会公众和影响营销管理决策的企业内部各个部门。二是宏观环境,即影响企业微观环境的巨大社会力量,包括人口、经济、政治、法律、科学技术及自然地理等多方面的因素。

(一) 宏观环境分析

1. 人口环境

企业必须密切关注人口环境方面的动向,因为市场是由那些想买东西并且有购买力的人构成的,这些人越多,市场的规模就越大。

如今人口方面的主要动向有:世界人口迅速增长;发达国家的人口出生率下降;许多国家人口趋于老龄化;家庭规模趋于小型化;许多国家人口流动性大。

2. 经济环境

市场是由那些想买东西并且有购买力的人构成的,这些人越多,市场的规模就越大。也就是说,购买力是构成市场和影响市场规模大小的一个重要因素,而整个购买力即社会购买力,又直接或间接受消费者收入、价格水平、储蓄、信贷等经济因素的影响。所以,在进行经济环境分析时,主要分析以下几方面的因素。

(1) 消费者收入的变化。在消费者收入水平方面主要应考虑可支配个人收入和可随意支配个人收入。可支配个人收入是指扣除消费者个人缴纳的各种税款和各种交给政府的非商业性开支后可用于个人消费和储蓄的那部分个人收入。可随意支配个人收入是指可支配的个人收入减去消费者用于购买生活必需品的固定支出,如房租、分期付款等剩下的那部分个人收入。

(2) 消费者支出模式的变化。消费者支出模式的变化主要受消费者收入的影响。德国统计学家恩格尔根据他对英国、法国、德国、比利时等许多工人家庭收支预算的调查研究,发现了关于工人家庭收入变化与各方面支出变化之间的比例关系的规律,这就是恩格尔定律。目前西方经济学家对恩格尔定律的表述一般如下:①随着家庭收入的增加,用于购买食品的支出在家庭收入的比重就会下降。②随着家庭收入的增加,用于住宅建筑和家务经营的支出占家庭收入的比重大体不变。③随着家庭收入的增加,用于其他方面的支出,如服装、交通、娱乐、卫生保健、教育的支出和储蓄占家庭收入的比重就会上升。

(3) 消费者储蓄和信贷情况的变化。在一定时期内货币收入不变的情况下,如果储蓄增加,购买力和消费支出便减少;反之,如果储蓄减少,购买力和消费支出便增加。

在现代的市场经济国家,消费者还可以用贷款来购买商品。消费者信贷主要有四种:短期赊销、购买住宅、分期付款和信用卡信贷。

3. 自然环境

自然环境的变化也会给企业造成一些环境威胁和市场机会。自然环境方面的动向有：①某些自然资源短缺或即将短缺。②环境污染日益严重。③政府对自然资源管理的干预日益加强。

4. 技术环境

技术的发展既为企业市场营销造就了机会，又带来了威胁。企业的机会在于寻找或利用新的技术，满足新的需求。而它面临的威胁则可能有两方面：一方面是新技术的出现，使企业原有产品变得陈旧；另一方面新技术改变了企业人员原有的价值观。企业要密切注意技术环境的变化，了解技术环境的发展对企业市场营销的影响，以便及时采取对策。

5. 政治和法律环境

企业的市场营销活动必然要遵守国家的有关方针、政策和法律法规。

目前，国际上各国政府采取的对企业营销活动有重要影响的政策和干预措施主要有进口限制、税收政策、价格管制、外汇管制和国有化政策等。

从当前企业营销活动法律环境的情况来看，主要有两个明显的特点：①管制企业的立法增多，法律体系越来越完善。②政府机构执法更严。

6. 社会文化环境

人类在某种社会环境下生活，必然会形成某种特定的文化，包括一定的态度和看法、价值观念、道德规范、宗教信仰、审美观念和世代相传的风俗习惯等。文化是影响人们欲望和行为(包括企业的、顾客的欲望和购买行为)的一个很重要的因素，因此也是企业开展市场营销活动必须要考虑的因素。

 观念应用 6-2

20世纪80年代，由于印度国内软饮料公司反跨国公司议员们的极力反对，可口可乐公司被迫从印度市场撤离。与此同时，百事可乐就开始琢磨如何打入印度市场。百事可乐明白：要想占领印度市场就必须消除当地政治力量的对抗情绪。百事可乐公司认为要解决这个问题就必须向印度政府提出一项是该政府难以拒绝的援助。百事可乐表示要帮助印度出口一定数量的农产品以弥补印度进口浓缩软饮料的开销；百事可乐公司还提出了帮助印度发展农村经济，转让食品加工、包装和水处理技术，从而赢得了印度政府的支持并迅速占领了印度软饮料市场。

资料来源：郭防，向建国，张波. 市场营销[M]. 成都：西南财经大学出版社，2017

(二) 微观环境分析

微观环境分析是指对企业服务、吸引顾客的能力构成直接影响的各种力量，包括企业本身、市场营销渠道、企业面对的市场、竞争者、社会公众。这些都会影响企业为其目标市场服务的能力。

1. 企业本身

企业本身包括市场营销管理部门、其他职能部门和最高管理者等。企业为实现其目标，必须进行制造、采购、研究和开发、财务、市场营销等业务活动。各个部门之间的职能发挥和协作关系将影响到企业营销工作的成效。

2. 企业营销渠道

企业营销渠道包括：①供应商，即向企业提供原材料、部件、能源、劳动力和资金等资源的企业和组织。供应商与企业间的合作状况将直接影响企业营销活动能否正常开展。②中间商，即从事商品购销活动，并对所经营的商品拥有所有权的中间商，如批发商、零售商等。③代理中间商，即促成买卖成交，推销商品，但对商品没有所有权的中间商，如经纪人、制造商代表等。④辅助商，即辅助执行中间商的某些职能，为商品交换和物流提供便利，但不能直接经营商品的企业或机构，如运输公司、仓储公司、银行、保险公司、广告公司、市场营销研究机构等。

3. 市场

企业所面对的市场包括：①消费者市场，即通过个人消费而购买的个人和家庭所需要的商品构成的市场。②生产者市场，即为了生产、取得利润而购买的个人和企业所构成的市场。③中间商市场，即为了转卖取得利润的批发商和零售商所构成的市场。④政府市场，即为了履行职责而购买的政府机构构成的市场。⑤国际市场，即由国外的消费者、生产者、中间商、政府机构等构成的市场。

4. 竞争者

从市场营销的角度分析，企业在市场上面临四种类型的竞争者：①愿望竞争者，即能满足消费者的各种目前愿望的产品提供者。②一般竞争者，即能提供满足消费愿望的不同产品供应者。③产品形式竞争者，即能满足购买者某种愿望的各种产品型号供应者。④品牌竞争者，即能满足购买者某种愿望的同种产品的各种品牌供应者。

5. 社会公众

社会公众是指对企业市场营销活动产生影响的社会团体。这些团体包括媒体公众、政府公众、市民行动公众和地方公众。媒体公众包括各种传播媒体。政府公众涉及管理和规范企业经营活动的有关政府机构。市民行动公众包括各种保护消费者权益组织、环境保护组织等。地方公众有企业社区居民群众和地方行政官员等。

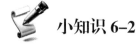
小知识 6-2

新媒体营销

新媒体营销是指利用新媒体平台进行营销的方式。在 Web 2.0 带来巨大革新的时代，营销方式也带来了变革：沟通性(communicate)、差异性(variation)、创造性(creativity)、关联性(relation)、体验性(experience)，互联网已经进入新媒体传播时代，并且出现了网络杂志、博客、微博、微信、TAG、SNS、RSS、WIKI 等这些新媒体。

资料来源：http://tech.ifeng.com/a/20170408/44569440_0.shtml

第二节 目标市场的选择与市场定位

任何企业，不论其资源如何雄厚都不可能满足整个市场的需求，更何况每个顾客对每个产品的需求都是不同的。在市场营销活动中，企业面临的问题是：本企业产品的市场在哪里？产品在哪里畅销？愿意购买本企业产品的顾客是哪些人？他们的需求、爱好、购买行为有什么特点？企业如果想在市场营销活动中取得成功，必须了解、分析顾客的不同需求情况，并根据自己的具体情况，选择那些能发挥自己差别优势的市场作为自己经营和服务的对象。这种选择就是目标市场的选择，而选择目标市场的前提是进行市场细分。

一、市场细分

(一) 市场细分的意义

市场细分也称市场细分化，是企业根据消费者需求的不同特征，把一个整体市场划分为若干个消费者群体和市场面，每个需求特点相类似的消费者群体就是一个细分市场。市场细分对企业来说是非常重要的。

首先，市场细分有利于企业特别是中小企业发现最好的市场机会，提高市场占有率。因为企业通过市场营销研究和市场细分，可以了解不同购买群体的需要情况和目前的满足程度，在满足程度低的子市场上，就可能存在着最好的市场机会，这对小企业尤为重要。因为小企业资金力量薄弱，在整个市场或较大的亚市场上竞争不过大企业。小企业通过市场细分，就可以发现某些尚未满足的需要，找到自己力所能及的良机，然后见缝插针，拾遗补阙，从而在激烈的竞争中得以生存和发展。

其次，市场细分还可以使企业利用最少的经营费用取得最大的经营效益。因为通过市场细分和目标选择，企业可以根据目标市场需求变化，及时、正确地调整产品结构和市场营销组合，使产品适销对路，扩大销售，还可以集中使用企业资源，以最少的经营费用取得最大的经营效益。

(二) 消费者市场细分的依据

市场细分要根据一定的细分变量来进行。消费者市场的细分变量主要有地理变量、人口变量、心理变量和行为变量四类。

1. 地理细分

所谓地理细分，就是企业根据消费者所在的地理位置及其他地理变量(包括城市农村、地形气候、交通运输等)来细分消费者市场。地理细分的主要理论根据是：处在不同地理位置的消费者，他们对企业的产品有不同的需要和偏好，对企业所采取的市场营销战略及产品价格、分销渠道、广告宣传等市场营销措施有不同的反映。市场潜量和成本费用会因市场位置不同而有所不同，企业应选择那些自己能最好地为之服务的、效益较高的地理市场为目标市场。

2. 人口细分

所谓人口细分，就是企业根据人口变量(包括年龄、性别、收入、职业、教育水平、家庭规模、家庭生命周期阶段、宗教、种族、国籍等)来细分市场。人口变量很久以来一直是细分消费者市场的重要变量，这是因为人口变量比其他变量更容易测量。

小思考 6-2

人口细分完全可靠吗？

答案：消费者的欲望和需要不仅受人口变量的影响，而且同时受其他变量特别是心理变量的影响。例如，美国福特汽车公司曾按购买者的年龄来细分汽车市场，该公司的"野马"牌汽车原来是专门为那些想买便宜跑车的年轻人设计的。令人惊讶的是，很多中老年人也购买"野马"牌汽车，因为他们认为驾驶这个品牌的汽车可以使他们显得更年轻。可见，人口细分不完全可靠。

3. 心理细分

所谓心理细分，就是根据消费者的生活方式、个性等心理变量来细分消费者市场。

(1) 生活方式细分。来自相同的文化群、社会阶层、职业的人们可能各有不同的生活方式。生活方式不同的消费者对商品各有不同的需要，一个消费者的生活方式一旦发生变化，他就会产生新的需要。生活方式是影响消费者欲望的一个重要因素。企业可以用下面三个尺度来测量消费者的生活方式：①活动(activities)，如消费者的工作、业余消遣、休假、购物、体育、款待客人等活动。②兴趣(interests)，如消费者对家庭、服装的流行式样、食品、娱乐等的兴趣。③意见(opinions)，如消费者对社会、政治、经济、产品、文化教育、环境保护等问题的意见。这叫作 AIO 尺度。企业可访问一些消费者，详细调查他们的各种活动、兴趣、意见，然后用计算机分析、处理调查材料，从而发现生活方式不同的消费群，也就是说，按照生活方式来细分消费者市场。

(2) 个性细分。企业还可以按照消费者不同的个性来细分消费者市场。这些企业通过广告宣传，试图赋予其产品与某些消费者的个性相适应的品牌个性，树立品牌形象，相应地提供货品以满足细分市场消费者的个性需求。

4. 行为细分

所谓行为细分，就是企业按照消费者购买或使用某种产品的时机、所追求的利益、使用情况、消费者对品牌忠诚度、待购阶段和对产品的态度等行为变量来细分消费者市场。

(1) 时机细分。例如，企业在春节、元宵节、中秋节等传统节日大做广告，以促进销售。

(2) 利益细分。消费者往往因为各有不同的购买动机、追求不同的利益，所以购买不同的产品和品牌。企业可以根据消费者购买商品时追求的不同的利益来细分消费者市场。

(3) 使用者细分。许多商品的市场可以按照使用者情况，如非使用者、曾经使用者、潜在使用者、初次使用者和经常使用者来细分。

(4) 使用量细分。许多商品的市场可以按照消费者对商品的使用量，如少量使用者、中量使用者、大量使用者来细分。

(5) 品牌忠诚度细分。按照消费者对品牌的忠诚度，可以把所有的消费者细分为铁杆品牌忠诚者、有限品牌忠诚者、游移品牌忠诚者、非忠诚者。

(6) 待购阶段细分。在任何时候人们都处在某种产品的不同购买阶段，有些消费者根本不知道有这种产品，有些知道有这种产品，有些已得到信息，有些已经发生兴趣，有些考虑购买。企业对于处在不同购买阶段的消费者，必须采取不同的市场营销策略。

(7) 态度细分。消费者对产品的态度有热爱、肯定、感兴趣、否定和敌对。企业对持有不同态度的消费者应采取不同的市场营销措施。

(三) 市场细分的步骤

(1) 依据需求选定产品市场范围。每一个企业都有自己的任务和追求的目标，作为制定发展战略的依据。企业一旦进入一个行业，接着就要考虑选定可能的产品市场范围。产品市场范围应以市场的需求而不是产品特性来决定。如一家住宅出租公司打算建造一幢简朴的小公寓，从产品特殊性如房间大小、简朴程度等出发，它可能认为这幢小公寓是以低收入家庭为对象的，但从市场需求的角度来分析，便可看到许多并非低收入的家庭也是潜在顾客。如有的家庭收入并不低，市区已有了宽敞的房子，但又希望在乡村有一套周末度假的房间，所以，公司要把这幢小公寓看作整个住宅出租的一部分，而不应孤立地看成只是提供低收入家庭居住的房子。

(2) 列举潜在顾客的基本需求。选定产品市场范围以后，企业就可以从地理、人口、心理和行为几个方面，大致估算一下潜在的顾客有哪些需求。比如，这家住宅出租公司可能发现，人们对小公寓的基本要求包括：遮蔽风雨，停放车辆，安全，经济，设计良好，方便工作、学习与生活，不受外来干扰，足够的起居空间，内部装修，物业管理等。

(3) 分析潜在顾客的不同需求。然后，企业再根据人口变量做调查，向不同的潜在顾客了解，上述需求哪些对他们更为重要。比如，在校外租房的大学生，可能认为最重要的是遮蔽风雨、停放车辆、经济、方便工作、学习与生活等；新婚夫妇的希望是遮蔽风雨、停放车辆、不受外来干扰、满意的物业管理等；成员较多的家庭则要求经济、足够的起居空间等。这一步至少可以细分出三个分市场。

(4) 去掉潜在顾客共同需求。共同的需求是设计和开发产品的基本要求，这是产品的最低要求，去掉这些共同的需求后，企业就可以发现具有相互区别特征的需求类型，这些差别就可以成为设计产品和确定营销组合的依据。

(5) 为分市场暂时取名。企业对各个分市场剩下的需求要做进一步分析，并结合各个分市场的顾客特点，暂时安排一个名称。

(6) 进一步认识各个分市场的特点。接下来，企业还要对每一个分市场的顾客需求及其行为做更深入的考察。看看对各个分市场的特点掌握了哪些，还要了解哪些，以便进一步明确各个分市场有没有必要再做细分，或重新合并。例如，经过这一步骤可以发现，新婚者与老年人的需求差异很大，应当分为两个分市场，对他们的广告宣传和人员销售的方式应当不同。

(7) 测量各个分市场的大小。以上步骤基本决定了各分市场的类型，接下来企业还要在调查的基础上，确定每个分市场的购买量和在一定时期内可能形成的需求量的大小，这样才能最终根据企业的资源、实力、市场的竞争情况来选择目标市场。

二、目标市场选择

市场细分提示了企业面临的细分市场的机会，企业需对这些细分市场进行评估，并确定准备为哪些细分市场服务，也就是确定自己的目标市场。

（一）目标市场的条件

目标市场是那些既能发挥本企业优势，又能满足消费者需求，并能取得良好经济效益的产品销售市场。一般来说，目标市场形成的条件包括下列几方面。

(1) 顾客的数量足够并具有购买能力，这是形成目标市场的首要条件。
(2) 顾客的需求还处在不满足状态。
(3) 市场未被竞争者完全控制，甚至没有竞争者，市场竞争不激烈。
(4) 本企业在这个市场领域具有明显的优势。
(5) 社会、经济、政治、自然条件等方面的发展变化，能够给目标市场的不断扩展带来更多的有利条件，而不会造成障碍或突变。

（二）目标市场的评估和选择

市场细分后，企业面对着许多细分市场，究竟应当选择哪一个或哪几个作为自己的目标市场呢？这既要分析对比，更要有科学的选择步骤和程序。

一般来说，选择目标市场的步骤和程序有以下几步。

(1) 确定企业的营销目标。这是市场细分的基础，也是选择目标市场的前提。因为市场细分的目的在于寻找目标市场，而选择目标市场的实质就是要解决企业"生产什么？销售什么？为谁生产？销售给谁？"的问题。因此，企业必须首先确定从事何种产品或劳务的营销。

(2) 初步筛选。初步筛选可分两步进行。

① 首先应当收集有关产品的消费者和用户情况，对现有或潜在的消费者和用户的特点进行分析，如谁是购买者？谁是使用者？产品如何使用？在哪里购买产品？为什么购买？

② 将企业的实际条件和细分市场的特征及要求进行比较，以排除那些企业无条件进入和占领的细分市场，筛选出能够发挥企业优势的细分市场。

(3) 目标市场的评估。目标市场的评估主要是对细分出来的子市场的经济价值进行估计，包括对细分市场的容量和其在较长时期内的最大销售量进行估计和预测，从中选出最有潜力和最有经济价值的细分市场。

(4) 确定目标市场。对目标市场进行评估后，还要结合企业的实际条件，估算出进入不同市场的成本和收益，这样就可以选定投资报酬率高、市场潜力大的细分市场作为企业的目标市场。

(三) 目标市场策略

1. 目标市场策略类型

目标市场策略主要包括无差异市场营销策略、差异性市场营销策略和密集性市场营销策略。

(1) 无差异市场营销策略。无差异市场营销策略是指企业在市场细分之后,不考虑各子市场的特征,而只重视市场的共性,决定只推出单一产品,运用单一的市场营销组合,力求在一定程度上适合尽可能多的顾客的需要。这种策略的优点是产品的品种、规格、款式简单,有利于标准化和大规模生产,有利于降低生产、存货、运输、研究、促销等成本费用。

但是,这种策略对于绝大多数产品并不适用,对于一个企业来说,也不宜长期使用。一是因为消费者的需求千差万别,并且不断变化,需求的差异性愈来愈大,一种产品长期被其所有消费者接受的情况极为罕见。二是因为采用这种市场营销策略获得成功以后,容易引起众多企业争相仿效追逐同一目标市场,会形成激烈竞争的市场局面,使企业难于保持已有的低成本优势。

(2) 差异性市场营销策略。差异性市场营销策略是企业从许多细分市场中选择两个或两个以上细分市场作为目标市场,设计不同的产品,运用不同的市场营销组合方案,多方位、有针对性地开展有差异的营销活动,满足不同消费者的需求。这种策略的优点是:①能够分别满足不同消费群体的需要,有利于企业扩大产品销售,在市场上站稳脚跟。②可以使企业同时在几个细分市场上占有市场份额,有利于树立企业的良好形象,使消费者心目中觉得企业能够及时了解他们的需求并能生产出称心如意的产品,从而提高消费者对企业产品的依赖程度和偏爱程度。③可以减少企业经营的风险,在市场竞争中有更大的回旋余地。

但是,这种策略也并非任何企业、任何时候都可以采用。因为实行差异性市场营销策略,必然会使产品品种、销售渠道、市场调研、广告宣传等营销活动不断扩大和多样化,生产成本、科研费用、推销费用也会大幅度增加,因此需要企业有比较雄厚的财力、物力和技术力量,以及素质较高的营销人员。这就使得相当一部分企业特别是势单力薄的小型企业无法采用这种市场营销策略,同时也制约着企业不能无限度地采用这种策略,卷入太多的细分市场。

(3) 密集性市场营销策略。密集性市场营销策略是指企业集中全部力量,以一个或少数性质相同的子市场作为目标市场,实行专业化生产和销售,使企业在一个较小的市场上得到较大的市场占有率。

密集性市场营销策略主要适用于资源力量有限的中小型企业,因为它们在整体市场上无力与大企业抗衡,而集中使用力量专门经营大企业忽视的某个细分市场,就可以使自己获得以下三个方面的好处:①有利于企业集中使用自己有限的资源,在特定的细分市场获得领先地位,发挥更大的作用,增加企业的盈利。②可以使企业避实就虚,扬长避短,发挥自己的优势,迅速占领市场,扩大生产,提高企业与产品的知名度。③采用这种市场营销策略的资金占用少,周转快,广告专一,成本低,能够取得较好的经济效益,因而这种策略常常成为小企业战胜大企业、新企业战胜老企业的有效策略。

但是,采用密集性市场营销策略往往潜伏着较大的风险,因为它的目标市场比较单一和狭小,一旦市场发生某种突变,企业就会因为没有回旋的余地而立即陷入困境。因此,采用这种策略的企业，必须对特定的目标市场十分熟悉和了解，产品的生产技术和经营措施必须是独创的或处于领先地位的，同时还要密切注意市场动向，制定适当的应急措施，以求进退自如。

观念应用 6-3

阿迪达斯不再使用电视广告

2017年3月15日，阿迪达斯CEO卡斯珀·罗思德(Kasper Rorsted)在接受CNBC采访时宣布，公司将放弃使用电视广告进行宣传，并寻求到2020年时将电子商务营收提高三倍。原因是年轻消费者主要是通过移动设备来跟商家进行互动，数字化业务对企业来说至关重要，所以企业准备放弃电视广告。

调研数据显示，2016年，阿迪从设计和营销上，紧紧抓住了年轻人。他们发现，年轻人不是不看广告了，而是不太会去打开电视了。从Instagram、微博上明星红人的照片，到阿迪官网的预售码，再到门外围着彻夜排队的年轻人的实体店货架上，阿迪用"年轻偶像+饥饿营销"组合打造的这些爆款一轮一轮地轰炸着我们的视听，电视广告在这其中确实没帮上什么忙。

尽管如此，在线广告还有很多问题需要解决。比如大多数的网络视频广告是无效的，有81%的用户会对视频静音，62%的用户对强制播放的广告感到恼火，93%的用户考虑使用广告拦截应用。广告主在衡量投放策略的时候，往往会孤立地去看每个媒体渠道的回报率，忽略了各媒体渠道的互相作用，他们很难看清或意识到网络媒体广告的效果是如何被电视平台所影响的。

广告主将电视广告资源转而投入网络广告只能在短期内造成销量增长，而在长期回报率上反而会降低。因此，广告主不应当再孤立地看广告投放渠道，而应在选择广告投放策略时，更多地参考长期回报率。

资料来源：戴鑫. 新媒体营销：网络营销新视角[M]. 北京：机械工业出版社，2017

2. 选择目标市场营销策略类型的决定因素

企业究竟应当使用哪一种营销策略去开拓市场，不能主观臆断，随心所欲，必须充分考虑以下几方面的因素。

(1) 企业资源能力。如果企业实力雄厚，管理水平较高，根据产品的不同特征可以考虑采用差异性市场营销策略或密集性市场营销策略，以便充分发挥自己的优势。如果企业资源不足，最好采用密集性市场营销策略，这样可以更有效地使用有限的力量，取得良好的经营效果。

(2) 产品特点。如果产品特性差别不大，如大米、面粉、食盐、水泥等，消费者或用户一般都很熟悉，其需求偏好和销售方式也大致相同，其竞争主要集中在价格、质量、服务上，因此比较适合采用无差异市场营销策略。如果是品种、规格、性能复杂，需求变化较大的产品，如汽车、机械设备、家用电器、服装、食品、玩具等，消费者在选购时会注意商品的特征、功能、价格等，所以适宜采用差异性市场营销策略或者密集性市场营销策略。

(3) 市场特点。如果消费者的市场需求和爱好比较接近，购买行为对销售的要求没有大的差别，可以采用无差异市场营销策略。相反，如果市场需求差异性大，消费者挑选性又强，可以采用差异性市场营销策略或密集性市场营销策略。另外，如果市场上商品供不应求，消费者只求数量满足，不讲究质量和花色品种，可以采用无差异市场营销策略。如果是相反的情况，企业必须采用差异性市场营销策略或密集性市场营销策略。

(4) 产品生命周期。一般来说，新产品刚上市，竞争对手少，品种比较单一，可以采用无差异市场营销策略，以便探测市场需求和潜在顾客。当产品进入成熟阶段，市场竞争加剧，应改为差异性市场营销策略，以利于开拓新市场，尽可能扩大销售，或者实行密集性市场营销策略，以设法保持原有市场，延长产品生命周期。

(5) 竞争对手的营销策略。如果竞争对手实力强大，并且已经实行无差异市场营销策略，一般来说，可以反其道而行之，采用差异性市场营销策略，以提高产品的竞争能力。如果竞争对手已经采用差异性市场营销策略，则应当顺其道而行之，进一步进行市场细分，实行差异性更大的市场营销策略或密集性市场营销策略，去争夺更有利的细分市场。当然，如果竞争对手力量较弱，也可以考虑使用无差异市场营销策略。

三、市场定位

企业在选定目标市场和开拓目标市场的营销策略以后，还需要制定一个切实可行的市场定位策略。它是占领市场、取得立足点的重要环节。

(一) 市场定位的含义

所谓市场定位，就是企业为了实现特定的经营目标，根据目标市场上的需求特点、竞争情况和企业自身条件，为企业及其产品在目标市场上确定一个适当的位置，以在目标用户心目中树立起某种形象或个性特征的过程。这种特征可以是物质的或有形的，也可以是心理的或无形的，如高档、优质、价廉、服务周到、技术领先、讲信誉等。

(二) 市场定位的方法和步骤

市场定位的关键是企业要设法在自己的产品上找出比竞争对手更具有优势的特征。这个过程可以通过以下步骤来完成。

(1) 确认本企业潜在的竞争优势。这个步骤的中心任务是要回答以下 3 个问题：竞争对手的产品定位如何？目标市场上足够数量的顾客欲望满足程度如何及还需要做什么？针对竞争者的市场定位和潜在的顾客的真正需求，本企业应该和能够做什么？通过回答上述 3 个问题，企业就可以从中把握和确定自己的潜在竞争优势。

(2) 准确地选择相对竞争优势。相对竞争优势表明企业能够战胜竞争者的能力。准确地选择相对竞争优势的方法通常是分析比较企业与竞争者在下列 7 个方面的强弱：经营管理方面、技术开发方面、采购方面、生产方面、市场营销方面、财务方面、产品方面。通过对上述指标体系的比较分析，选出最适合本企业的优势项目。

(3) 明确显示独特的竞争优势。这个步骤的主要任务是通过一系列的宣传促销活动，将其独特的竞争优势准确地传播给潜在顾客，并在顾客心目中留下深刻的印象。

(三) 市场定位的策略

市场定位的策略根据不同的定位对象有不同的类型。

(1) 根据产品价格和质量定位。通常有 4 种定位模式：优质高价、质次高价、优质低价、质次低价。

(2) 根据产品用途定位。同一产品可能有不同用途，如石膏，用作装饰板，则定位为建材产品；用作化妆品原料，则定位为日用化工产品；用作治疗骨折的石膏夹板，则定位为医疗产品。

(3) 根据消费者或用户习惯定位。例如，啤酒可定位为高级饮料和普通饮料，高级饮料可用易拉罐或造型考究的瓶装，普通饮料可用玻璃瓶装。

(4) 根据产品特征定位。例如，矿泉水汽水可宣传"含有多种对人体有益的元素"，从而区别于其他汽水，以便进行差异性营销。

(5) 根据产品的利益定位。例如，空调可以针对不同的特点：有的省电，有的噪声低，有的制冷速度快，有的功率大等，分别在不同消费者中建立稳固的形象。

(6) 根据竞争状况定位。这主要有 3 种形式：①避强定位，即避开比本企业强的竞争对手的市场定位。②迎头定位，即与竞争对手"对着干"的市场定位。③重新定位，指对销路不畅、市场反应差的产品进行二次定位。

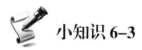

小知识 6-3

产品定位

产品定位是根据市场细分化中用户需求的特点，让产品在市场上具有一定的地位与形象。企业在进行市场细分化，初步决定进入某一细分市场时，应该研究如何进入这一细分市场，给自己将要打造的产品安排一个在市场与目标用户中有独特特点和理想的位置，进而在市场细分化和产品定位的基础上，选定目标市场和制定市场的运营策略。

资料来源：丁华. 互联网产品运营：产品经理的 10 堂精英课[M]. 北京：电子工业出版社，2017

第三节　市场营销组合

企业在确定目标市场并进行了市场定位后，就要设计正确的市场营销组合方案，以便达到企业预期的目标。

一、市场营销组合的定义与构成

市场营销组合是指企业为满足目标顾客的需要，实现企业的经营目标，针对目标市场的特点而加以组合的可控制的变量。

市场营销组合中所包含的可控制的变量很多，可以概括为 4 个基本变量，即产品(product)、价格(price)、渠道(place)、促销(promotion)，简称 4Ps。

二、产品策略

产品是营销组合中的关键因素，是营销组合策略的出发点。

(一) 产品的整体概念

现代市场营销学认为，产品是能提供给市场，用于满足人们某种欲望和需要的任何事物，包括实物、服务、场所、思想、主意或计谋等。产品是一个复杂的综合体，是整体产品。

产品整体概念包括 3 个基本层次，即核心产品、形式产品、附加产品。

(1) 核心产品。它是消费者购买某种产品时所追求的最基本的效用或利益，是消费者真正要购买的东西，因而也是产品整体概念中最基本、最主要的部分。

(2) 形式产品。它是核心产品的载体，是核心产品借以实现的形式，主要指向市场提供的产品的外观形态及其主要特征，是消费者识别和选择产品的主要依据。它包括产品的质量、外观、式样、品牌、包装等几方面。

(3) 附加产品。它是人们在购买产品时所考虑的全部附加服务和利益总和，如提供信贷、免费送货、质量保证、安装维修、销售服务、技术咨询和说明书等。

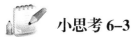

小思考 6-3

消费者真正想要购买的东西是什么？美国企业家查尔斯·雷维逊说过："在工厂，我们生产化妆品；在商店，我们销售愿望。"这句话给我们什么启示？

答案：人们购买化妆品是为了满足使自己变得更漂亮的愿望，而不是化妆品本身。企业在向市场提供产品时，要首先考虑消费者购买商品时所追求的核心利益。

(二) 产品策略的类型

1. 产品组合策略

企业生产全部产品的结构即产品的经营范围，称为产品组合。企业产品组合的一般形式有：①行业全面型，即向任何用户提供所需要的任何产品。②市场专业型，即向某专业市场(或某类用户)提供所需要的各种产品。③产品线专用型，即企业专注于某一类产品的生产，并将该产品提供给任何用户。④有限产品线专用型，即企业根据自己的专长和条件，集中经营有限的甚至单一的产品线。⑤特殊产品专用型，即企业根据自己的专长，生产某些具有较好销路的特殊产品项目。

2. 产品品牌策略

品牌是用于识别产品或服务的名称、术语、符号、象征、设计或是它们的组合。它包括品牌名称、品牌标志和商标。

企业在使用品牌策略时，一般可以做出以下几种选择：①是否使用品牌，即品牌化策略。使用品牌无疑对企业有许多好处，但也意味着企业要承担相应的责任，如要保持产品质量稳定，要进行宣传等。如果企业无力实现这些承诺，就不必使用品牌。②使用谁的品牌，即品牌使用者策略。企业可以使用制造商品牌、中间商品牌或混合使用制造商品牌和中间商品牌。③使用多少品牌，即品牌数量策略。可供选择的策略有个别品牌策略、统一品牌策略、分类品牌策略。④品牌延伸策略。企业利用其成功品牌的声誉来推出改进产品或新产品。它有纵向延伸和横向延伸两种做法。⑤多品牌策略。企业对同一产品使用两个或两个以上的品牌。

3. 产品包装策略

包装指产品的容器或包装物及其设计装潢。常用的包装策略有以下几种：①类似包装策略。企业对其所生产的各种不同产品，在包装上采用相同的图案、色彩或其他共同特征，使顾客容易发现是一家的产品，如可口可乐的包装。②配套包装策略。将多种相关联的产品配套放在一个包装物内销售，如化妆盒、家用药箱等。③再使用包装策略。包装内产品使用完后，包装物本身可以回收再用或顾客可以用作其他用途。④附赠品包装策略。在包装物内附有赠券、物品，以吸引顾客购买。如在儿童食品中附赠小玩具。⑤改进包装策略。当某种产品销路不畅或长期使用一种包装时，企业可以改进包装设计、包装材料，通过使用新的包装，使顾客产生新鲜感，达到扩大销售的目的。

4. 产品生命周期策略

产品生命周期是产品从试制成功投入市场开始直到产品被市场淘汰，最终退出市场为止所经历的全部时间。它一般可以分为4个阶段：导入期、成长期、成熟期、衰退期。每个阶段具有不同的特点，应采用不同的营销策略。

(1) 导入期。导入期是指新产品首次上市的最初销售阶段。这时产品处在发展初期，还存在各方面的不足，如由于产品技术不够稳定，不能批量生产，制造成本高；为了扩大销路，广告费和各种促销费都很高；销售渠道不畅，销售增长缓慢；同类产品的生产者较少，竞争不激烈。同时，消费者对产品了解少，销售量很低，利润也很低甚至为负值。因此，在这一阶段，企业在营销策略上要突出一个"快"字，企业必须把销售力量只投向最有可能的购买者，促使产品尽快进入成长期。

(2) 成长期。在这个阶段，产品设计基本定型，技术性能逐步完善，消费者对该产品已经熟悉，消费习惯亦已形成，销售量迅速增长，企业利润迅速增加。随着销量增大，生产规模也逐步扩大，产品成本逐步降低。但这时竞争者也大量加入，竞争加剧。因此，在这一阶段，企业在营销策略上要突出一个"好"字，即保证产品质量，发展产品品种，切忌因产品畅销而急功近利，粗制滥造。具体来说，企业可以采用的策略有：改善产品品质，扩展新市场，改变广告宣传的重点，调整产品价格。

(3) 成熟期。成熟期是指产品进入大批量生产，而在市场上处于竞争激烈的阶段。这时的市场需求量逐渐趋于饱和，产品的销售量增长缓慢，逐步达到最高峰，然后开始下降；生产批量很大，生产成本降到最低限度；产品的销售利润也开始下降；市场竞争日益加剧。在这一阶段，企业在营销策略上要突出一个"改"字，包括3个方面：①市场改良，即在不改变产品本身的情况下，去发现和寻找产品的新用途和新用户，以扩大产品销售。②产品改良，即通过产品自身的改变来满足用户的不同需求，以扩大产品销售。③市场营销组合改良，即通过改变市场营销组合的因素，刺激销售，延长产品的成长期和成熟期。

(4) 衰退期。衰退期是指产品已渐老化，转入更新换代阶段。这时，顾客的消费需求发生改变，转向其他产品；已有新产品进入市场，逐渐代替老产品；产品的销售量迅速下降，甚至出现积压；市场竞争表现为价格竞争，企业获利很少，甚至亏损。在这一阶段，企业在营销策略上要突出一个"转"字，即在适当时间退出市场，转向其他产品的开发、生产。

阅读资料6-1

三星放弃数码相机业务
将停产停售相关产品

三、价格策略

价格是市场营销组合中十分敏感而又难以控制的因素，它直接关系到市场对产品的接受程度，影响着市场需求和企业利润的多少，涉及生产者、经营者、消费者等各方面的利益。

（一）影响企业定价的因素

影响企业定价的因素有以下几点。

(1) 商品的价值。商品的价格是价值的表现形式，而商品的价值是价格的基础，是价格的实质。所以，在商品定价时，必须考虑商品的价值。

(2) 市场供求状况。市场供求关系是决定企业产品价格的基本因素。当供大于求时，价格会下降；反之，则会上升。衡量需求变动对价格的灵敏度是需求价格弹性系数。

(3) 竞争者行为。价格是竞争者关注的焦点和竞争的主要手段。任何一次价格制定与调整都会引起竞争者的关注，并导致其采取相应的对策。

(4) 定价目标。定价目标有很多，如以最大利润为目标、以合理利润为目标、以市场占有率为目标、以应付竞争者为目标等。不同的定价目标就会产生不同的产品价格。

(5) 产品成本。成本是影响产品价格的主要因素。

(6) 政府干预。每个国家都会有一些经济法规约束企业定价行为。这种约束反映在定价的种类、价格水平和定价的产品品种等方面。

（二）定价方法

定价方法主要有以下3种。

(1) 成本导向定价法。这是一种以产品的成本为中心的定价方法。其主要理论依据是：在定价时，要考虑收回企业在营销中投入的全部成本，再考虑获得一定的利润。

(2) 需求导向定价法。这是一种以需求为中心的定价方法。它依据顾客对产品价值的理解和需求强度来制定价格，而不是依据产品的成本来定价。其特点是灵活有效地运用价格差异，对平均成本相同的同一产品，价格随市场需求的变化而变化。当市场需求强度大时，定高价；反之，则调低价格。这种方法综合考虑了成本、产品的生命周期、市场购买能力、顾客心理等因素。

(3) 竞争导向定价法。这是一种以竞争者的售价作为企业定价依据的一种方法。采用这种方法，要分析竞争者的产品价格、质量、性能、服务和声誉等情况，对照企业的实际情况，通过比较来制定价格。

(三) 定价策略

定价策略主要有以下几种。

1. 新产品定价策略

(1) 撇脂定价策略，是一种高价格策略。在新产品上市初期，价格定得很高，以便在较短的时间内获得最大利润。这种定价策略因类似于从牛奶中撇取油脂而得名。

(2) 渗透定价策略，是一种低价格策略。在新产品上市初期，价格定得很低，以使消费者容易接受，很快打开和占领市场。

(3) 满意定价策略，是一种介于撇脂定价策略和渗透定价策略之间的价格策略。这种定价策略因能使生产者和顾客都比较满意而得名。

2. 折扣定价策略

这种策略是指企业为了鼓励顾客及早付清货款、大量购买、淡季购买，或鼓励渠道成员积极推销本企业的产品，而在基本价格的基础上按一定的折扣率给予优惠，通常有现金折扣、数量折扣、交易折扣、销售折扣和分期付款等。

3. 心理定价策略

这是一种根据顾客心理要求所采用的定价策略。运用心理学的原理，根据不同类型顾客在购买商品时的不同心理需求来制定价格，以诱导顾客产生购买行为。它包括整数定价、尾数定价、声望定价、幸运数定价和分级定价等。

4. 差别定价策略

企业可以按照两种或两种以上不反映成本费用的比例差异的价格销售某种产品或服务。它主要有 4 种形式：顾客差别定价、产品形式差别定价、地理位置差别定价和销售时间差别定价。

四、渠道策略

销售渠道，也叫分销渠道，是指产品从生产者向最终用户(或消费者)移动过程中所经过的各个环节，或企业通过中间商到最终用户的全部市场营销结构。

1. 销售渠道的类型

目前的商品销售渠道大致可分为以下3种类型。

(1) 直接销售渠道，即生产者直接将商品销售给消费者，是一种没有任何中间环节的产品所有权的转移。

(2) 间接销售渠道，即生产者通过中间环节将商品销售给消费者的一种销售渠道。中间环节一般是指批发商和零售商(代理商)。根据所加入的中间环节的多少，还可分为一级渠道、二级渠道、三级渠道。

(3) 代销渠道，是指生产者和消费者之间有代理商为之服务的销售渠道。它既不同于直接销售渠道，又不同于间接销售渠道。它与生产者之间并不是买卖关系，在商品流通中它不属于中间环节，而且只接受客户的委托，办理代购、代销、代储、代运、代存等业务，以佣金或手续费方式赚取报酬，没有商品的所有权，如各类贸易中心、贸易信托公司以及其他形式的商业代理机构。

2. 选择销售渠道的策略

(1) 销售渠道长短的选择。销售渠道长短的选择，主要考虑产品、市场和企业三大要素：①产品因素。单价较低、体积较小、款式变化较慢、容易运输储存的商品，或构造不过于复杂的商品，应选择长渠道。反之，则选择短渠道。②市场因素。商品市场销路广、顾客分散、距离生产企业较远的，顾客需要经常购买或日常必用的，市场季节性不明显或需求不集中的，均适宜选择长渠道。反之，则选择短渠道。③企业因素。资金力量薄弱、销售力量不足或没有必要建立自己的销售系统的，没有能力或没有必要直接为最终用户提供较多服务、必须依靠中间商扩大市场的，以及从经济上分析认为使用中间商更为有利的，均适宜选择长渠道。反之，则选择短渠道。

(2) 销售渠道宽窄的选择。销售渠道的宽窄，是指商品流通所使用的销售窗口的多少。宽的销售渠道就是使用较多的销售窗口，即利用较多的批发商和大量的零售商，使商品在广泛的市场上销售。窄的销售渠道就是使用较少的销售窗口，即利用较少的批发商和零售商，使商品在有限的市场上销售。一般有如下3种形式可供选择：①广泛性营销渠道策略，即大量利用中间商，把销售网点广泛分布在市场的各个角落，适用于日常消费品和工业品中的经常耗用品。②选择性营销渠道策略，即企业在市场上选择一部分中间商来销售自己的产品。③独立性营销渠道策略，即企业在特定的市场上仅选一家批发商或零售商经销其产品，在他们各自的区域内，享有独家销售该公司产品的权利。

阅读资料6-2

线下电子商务

五、促销策略

促销是促进销售的简称。它是企业运用各种手段,沟通生产者和顾客之间生产和消费的信息,影响和帮助顾客认清购买某种产品或劳务所带来的益处,或者促使顾客对企业机器产品产生好感和信任,从而引起顾客的兴趣,激发顾客购买欲望和购买行为的活动。

促销方式主要有两种:人员促销(包括利用推销员和销售服务机构)和非人员促销(包括广告、营业推广和公共关系)。

1. 人员促销策略

人员促销的基本形式有上门推销、柜台推销和会议推销。人员促销策略的种类很多,主要有以下几种:①试探性推销,是在推销人员不了解顾客需求的前提下,通过事先设计好的能引起顾客兴趣的言辞、图片、条件和行动,以刺激顾客的购买欲望。②针对性推销,是在推销人员已基本了解顾客需求的前提下,事先设计好针对性强、投其所好的推销语言和措施,促使顾客产生购买行为的一种推销策略。③诱导性策略,是推销人员诱使顾客变潜在需求为现实需求,从而采取购买行为的一种推销策略。

2. 非人员促销策略

非人员促销策略包括以下几种。

(1) 广告策略。广告是企业以说明的方式(包括口头、文字、图画等)对商品或劳务销售做公开宣传。广告促销的作用主要有:传递信息,激发需求,介绍商品信息,引导正确消费。广告策略主要有广告组合媒体策略、广告信息策略、广告配合生命周期策略、广告产品定位策略和广告实施时间策略等。

(2) 营业推广策略。营业推广是指除人员推销、广告、公共关系之外能有效地刺激顾客购买,提高交易效率的种种促销活动。它包括的范围较广,如陈列、展示和展览会、示范表演和演出,以及种种非常规的、非经常性的推销活动。它一般用于暂时的或额外的促销活动,是人员促销和广告促销的一种补充。营业推广可分为对顾客的推广、对中间商的推广、对制造商的推广和对推销人员的推广。

(3) 公共关系策略。公共关系是指企业有计划地、持续不懈地运用沟通手段,争取内部和社会公众的信任和支持,树立企业良好的形象和信誉,为自身发展创造最佳的社会关系环境时所采取的一系列科学策略和行动。企业利用公共关系促销的主要方式有新闻宣传、建立广泛的联系、赞助和支持公益活动等。

阅读资料 6-3

AISAS 模式

第四节　本章小结

市场营销是企业经营管理的一项重要职能。市场营销活动是在一定的市场营销观念指导下进行的。市场营销观念的演变过程大体可以划分为两大阶段：传统的市场营销观念和现代的市场营销观念。

企业的营销活动必然受到各种环境因素的影响。营销环境主要包括微观环境和宏观环境。

企业如果想在市场营销活动中取得成功，必须了解、分析顾客的不同需求情况，选择自己的目标市场，而选择目标市场的前提是进行市场细分。市场细分要根据一定的细分变量来进行，并且遵循一定的步骤。

企业要对细分市场进行评估，确定自己的目标市场。企业在目标市场上如何营销，可有三种策略：无差异市场营销策略、差异性市场营销策略、密集性市场营销策略。

市场定位是企业根据目标市场上的需求特点、竞争情况和企业自身条件，为企业及其产品在目标市场上确定一个适当的位置。准确的市场定位能增强产品竞争力。

企业在确定目标市场并进行了市场定位后，就要设计正确的市场营销组合方案。市场营销组合可以概括为 4 个基本变量，即产品(product)、价格(price)、渠道(place)、促销(promotion)，简称 4Ps。

主要概念

市场营销　市场细分　市场定位

主要观念

市场营销观念的演变　目标市场策略　市场营销组合的设计

思考与练习题

1. 简答题
(1) 为什么现代企业会越来越重视市场营销？
(2) 什么是市场营销观念？每种观念的主要的表现形式是什么？
(3) 请结合自己最近一次的购买实例，说明自己购买决策的过程。
(4) 如何理解目标市场营销和市场定位二者之间的关系？
(5) 市场营销组合由哪 4P 组成？企业应如何利用市场营销组合原理为企业市场营销服务？

2. 实训题

实训项目一：市场调研

【实训目的】

让学生参与实地调研，使学生掌握电话调查、拦访、发调查表等各种市场调研方法，写调查报告。

【物品准备】

电话、调查表、电脑。

【实训过程】

(1) 学生分成 5～6 个小组，每个小组分别到不同的快餐店进行调研。

(2) 进入店内，对快餐店的内部设施、服务态度、运作与管理等进行考察。

(3) 在店口，计算店门口的人流量。

(4) 统计每小时进入店内消费的人数。

实训项目二：企业目标市场策划分析

【实训目的】

通过策划分析，理解营销要素组合对企业经营的重要性，学会运用市场营销知识分析、解决营销中的实际问题。

【实训内容】

了解企业背景资料，分析该企业目标市场确定的依据，找出其合理性或者不合理性。

【实训组织】

按照教学班分成 4 组，对选定企业资料各自独立进行讨论分析，形成目标市场策划分析方案，要求充分运用理论知识进行论证。

【实训考核】

通过研讨会的形式，阐述各自的策划方案，综合评定成绩。

3. 案例分析题

日本 SB 公司是如何寻找市场的？

2011 年日本 SB 公司生产咖喱粉，有一段时间，这家公司的产品滞销，堆在仓库里面卖不出去，公司眼看就要破产了，公司领导想方设法进行促销。可是，一切手段都施展出来之后，公司的销量还是上不去。连续换了三任经理，第四任经理田中走马上任之后，还是没有好办法。

员工都清楚，产品卖不出去的原因是顾客对 SB 公司的牌子很陌生，所以很难注意到这种产品。咖喱粉并不是紧俏商品，市面上进口的、国产的，应有尽有。要让人们回过头来买自己的咖喱粉，那不是天方夜谭吗？

公司的销量一天天萎缩，资金一天天减少。由于没有足够的资金，大量做广告是不现实的，但是如果不拼死一搏去做广告，那就无异于坐以待毙。做什么广告好呢？

一天，经理田中正在办公室翻报纸，一条新闻吸引住了他。这条新闻说，有家酒店的工人罢工，媒体进行了跟踪报道，罢工问题圆满解决，酒店恢复营业，原先不景气的生意现在变得异常火爆。在日本，劳资双方的关系一般都比较温和，一旦出现罢工的事情，就会成为热点新闻。

田中看着看着，突然有了主意……

不干则已，要干就要干出个名堂。他经过深思熟虑，偷偷叫来几个干将，关上房门，如此这般地吩咐了一番……几天之后，日本的几家大报，如《读卖新闻》《朝日新闻》等刊出了这样一条广告：为了提高产品的知名度，今决定雇数架直升机到白雪皑皑的富士山顶，然后把咖喱粉撒在山上。从此以后，我们看到的将不是白色的富士山，而是金色的……

这是一条令所有日本人都感到震惊的消息。

SB公司的广告刚刚刊出，国内舆论一片哗然。很多人对如此的言辞难以忍受，都纷纷指责SB公司。本来名不见经传的SB公司，连续好多天在报纸、电视、电台等各种新闻媒体上成为大家攻击的对象。有的人甚至放出话来，如果SB公司胆敢如此放肆，我们一定叫它倒闭！

在一片舆论的声讨声中，SB公司声名大震。临近SB公司广告中所说的在富士山撒咖喱粉日子的前一天，原先发表过SB公司广告的报纸都刊登出了SB公司的郑重声明：鉴于社会各界的强烈反应，本公司决定取消原来在富士山顶撒咖喱粉的计划……

经过这一番折腾，全日本的人都知道一家生产咖喱粉的公司叫SB公司，并且以为这家公司是一家实力超群、财大气粗的公司。很多小商贩都纷纷投到SB公司的门下，大力推销SB公司的咖喱粉，SB公司的咖喱粉一时间成了畅销产品。

田中经理的一招妙棋救活了一家公司，目前这家公司在日本国内市场的占有率高达50%。

我们通过《世界商报》登载的这一日本企业在面对困境时积极应变应对的事例，来说明没有疲软的市场，只有缺乏独到方法和发现的慧眼。

资料来源：康晓光. 市场营销学[M]. 上海：上海社会科学院出版社，2015

问题：

(1) 请评价该案例创新营销对做好营销的启发。

(2) 举例子模拟SB公司，对产品做一次创新营销。

第七章

财务管理

【学习目标】
- 理解财务管理的概念、目标和内容
- 了解财务管理的特点、环节、环境、基本原则、价值观念、成本、费用和利润的计算
- 掌握筹资管理的方式和资产管理的要点及进行财务分析的基本方法和指标

一分钟财务管理

很多经理人每天忙着开拓业务,处理员工问题,但是在忙碌当中,却忘了注意一些公司的长远大问题,以至于到最后问题已经严重到病入膏肓,才猛然醒悟。

财务专家麦劳维兹(Edward Mendlowitz)建议,经理人只要养成习惯,定期注意一些简单的财务报表,就能够掌握公司的发展趋势。一旦出现轻微的警讯,就可以立刻处理。

产品销售量。如果你平日只看营收报表,这中间可能潜藏很多陷阱。例如,有家公司虽然营业额和利润不断提高,但销售量其实在下跌,市场占有率在萎缩。营收之所以成长,是因为产品调价的关系。因此,经理人必须定期追踪销售量,才能清楚掌握公司业务状况。

损益平衡点。很多时候,每个月你都必须等到财务报表出来以后,才知道公司最近表现如何。但这个时间的落差,很可能影响你的决策速度。如果你可以请财务人员提供公司的损益平衡分析;也就是说,你的产品一个月要销售多少才能平衡,心中随时有这个数字,你立刻可以判断这段时间究竟赚钱还是亏钱了。

原物料购买比例。究竟你的公司在纸张、塑胶等原物料上花了多少比例的钱?把这个数字拿来和营业额做比较。一般来说,这个比例应该很稳定,一两个月有波动还没有关系,但如果有不断增加或下降的趋势,就要注意了。很可能你的存货太多、成本没有控制好,或者库存太少,碰到突然增加的订单,你可能消化不了。

银行对账单。每个月银行会寄给你对账单,别以为会计人员一定会去核对。事实上,每个人每天忙着做很多事情,根本没有人注意这件重要的工作。你知道吗,很可能你的公司已经有好几年,没有人查对过公司户头了。

积压的订单。有些订单进来了,但是却一直没有处理,以致耽误了交货期。只要你要求看

看那些积压的订单，就可以知道公司是否有问题，问题有多严重。每一张积压的订单就表示一个愤怒的顾客，看看你的公司正在累积多少愤怒的顾客。一家公司发现常常有客户反映交货延迟，深入检讨之后，才发现其实问题是出在交通部门每次都从一叠订单的上面开始处理。结果是，每次最后进来的订单，反而最早完成，在下面的订单，永远要被延搁几天。知道你的公司积压多少订单，问题出在哪里，要解决就容易了。

退货记录。 如果退货的数量增加，表示内部管理有问题。因此，掌握退货数量，是一个重要的关键，才不会到问题不可收拾时，才着手处理。

员工人数。 每个月算算员工有多少人。随着业务增加，公司雇用的员工人数，可能不知不觉地成长，甚至当业务没有成长时，员工人数仍然无声无息地增加。例如，如果你的公司有25个人，再增加个5个人，的确是不算什么。要求部属每个月给你一张统计表，让你掌握员工人数及成长曲线。了解一下，公司是不是用人无度。

在忙碌的工作中，抓住这几个基本而重要的数字，可以让你迅速掌握公司的营运状况。

资料来源：http://doc.mbalib.com/view/726375bc4fbee43c3b83d8b0bbb447ab.html

第一节　财务管理概述

财务管理(financial management)是一个企业的命脉，企业根据财经法规制度，按照财务管理的原则，组织企业财务活动，处理财务关系，确保企业资金的获得和有效使用。

一、财务管理的概念和特点

（一）财务管理的概念

财务管理是指企业以再生产过程中客观存在的财务活动和财务关系为基础而产生的企业组织财务活动、处理与各方面财务关系的一系列经济工作的总称。

（二）财务管理的特点

(1) 价值管理。财务管理区别于其他管理活动的最主要的特点在于它是一种价值管理。它主要利用资金、收入、成本、利润等价值指标，运用财务管理方法来组织企业中价值的形成、实现和分配，并处理这种价值运动中的经济关系。

(2) 综合性管理。财务管理的另一特点是具有很强的综合性。企业生产经营活动各个方面的效果，大多可以通过反映资金运动过程和结果的各项价值指标反映出来，而及时组织资金供应，有效使用资金，严格控制生产耗费，大力增加收入，合理分配收益，又能够促进企业有效开展经营活动，不断提高经济效益。

二、财务管理的目标和内容

(一) 财务管理的目标

企业财务管理目标是理财活动所希望实现的结果,是评价理财活动是否合理的基本标准。不同的财务管理目标,应采用不同的财务管理运行机制。

(1) 利润最大化目标。利润最大化目标是指通过企业财务管理活动的管理,不断增加企业利润,使企业利润达到最大。企业财务管理人员在进行管理过程中,将以此原则进行决策和管理。以利润最大化作为企业财务管理目标有合理的一面,即有利于企业经济效益的提高,但也存在以下问题:①没有考虑利润的取得时间,不考虑资金的时间价值。②企业在追求利润时容易产生短期行为。③没有科学地考虑获取利润和所承担风险的关系。④没有考虑所取得的利润与投资额的关系。

(2) 每股盈余最大化目标。这种观点把企业的净利润和股东投入的资本联系起来考察。以每股盈余最大化作为企业财务管理目标,可以避免利润最大化的缺点,但也存在如下问题:①没有考虑风险因素。②没有考虑每股盈余取得的时间。

(3) 股东财富最大化目标。股东财富最大化目标是指通过财务上的合理经营,使企业股东的财富达到最大。股东财富最大化,可演化为股票价格最大化,这是因为股东财富是由其所拥有的股票价格决定的,即股票价格达到最高时,则股东财富也达到最大。股东财富最大化目标与利润最大化目标相比,具有以下优点:①股东财富最大化目标便于计量、考核和奖惩。②股东财富最大化目标能够克服企业在追求利润上的短期行为。③股东财富最大化目标能够科学地考虑风险因素。

但是,股东财富最大化目标仍存在一些问题:①适用范围小,只适合上市公司。②考虑问题的范围窄,忽视了股东以外的企业其他关系人的利益。

(4) 企业价值最大化目标。企业价值最大化目标是指通过企业财务上的合理经营,采用最优的财务政策,充分考虑资金的时间价值和风险与报酬的关系,以求企业整体价值达到最大。以企业价值最大化作为财务管理的目标的优点是:①企业价值最大化目标扩大了考虑问题的范围,并且注重在企业发展中考虑各方利益关系。②企业价值最大化目标科学地考虑了风险和报酬的关系。③企业价值最大化目标考虑了取得报酬的时间,并能用时间价值原理进行计量。④企业价值最大化目标能够克服企业在追求利润上的短期行为。

企业进行财务管理,就是要正确比较报酬与风险之间的得失,努力实现二者之间的最佳平衡,使企业价值达到最大。所以,企业价值最大化目标体现了对经济效益的深层次认识,成为现代财务管理的最优目标。

(二) 财务管理的内容

财务管理是基于企业生产过程中客观存在的财务活动和财务关系而产生的,是合理组织资金活动、处理财务关系的一项经济管理活动,是企业管理的重要组成部分。企业财务管理的内容主要包括筹资管理、资产管理、成本费用管理、收入和利润管理及分配管理。各项具体管理内容在下面的部分中分别介绍。

三、财务管理的主要环节

(一) 财务预测

财务预测是指根据财务活动的历史资料，充分考虑企业的现实条件和要求，从而对企业未来的财务活动和财务成果做出科学预测的过程。通过财务预测，可测算企业未来不同经营方案在不同经营条件下所能达到的理财目标，为企业决策提供可靠的依据。

企业财务预测环节包括：明确预测对象和目标；收集和整理资料；确定预测的方法；进行科学合理的预测。

(二) 财务决策

财务决策是指在财务预测的基础上，对已提出的多个方案进行定性和定量的分析，在科学的、经济的及技术的充分论证后，做出正确分析结论，从而选择最佳方案。

(三) 财务计划

财务计划是指运用科学的技术手段和数学方法，对财务目标进行综合平衡，制定和协调各项主要计划指标。财务计划是财务决策所确定的经营目标的系统化、具体化和数量化，是落实财务目标和措施、控制财务活动、分析生产经营活动效果的依据。企业财务计划主要包括资金筹措计划、固定资产投资计划及折旧计划、流动资产占有周转计划、成本费用计划、对外投资计划、收入和利润分配计划等。

(四) 财务控制

财务控制是指在财务管理过程中，利用有关信息和特定手段，对企业的财务活动施加影响或调节，以便实现计划所规定的财务目标。财务控制包括事前控制、事中控制、事后控制三种。

(五) 财务分析

财务分析是指以核算资料为主要依据，对企业财务活动的过程和结果进行调查研究，评价财务计划的完成情况，分析影响因素，挖掘企业潜力，提出改进措施。财务分析的一般程序是：进行对比，做出评价，因素分析，抓住关键，拟订措施，改进工作。

四、企业财务管理环境

研究企业财务管理环境的目的在于使企业财务管理人员懂得，在进行各种财务活动时，应充分考虑各种环境因素的变化，做出相应的财务管理措施，以达到财务管理的预定目标。

(一) 企业财务管理的外部环境

企业财务管理的外部环境是指存在于企业外部的对企业财务活动具有影响的客观因素的综

合。在市场经济条件下，企业财务管理的外部环境包括以下几个方面。

(1) 宏观经济环境。宏观经济环境是指国家各项经济政策、经济发展水平及经济体制对财务管理工作的影响。经济政策包括财政、税收、物价、金融等各个方面的政策。这些政策都将对企业的经营和财务管理工作产生重要影响。企业在制定财务决策时，必须充分考虑有关经济政策对企业本身的影响。经济发展水平越低，财务管理水平也越低。经济体制是指对有限资源进行配置而制定并执行决策的各种机制。在社会主义市场经济体制下，我国企业筹资、投资的权利归企业所有，企业必须根据自身条件和外部环境做出各种各样的财务决策并实施。

(2) 金融环境。金融环境是企业重要的环境因素，金融机构、金融市场和利息率等因素是影响财务管理的主要金融环境因素。金融机构包括银行和非银行金融机构，金融市场主要包括外汇市场、资金市场、黄金市场等。

(3) 法律环境。随着经济体制改革的深入发展，我国逐步建立了社会主义市场经济体系。企业的一切经济活动主要以法律为依据，受法规的制约。因此，已颁布的各种法律对企业的财务活动有重大影响，财务人员必须熟悉这些法规，合理、合法地执行各项财务管理的职能，以实现企业管理的最优目标。

(4) 社会文化环境。社会文化环境包括教育、科学、文学、艺术、新闻出版、广播电视、卫生、体育、理想、世界观、信念、道德、习俗，以及同社会制度相应的权利义务观念、道德观念、组织纪律观念、价值观念、劳动态度等对财务管理工作的影响。财务管理作为人类的一种社会实践活动，必然会受到社会文化的影响，只是社会文化的各方面对财务管理的影响程度有所不同：有的是间接产生影响，有的是直接产生影响；有的影响小，有的影响大。

(二) 企业财务管理的内部环境

企业财务管理的内部环境是指企业内部客观存在的，对企业的财务活动能施加影响的所有因素的综合。企业财务管理的内部环境包括许多内容，其中对财务管理有重大影响的有企业管理体制和经营方式、市场环境、采购环境和生产环境。在不同的企业内部环境约束下，企业应采取不同的财务政策和财务管理办法。

五、财务管理的原则与基础价值观念

(一) 财务管理的原则

(1) 系统原则。财务管理经历了从资金筹集开始，到资金投放使用、耗费，再到资金收回、分配等几个阶段，而这些阶段组成相互联系的一个整体，具有系统的性质。为此，做好财务工作，必须从各组成部分的协调和统一出发，这就是财务管理的系统原则。

(2) 平衡原则。这包括两个方面的平衡：一是指资金的收支在数量上和时间上达到动态的协调平衡，从而保证企业资金的正常周转循环。二是指盈利与风险之间相互保持平衡，即在企业经营活动中必须兼顾和权衡盈利与风险两个方面。承认盈利一般寓于风险之中的客观现实，不能只追求盈利不顾风险，也不能害怕风险而放弃盈利，应该趋利避险，双方实现平衡。

(3) 弹性原则。在财务管理中，必须在准确和节约的同时，留有合理的伸缩余地，以增强企业的应变能力和抵御风险能力。在实务中，常体现为实现收支平衡，略有节余。贯彻该原则的关键是防止弹性的过大或过小，因为弹性过大会造成浪费，而弹性过小会带来较大的风险。

(4) 成本效益原则。企业理财目标是企业价值最大化，其内涵是在规避风险的前提下，所得最大，成本最低。因而无论在筹资、投资及日常的理财活动中都应进行收益与成本的比较和分析。按成本效益原则进行财务管理时，在效益方面，既要考虑短期效益，又要考虑长期效益；在成本方面，既要考虑有形的直接损耗，又要考虑资金使用的机会成本，更要考虑无形的潜在损失。

(5) 利益关系协调原则。企业不仅要管理好财务活动，而且要处理好财务活动中的财务关系，诸如企业与国家、所有者、债权人、债务人、内部各部门及职工个人之间的财务关系，这些财务关系从根本上讲都是经济利益关系。因此，企业要维护各方面的合法权益，合理公平地分配收益，协调好各方面的利益关系，调动各方面的积极性，为同一个理财目标共同努力。

(二) 财务管理的基础价值观念

资金时间价值和投资风险价值是现代财务管理的两个基础价值观念，在资金筹集管理、现金投放使用管理和资金分配管理中都必须加以考虑和应用。

1. 资金时间价值

资金时间价值，也称货币时间价值，是指作为资本投入的资金由于发生的时间不同而使得该资金具有不同的价值。

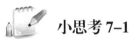

小思考 7-1

年初的 100 元和年末的 100 元价值是否相同？

答案：若不考虑货币时间价值，两者价值相同，但如果考虑货币的时间价值，则两者价值肯定不同。比如，在利率为 15%的情况下，年初的 100 元相当于年末的 115 元(100＋100×15%)。

2. 投资风险价值

投资风险价值是指投资者由于冒着风险进行投资而获得的超过资金时间价值的额外收益，又称为投资风险收益、投资风险报酬。投资者所冒的风险越大，其要求的回报率也越高。投资风险价值可用风险收益额和风险收益率表示。风险收益率指风险收益额与投资额的比率。在不考虑通货膨胀的情况下，它包括两部分：一部分是无风险投资收益率，即货币时间价值；另一部分是风险投资收益率，即风险价值。在财务活动过程中，投资收益的取得必须以一定的风险控制为基础，保证盈利与风险之间的相互平衡。

第二节　资金筹集

资金筹集是指企业根据其生产经营、对外投资及调整资金结构等活动对资金的需要，通过一定筹资渠道和适当的筹资方式获取及占用所需资金的一种行为。

一、资金筹集概述

(一) 企业筹资的分类

(1) 按资金的来源渠道不同,分为权益筹资与负债筹资。权益筹资是指以发行股票支付股息的方式筹集资金。权益资金是企业投资者的投资及其增值中留存企业的部分,是投资者在企业中享有权益和承担责任的依据,在企业账面上体现为权益资本。负债筹资是指企业按约定代价和用途取得且需要按期还本付息的一种筹资方式。就其性质而言,是不发生所有权变化的单方面资本使用权的临时让渡。

(2) 按资金使用期限的长短,分为短期筹资与长期筹资。长期筹资是指筹集和管理可供企业长期(一般为 1 年以上)使用的筹资活动。长期筹资的资本主要用于企业新产品、新项目的开发与推广,生产规模的扩大,设备的更新与改造等,因此这类资本的回收期较长,成本较高,对企业的生产经营有较大的影响。短期筹资是指为满足企业临时性流动资金需要而进行的筹资活动。企业的短期资金一般是通过流动负债的方式取得,短期筹资也称为流动负债筹资或短期负债筹资。

(3) 按资金筹集的机制不同,分为直接筹资与间接筹资。直接筹资是指不通过金融中介机构,由资金供求双方直接协商进行的资金融通。通过商业信用、企业发行股票和债券方式进行的融资均属于直接融资。间接筹资则是由企业通过银行和其他金融中介机构间接地向资本的最初所有者筹资,它的基本形式是银行或非银行金融机构从零散储户或其他委托人那里收集来的资本以贷款、购买企业股票或其他形式向企业融资。

(4) 按资金来源的方式不同,分为内部筹资与外部融资。内部筹资是指企业在内部通过留用利润而形成的资本来源。外部融资是指吸收其他经济主体的储蓄,以转化为自己投资的过程,它需要从金融市场上筹集。

(二) 企业筹资渠道和筹资方式

我国企业主要筹资渠道包括:①国家财政资金;②银行信贷资金;③非银行机构资金;④其他单位资金;⑤社会和企业内部职工集资;⑥外商资金;⑦企业自留资金。

筹资方式是指企业筹措资金所采用的具体形式。目前企业的筹资方式主要有吸收直接投资、发行股票、银行借款、发行债券、融资租赁、商业信用等。

二、权益资金的筹集

权益资金的筹集方式主要有以下 3 种。

(1) 吸收直接投资。吸收直接投资是指企业按照共同经营、共担风险、共享利润的原则直接吸收国家、法人、个人、外商投入资金的一种方式。出资方式可以是现金、实物,也可以是工业产权、土地使用权等。

(2) 发行普通股。普通股是股份有限公司发行的无特别权利的股份,是最基本、最标准的股份，是作为股东向公司承担责任和享受相应权利的股份。

普通股的基本特征包括：①没有到期期限，不能直接收回成本；②股利具有不确定性；③是权益性证券。

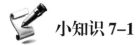小知识 7-1

普通股股东的权利

普通股股东的权利主要有公司的管理权(包括表决权、查阅权、监督权、阻止越权的权利、分享盈余权、股份转让权、优先认股权、剩余财产要求权)。股东的责任主要是以出资额为限对公司债务承担有限责任。

(3) 发行优先股。优先股是具有某种优先权的股票，是股东权益的组成部分，具有债券和股票的双重特性。

优先股的特征包括：①优先股具有一定的优先权，即优先取得股息，优先分配公司的剩余财产等，故优先股的风险比普通股小；②优先股的股息预先确定，从公司税后利润中支付；③优先股没有到期期限；④优先股没有参与公司经营管理权限。

三、负债资金的筹集

负债资金的筹集方式主要有以下 4 种。

(1) 银行借款。银行借款是指企业向银行或其他金融机构借入的需要还本付息的款项。

(2) 发行债券。公司债券是企业为筹集资金而发行的用以记载和反映债权债务关系的有价证券。

(3) 融资租赁。融资租赁又称资本租赁，它是与租赁资产所有权相关的风险和收益在租赁业务发生时，由出租方转移至承租方的一种租赁方式。

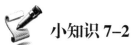小知识 7-2

融资租赁和经营租赁

融资租赁是指承租人按照租赁合同在资产寿命的大部分时间内可以使用资产，出租人收取租金，但不提供维护、保养等服务，承租人在租赁期内对资产拥有实际控制权，租赁期满后，租赁物通常归承租人所有。融资租赁的优点主要是筹资速度快，限制条件少，资产淘汰风险小，税收负担轻，财务风险小。缺点是资金成本高，租金额通常要高于资产价值量的 30%。

经营租赁是指以不转让租赁财产所有权为前提的中短期租赁。在经营性租赁中，出租人不仅要提供资产的使用权，而且应提供重大的维修和财产保险等服务。经营租赁的特点是租赁期短，一般不超过资产寿命的50%；承租人可随时提出租赁资产的要求；租赁合同灵活；不转让资产所有权；不构成承租人的负担。

(4) 商业信用。商业信用是指商品交易中的延期付款或延期交货所形成的借贷关系，是企业在经营活动过程中自发形成的直接信用关系。

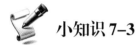

小知识7-3

各种负债资金筹集方式的比较

银行借款的优点是筹资速度快，成本低，借款弹性好。缺点是财务风险大，限制条款多，筹资数额有限。

发行债券的优点是相对于股票筹资方式，资金成本低，不会分散所有者权益；相对于借款筹资，筹资对象大，市场广。缺点是筹资风险大，筹资成本高于借款筹资，限制条件多。

融资租赁的优点是可以避开借款或债券筹资对生产经营活动的限制，不需要企业支付大量购设备款，筹资风险较小。缺点是成本较高。

商业信用的优点是形式多样，限制条件较少，容易取得，成本低。缺点是期限较短，在放弃现金折扣时所付出的成本较高。

四、资金成本与资本结构

(一) 资金成本

资金成本是指企业为筹集和使用资金而付出的代价，也称资本成本，包括使用费用(占用成本)和筹资费用两部分。筹资费用是指企业在生产经营过程中为获取资金而支付的费用，如向银行借款的手续费，股票、债券的发行费等，通常是在筹资时一次支付。使用费用是指企业在生产经营、投资过程中因使用资金而付出的代价，如向股东支付的股利、向债权人支付的利息等，是资金成本的主要内容。

资金成本的估算通常可以用绝对数和相对数两种方式表示。常用的方式是用相对数表示，即为使用费用与实际筹得资金的比率，公式如下：

$$资金成本率 = 资金的占用费筹资额/筹资费$$

现代公司进行投资，均必须充分考虑资金的成本，即使是自有资金也应该像外部筹资来对待，这是财务管理的一个很大的进步。

可用资金成本作为计算各种投资指标的贴现率，直接用于计算投资方案值得与否。若资金收益率低于资金成本，则该投资项目不可取。例如，某公司筹得利率为12%的长期资金，而项目投产后，年收益率仅为10%，则该项目不可取。

(二) 资本结构

资本结构是指企业各种资金的构成及其比例关系，尤其是指长期资金中债务资金和权益资金的比例关系。资本结构决策是企业筹资决策的核心问题。若企业资金中债务资金比重较大，则是高风险、高报酬的财务结构；反之，则是低风险、低报酬的财务结构。若企业负债过多，则会加大财务风险；负债过少，又将出现不能充分利用负债经营的作用提高企业的盈利水平的情况。

确定合理的资本结构需要综合考虑很多因素。总之，所谓最佳资本结构是指企业在一定时期内，使综合资金成本最低、企业价值最大化的资本结构。

第三节 资产管理

企业通过内部资金合理配置，优化企业资产占用结构和产品生产结构，保证企业资金的合理占用和有效使用，从而实现最大的经济效益。

一、流动资产管理

企业的流动资产是指可以在1年或超过1年的一个营业周期变现或耗费的资产，包括现金、交易性金融资产、应收账款和存货等。

(一) 现金管理

现金是指可以立即投入流通的交换媒介，包括库存现金、各种形式的银行存款，以及银行本票、银行汇票等。它具有普遍可接受性和最强的流动性等特点。

在通常情况下，企业都持有一定量的现金。根据著名的英国经济学家凯恩斯的观点，企业持有现金的动机主要有：交易动机，预防动机，投机动机。一般的现金管理的内容包括以下几方面。

(1) 编制现金预算。现金预算是现金管理的一个重要方法，目的是对预算期内重大的现金收支活动进行规划，根据对预算期内各项业务活动产生的现金流入和现金流出的预期，确定该期间的现金余缺，并对有关短期投资和短期融资事先做出安排。预算期不宜过长。

(2) 确定最佳现金持有量。现金流动性最强而获利能力最弱，企业持有过多现金，会降低企业的盈利水平。但若企业持有的现金过少，又可能出现现金短缺，加大财务风险。在现金持有量上存在着风险与报酬的权衡问题，确定最佳现金持有量的方法很多，如现金周转模式、存货模式和因素分析模式等方法。

(3) 现金的日常控制，包括加速收款、控制支出、合理持有现金、积极组织证券投资等。

(二) 交易性金融资产

交易性金融资产是指企业以赚差价为目的持有，准备近期内出售而持有的债券投资、股票投资和基金投资，如以赚取差价为目的从二级市场购买的股票、债券、基金等。

(三) 应收账款管理

应收账款是企业以赊销方式销售产品或提供劳务所形成的尚未收回的款项。

应收账款是企业为扩大销售、增加收入和盈利而用的一种商业信用手段。企业在运用这一手段时要掌握好信用标准。在给顾客赊销前，必须对其资产情况与所能提供的物资担保、经营情况及偿债能力和信用程度进行分析和评估，以确保是否赊销及赊销额度与期限。应收账款发生后，应采用正确的信用条件以加快货款的回收，减少坏账、呆账损失。企业在进行应收账款管理时，还应建立坏账准备金制度。根据现行制度规定，企业可以于年度终了时按照年末应收账款的3%～5%计提坏账准备金，计入管理费用。

(四) 存货管理

存货管理是指企业为销售和使用而储存的各种物品，包括各种原材料、燃料、包装物、低值易耗品、在产品、产成品等。

存货管理的一个重要内容是确定经济订货批量。存货的成本包括取得成本、存储成本和缺货成本三种。经济订货批量是指一定时期储存成本和订货成本总和最低的采购批量定货量。

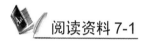
阅读资料 7-1

存货管理的作用

二、非流动资产管理

非流动资产包括固定资产、长期待摊费用、对外投资、无形资产、其他资产等。其中，固定资产和无形资产是其中的主体部分。

(一) 固定资产管理

1. 固定资产的概念

固定资产是指使用期限在 1 年以上，单位价值量在一定标准以上，并且在使用过程中能保持其原来物质形态的资产。

2. 固定资产的分类

现行制度对固定资产是按其经济用途和使用情况进行综合分类的，采用这一分类方法，可把企业的固定资产分为：①生产经营用固定资产；②非生产经营用固定资产；③租出固定资产；④不需用固定资产；⑤未使用固定资产；⑥土地；⑦融资租入固定资产。

3. 固定资产的日常管理

为了提高固定资产的使用效率，保护固定资产的安全完整，固定资产的日常管理工作主要包括以下几方面：①实行固定资产的归口分级管理；②健全固定资产核算记录；③按财务制度规定计提固定资产折旧；④合理安排固定资产的修理；⑤科学地进行固定资产的更新；⑥定期考核固定资产的使用效果。

(二) 无形资产管理

1. 无形资产的概念及特点

无形资产是指没有实物形态的资产。这些资产一般具有较大的经济价值，能为企业带来超值收益。无形资产的特点是：一般具有较大的经济价值，可以较长时间使用，给企业带来较大的经济效益，无形资产所提供的经济效益具有较大的不确定性。

2. 无形资产的内容

无形资产主要包括专利权、商标权、著作权、土地使用权和非专利技术等。

3. 无形资产的管理

无形资产的计价原则是依据实际取得成本计价。无形资产的作用一般都有一定的有效期限，其损耗是客观存在的，因此，无形资产应在有效期内进行摊销。

(三) 其他长期资产管理

其他长期资产主要指长期待摊费用。长期待摊费用是指不能全部计入当年损益，而应当在以后年度内分期摊销的各项费用。长期待摊费用实质上是一种费用，但由于数额较大，受益期较长，需要在一年以上的时期内分期予以摊销。其主要包括开办费、经营租赁租入固定资产改良支出和其他长期待摊费用。

第四节 损益管理

损益管理是根据一个企业的损益表，对其经营和管理成效进行综合控制的方法。损益表能够反映该企业在一定期间内收入与支出的具体情况，因而有助于从收支方面说明影响企业绩效的原因。

一、成本管理

(一) 成本费用概述

制造成本法是目前常用的计算和分配产品成本的方法。这种方法的特点是把企业一定期间的费用划分为产品制造成本和期间费用两部分，期间费用不进入产品成本而直接从当期损益中扣除。

(1) 制造成本。制造成本是企业生产经营过程中实际消耗的直接材料、直接工资、其他直接支出和制造费用、采用制造成本法计算出的产品成本。制造成本实际只计算到车间为止所发生的与生产产品有关的费用。

(2) 期间费用。期间费用是发生在各个生产经营期间，应由该期损益直接承担的各种费用。换言之，期间费用与生产经营期间直接相关，必须从当期收入中一次性扣除，直接体现为当期损益，不计入产品成本。

《企业财务通则》规定，工业企业在生产经营期间所发生的管理费用、财务费用、销售费用，商品流通企业的管理费用、财务费用、经营费用，统称为期间费用。这些费用虽不计入产品成本，但必须从当期收入中得到补偿。

(二) 成本管理的要求

(1) 正确处理好成本与产量、质量之间的关系。

(2) 正确划分多种费用支出的界限，保证成本及各种费用计算的准确性。

(3) 建立标准成本制度。在成本形成过程中实行全员控制，不断纠正偏差，找到降低产品成本的途径。

(4) 加强成本管理的各项基础工作，如定额管理、成本的各项原始记录、计量管理、验收和物资收发领退管理，以及落实全面成本管理责任制、实施企业内部价格管理等。

(5) 实施成本分析，及时发现和解决成本管理工作中的薄弱环节。

二、收入管理

(一) 营业收入的含义

营业收入是指企业在生产经营活动中，由于销售产品或提供劳务等经营业务所取得的收入，是企业一定时期经营成果的货币表现。企业的营业收入主要由主营业务收入和其他业务收入两部分组成。工业企业的主营业务收入是企业的基本业务收入，包括销售商品、产品和自制半成品，以及提供工业性劳务所取得的收入。其他业务收入即企业附营业务收入，包括销售原材料和固定资产、外购商品，以及固定资产和包装物出租、无形资产转让、提供非工业性劳务所取得的收入。

(二) 营业收入的管理

(1) 做好营业收入的规划。企业通过搜集市场信息，及时掌握市场需求变化情况，及时调整经营战略，做好业务规划，确保经营目标实现。

(2) 实施营业收入监控。企业按照计划的要求对生产经营活动的过程与结果进行监督管理，调整经营手段，扩大销售途径，积极完成销售计划，达到完成预定的经营目标。

(3) 落实营收稽核。及时、准确对营收业务、营收数据、营收资金、营收资金归集等进行稽查核对，并针对特定客户、特定产品开展专项稽核。

(4) 完善营收资金日常管理。做好销售预算，确定营业收入目标，建立营业收入目标责任制。掌握市场行情，合理确定商品产品价格。建立有效的销售信息系统。加强销售合同的管理，做好货款结算与回收工作，尽可能减少坏账数量。

三、利润及利润分配管理

(一) 利润及其构成

利润是企业在一定时期内生产经营成果的最终体现,在数额上表现为各项收入与支出相抵后的余额,是衡量企业经营管理水平的重要指标,包括营业利润、利润总额和净利润三部分。

营业利润＝营业收入－营业成本－营业税金及附加－销售费用－管理费用－财务费用－资产减值损失＋公允价值变动收益＋投资净收益

利润总额＝营业利润＋营业外收入－营业外支出

净利润＝利润总额－所得税费用

(二) 利润分配

利润分配是利润管理中相当重要的一部分内容。根据《企业会计准则》和《企业财务通则》的规定,企业的利润分配必须按有关规定以如下顺序进行。

(1) 支付被没收的财物损失和各项税收滞纳金与罚款。

(2) 弥补以前年度的亏损,即弥补超过国家规定税前利润抵补期限,应以税后利润弥补的亏损。

(3) 提取法定盈余公积金,即按税后利润扣除前两项后的10%提取。

(4) 投资者分配利润。企业以前年度未分配的利润,可以并入本年度向投资者分配。

第五节　财务分析

财务分析是财务管理的重要方法之一,它是对企业一定期间的财务活动的总结,是评价财务状况、衡量经营业绩的重要依据;是挖掘潜力、改进工作、实现理财目标的重要手段;是合理实施投资决策的重要步骤,为企业进行下一步的财务预测和财务决策提供依据。因此,财务分析在企业的财务管理工作中具有重要的作用。

一、财务分析概述

(一) 财务分析的含义和目的

财务分析,也称财务报表分析,是以企业财务报表和其他相关资料为依据,采用专门的方法和技术,系统分析和评价企业过去和现在的财务状况、经营成果及其变动情况的活动。

企业的财务分析同时肩负着双重目的:一方面,通过剖析和洞悉自身财务状况与财务实力,分析判断外部利益相关者财务状况与财务实力,从而为企业的经营决策提供财务信息支持;另一方面,从价值形态方面对业务部门提供咨询服务。

(二) 财务分析的基础

企业财务分析是以财务报告为基础,以日常核算资料及其他资料为补充。企业的财务报告主要包括资产负债表、利润表、现金流量表、其他附表和财务状况说明书。其中,资产负债表、利润表、现金流量表在企业财务分析中的作用尤为重要。

1. 资产负债表

资产负债表是反映企业一定日期财务状况的会计报表。它以"资产=负债+所有者权益"这一会计等式为依据,按照一定的分类标准和次序反映企业在某一个时间点上资产、负债及所有者权益的基本状况。

分析者通过对资产负债表的分析,可以了解企业的偿债能力、资金营运能力等财务状况,为债权人、投资者及企业管理者提供决策依据。表7-1是S公司的资产负债表。

表7-1 资产负债表

编制单位:S公司　　　　　　　　　年　月　日　　　　　　　　　单位:万元

资 产	期末余额	年初余额	负债和所有者权益(或股东权益)	期末余额	年初余额
流动资产:			流动负债:		
货币资金			短期借款	107	93
交易性金融资产			交易性金融负债	-72	0
应收票据			应付票据	26	29
应收账款			应付账款	52	40
预付款项			预收款项	11	11
应收利息			应付职工薪酬	897	867
应收股利			应交税费	-5	8
其他应收款			应付利息	0	0
存货			应付股利	0	0
一年内到期的非流动资产			其他应付款	77	28
其他流动资产			一年内到期的非流动负债	0	10
流动资产合计			其他流动负债	0	0
非流动资产:			流动负债合计	271	222
可供出售金融资产			非流动负债:	0	0
持有至到期投资			长期借款	72	62
长期应收款			应付债券	0	0
长期股权投资			长期应付款	0	0
投资性房地产			专项应付款	0	0
固定资产			预计负债	0	0
在建工程			递延所得税负债	4	0
工程物资			其他非流动负债	0	0

(续表)

资　产	期末余额	年初余额	负债和所有者权益(或股东权益)	期末余额	年初余额
固定资产清理			非流动负债合计	76	62
生产性生物资产			负债合计	347	285
油气资产			所有者权益(或股东权益):	0	0
无形资产			实收资本(或股本)	50	50
开发支出			资本公积	59	59
商誉			减：库存股	0	0
长期待摊费用			盈余公积	23	23
递延所得税资产			未分配利润	143	132
其他非流动资产			所有者权益(或股东权益)合计	276 867	265 863
非流动资产合计				0	0
资产总计			负债和所有者权益(或股东权益)总计	624 363	551 043

2．利润表

利润表是反映企业在某一特定期间内的收入、成本和费用、利润情况的财务报表，它是反映企业一定期间生产经营成果的会计报表，表明企业运用所拥有的资产进行获利的能力。我国一般采用多步式损益表格式。损益表反映的内容有以下几点。

(1) 构成主营业务利润的各项要素。主营业务利润＝主营业务收入－为取得主营业务收入而发生的相关费用(包括相关的流转税)。

(2) 构成营业利润的各项要素。营业利润＝主营业务利润＋其他业务利润－营业费用、管理费用和财务费用。

(3) 构成利润总额(或亏损总额)的各项要素。利润总额(或亏损总额)＝营业利润＋投资收益、补贴收入和营业外收支。

(4) 构成净利润(或净亏损)的各项要素。净利润(或净亏损)＝利润总额(或亏损总额)－本期计入损益的所得税费用。

(5) 每股收益。普通股或潜在普通股已公开交易的企业，以及处于公开发行普通股或潜在普通股过程中的企业，还应在利润表中列示每股收益的信息，包括每股收益和稀释每股收益两项指标。表 7-2 是 S 公司的利润表。

表 7-2　利润表

编制单位：S 公司　　　　　　　　　　　年　月　　　　　　　　　　　　单位：万元

项　目	本期金额	上期金额
一、营业收入	234 419	80 260
减：营业成本	195 890	63 599
营业税金及附加	6	160

(续表)

项　目	本期金额	上期金额
销售费用	13 077	10 596
管理费用	8 574	5 247
财务费用	3 539	2 507
资产减值损失	0	0
加：公允价值变动收益(损失以"-"号填列)	72	0
投资收益(损失以"-"号填列)	63	5 657
其中：对联营企业和合营企业的投资收益	0	0
二、营业利润(亏损以"-"号填列)	13 468	3 808
加：营业外收入	19	301
减：营业外支出	88	3
其中：非流动资产处置损失	29	-131
三、利润总额(亏损总额以"-"号填列)	13 399	4 106
减：所得税费用	2 395	434
四、净利润(净亏损以"-"号填列)	11 004	3 672
五、每股收益		
(一)基本每股收益		
(二)稀释每股收益		

3. 现金流量表

现金流量表是反映企业在某一会计期间内的现金流入和流出情况的财务报表，表明企业获得现金和现金等价物的能力。企业有三种现金流：经营活动、投资活动、筹资活动，从中可以分析企业的支付股利的能力、企业的资金增长潜力和企业的偿债能力。表 7-3 为 S 公司的现金流量表。

表 7-3　现金流量表

编制单位：S公司　　　　　　　　　　年　月　　　　　　　　　　单位：万元

项　目	本期金额	上期金额
一、经营活动产生的现金流量：		
销售商品、提供劳务收到的现金	197 817	89 237
收到的税费返还	0	0
收到其他与经营活动有关的现金	186	304
经营活动现金流入小计	798 003	89 541
购买商品、接受劳务支付的现金	169 045	68 745
支付给职工以及为职工支付的现金	6 718	4 018

(续表)

项　目	本期金额	上期金额
支付的各项税费	4 638	318
支付其他与经营活动有关的现金	10 311	10 977
经营活动现金流出小计	190 712	84 058
经营活动产生的现金流量净额	7 291	5 483
二、投资活动产生的现金流量：		
收回投资收到的现金	223	996
取得投资收益收到的现金	0	0
处置固定资产、无形资产和其他长期资产收回的现金净额	2	4 708
处置子公司及其他营业单位收到的现金净额	0	0
收到其他与投资活动有关的现金	0	0
投资活动现金流入小计	225	5 704
购建固定资产、无形资产和其他长期资产支付的现金	4 252	275
投资支付的现金	0	444
取得子公司及其他营业单位支付的现金净额	0	0
支付其他与投资活动有关的现金	0	0
投资活动现金流出小计	4 252	719
投资活动产生的现金流量净额	-4 027	4 985
三、筹资活动产生的现金流量：		
吸收投资收到的现金	0	0
取得借款收到的现金	47 839	52 714
收到其他与筹资活动有关的现金		
筹资活动现金流入小计	47 839	52 714
偿还债务支付的现金	33 600	38 700
分配股利、利润或偿付利息支付的现金	2 410	2 254
支付其他与筹资活动有关的现金	164	0
筹资活动现金流出小计	36 174	40 954
筹资活动产生的现金流量净额	11 665	11 760
四、汇率变动对现金及现金等价物的影响	0	0
五、现金及现金等价物净增加额	14 928	22 229
加：期初现金及现金等价物余额	72 861	50 632
六、期末现金及现金等价物余额	87 789	72 861

二、财务分析的方法

(一) 比较分析法

对两个或几个有关的可比数据进行对比,揭示财务指标的差异和变动关系,是财务报表分析中最基本、最常见的方法。最常用的有三种:单个年度的财务比率分析、不同时期的财务报表比较分析、与同行业其他企业之间的财务指标比较分析。

(二) 比率分析法

比较分析法相对简单,往往不能满足各有关利益相关方的需要。比如说,管理者想了解企业的债务情况和盈利情况,比较分析法就会显得力不从心。特别是当会计核算方法发生变更或者两家企业的会计核算上存在差异时,将会大大降低可比性。这时候就要用到比率分析法,将财务报表中彼此相关而性质不同的项目进行对比,求出比率,从而为相应的决策提供信息。

财务比率分析涉及公司管理的各个方面,比率指标也特别多,大致可分为以下几大类:经营效率分析、短期偿债能力分析、长期偿债能力分析、盈利能力分析、投资收益分析、现金流量分析。

(三) 因素分析法

因素分析法,也叫因素替代法,是依据一定的财务指标为对象,分析测算各个影响因素变化和财务指标变动之间的关系,从数量上确定各因素对财务指标的影响程度。在企业经济活动中,财务指标具有高度的综合性,一种财务指标的变动往往是受多种因素共同影响的结果,管理者常常需要了解财务指标的变动是受哪些因素影响及其影响的程度。

三、财务分析的种类

(1) 按财务分析主体的不同,可分为内部分析和外部分析。内部分析是企业内部管理部门对本企业的生产经营过程、财务状况所进行的分析。外部分析是企业外部的利益集团根据各自的要求对企业进行的财务分析。

(2) 按财务分析对象的不同,可分为资产负债表分析、利润表分析和现金流量表分析。资产负债表分析是以资产负债表为对象所进行的财务分析。从财务分析的历史看,最早的财务分析都是以资产负债表为中心,通过资产负债表可以分析企业资产的流动状况、负债水平、偿还债务能力、企业经营的风险等财务状况。利润表分析是以利润表为对象进行的财务分析。现金流量表分析是以现金流量表为对象进行的财务分析。现金流量表是资产负债表与利润表的中介,也是这两张报表的补充。

(3) 按财务分析方法的不同,可分为比率分析和比较分析。比率分析是将财务报表中的相关项目进行对比,得出一系列财务比率,以此来揭示企业的财务状况。比较分析是将企业本期的财务状况同以前不同时期的财务状况进行对比,从而揭示企业财务状况变动趋势,这是纵向比较。也可以进行横向比较,即把本企业的财务状况与同行业平均水平或其他企业进行对比,以了解本企业在同行业中所处的水平,以及财务状况中所存在的问题。

(4) 按财务分析目的的不同,可分为偿债能力分析、营运能力分析、盈利能力分析、发展能力分析和综合分析等。

四、主要财务分析指标

(一) 偿债能力分析

偿债能力分析是指对于偿还债务的能力所进行的相关分析,包括短期偿债能力分析和长期偿债能力分析两个方面。

1. 短期偿债能力分析

短期偿债能力,也称作企业产生现金的能力,取决于可近期转变为现金的流动资产的多少。换句话说,流动资产的多少是考察企业短期偿债能力的关键。

(1) 流动比率:流动比率=流动资产/流动负债。

一般认为,生产型企业合理的最低流动比率是 2。影响流动比率的主要因素有营业周期、流动资产中的应收账款数额、存货的周转速度。

(2) 速动比率:速动比率=(流动资产-存货)/流动负债。速动资产=流动资产-存货-预付账款-待摊费用。

通常认为正常的速动比率为1。用速动比率来判断企业短期偿债能力比用流动比率更能说明问题,因为它撇开了变现力较差的存货。一般认为速动比率维持在100%的水平比较好。在不同的行业,这个指标所应达到的标准也是不同的。影响速动比率可信度的重要因素是应收账款的偿债能力。

(3) 保守速动比率(超速动比率):保守速动比率=(现金+短期证券+应收账款净额)-流动负债。

显然,保守速动比率中考虑的是转变为现金能力最强的流动资产。

2. 长期偿债能力分析

长期偿债能力是企业偿付到期长期债务的能力,通常以反映债务与资产、净资产的关系的负债比率来衡量。

(1) 资产负债率(举债经营比率):资产负债率=负债总额/资产总额。

(2) 产权比率(债务股权比率):产权比率=负债总额/股东权益×100%。

产权比率高,是高风险、高报酬的财务结构;产权比率低,是低风险、低报酬的财务结构。资产负债率与产权比率具有相同的经济意义,两个指标可以相互补充。

(3) 有形资产净值债务率 有形资产净值债务率=负债总额/(股东权益-无形资产净值)。

有形资产净值债务率指标的实质是产权比率指标的延伸,更谨慎、保守地反映了企业清算时债权人投入的资本受到股东权益的保障程度。该指标不考虑无形资产(商誉、商标、专利权及非专利技术等)价值,表现出谨慎和保守的原则。从长期偿债能力来讲,有形资产净值债务率越低越好。

(4) 已获利息倍数(利息保障倍数)：已获利息倍数＝含税利润/利息费用。

只要已获利息倍数足够大，企业就有充足的能力偿付利息，否则相反。

小知识 7-4

由于举债经营可以给企业带来财务杠杆利益，同时也增加了财务风险，因此对于企业来说，资产负债率越高，企业扩大生产经营的能力和增加盈利的可能性就越大，但风险也随之增大，一旦经营不利，企业就可能陷入财务困境；反之，则相反。而对于债权人来说，资产负债率反映了企业对长期债权人偿还债务的能力。资产负债率越低，资产对债权人的保障程度就越高，企业的长期偿债能力就越强；反之，资产负债率越高，资产对债权人的保障程度越低。

(5) 长期债务与营运资金比率：长期债务与营运资金比率＝长期负债/(流动资产－流动负债)。

一般情况下，长期债务不应超过营运资金。

(二) 营运能力分析

营运能力是指通过企业生产经营资金周转速度的有关指标所反映出来的企业资金利用的效率，它表明企业管理人员经营管理、运用资金的能力。企业生产经营资金周转的速度越快，表明企业资金利用的效果越好，效率越高，企业管理人员的经营能力越强。营运能力分析包括流动资产周转情况分析、固定资产周转情况分析和总资产周转情况分析，具体指标包括以下几个。

(1) 流动资产周转率＝流动资产周转额(产品销售收入)/流动资产平均余额。

流动资产周转率指企业一定时期内主营业务收入净额同平均流动资产总额的比率，流动资产周转率是评价企业资产利用率的一个重要指标。在一定时期内，流动资产周转次数越多，表明以相同的流动资产完成的周转额越多，流动资产利用的效果越好。

(2) 存货周转率＝销售成本/平均存货余额。

存货周转率是指企业在一定时期内销售成本与平均存货余额的比率。存货周转率指标的好坏反映企业存货管理水平的高低，它影响到企业的短期偿债能力，是整个企业管理的一项重要内容。

(3) 应收账款周转率＝赊销收入净额/[(期初应收账款＋期末应收账款)]/2。

应收账款周转率是企业在一定时期内赊销净收入与平均应收账款余额之比。它是衡量企业应收账款周转速度及管理效率的指标。

(4) 营业周期＝存货周转天数＋应收账款周转天数。

营业周期是指从外购承担付款义务到收回因销售商品或提供劳务而产生的应收账款的这段时间。营业周期的长短是决定公司流动资产需要量的重要因素。较短的营业周期表明对应收账款和存货的有效管理。

(5) 资产周转率＝总营业额/总资产值。

资产周转率是衡量企业资产管理效率的重要财务比率，在财务分析指标体系中具有重要地位，体现企业经营期间全部资产从投入到产出的流转速度，反映企业全部资产的管理质量和利用效率。

(三) 盈利能力分析

盈利能力反映企业的获利能力，也称作收益性分析，它是衡量企业财务成果的重要尺度，投资者借以反映、判断企业的投资价值。常用如下指标：

(1) 毛利率：毛利率＝(销售收入－销售成本)/销售收入。

毛利率是销售毛利与销售收入的比率，反映企业的定价策略。毛利率与产品的性质有着密切关系，高档名牌产品往往有较高的毛利率，而大众产品的毛利率比较低。毛利率不直接反映企业的盈利能力。

(2) 净利率：净利率＝税后利润/销售收入。

净利率比较准确地反映企业通过销售赚取利润的盈利能力。

(3) 资产收益率：资产收益率＝税后利润/平均资产总额。

资产收益率是用以衡量企业运用所有投资资源所获的经营成效的指标。该比率越高，表明企业越善于运用资产。

(4) 股东权益收益率：股东权益收益率＝(税后利润－优先股股息)/股东权益。

该指标反映普通股资本的净盈利能力，用以说明投资者委托企业管理人员应用其资金进行经营活动所能获得的投资回报率。

(5) 主营业务利润率：主营业务利润率＝主营业务利润/销售收入。

(四) 发展能力分析

企业的发展能力即企业的成长性，是企业通过自身的生产经营活动，不断扩大积累而形成的发展潜能。

(1) 销售(营业)增长率＝本年销售(营业)收入增长额/上年销售(营业)收入总额×100%。

销售(营业)增长率是指企业本年销售(营业)收入增长额同上年销售(营业)收入总额的比率。该指标是衡量企业经营状况和市场占有能力，预测企业经营业务拓展趋势的重要标志，也是企业扩展增量和存量资本的重要前提。该指标若大于零，表示企业本年的销售(营业)收入有所增长。该指标值越高，表明增长速度越快，企业市场前景越好；反之，则企业市场前景越差。

(2) 资本积累率＝本年所有者权益增长额/年初所有者权益×100%。

资本积累率是指企业本年所有者权益增长额同年初所有者权益的比率，它可以表示企业当年资本的积累能力，是评价企业发展潜力的重要指标。该指标反映了企业所有者权益在当年的变动水平，体现了企业资本的积累情况。该指标越高，表明企业的资本积累越多，企业资本保全性越强，应付风险、持续发展的能力越大。该指标若为负值，表明企业资本受到侵蚀，所有者利益受到损害，应给予充分重视。

(3) 总资产增长率＝本年总资产增长额/年初资产总额×100%。

总资产增长率是企业本年总资产增长额同年初资产总额的比率。它可以衡量企业本期资产规模的增长情况，评价企业经营规模总量上的扩张程度。该指标越高，表明企业一个经营周期内资产经营规模扩张的速度越快。但在实际操作时，应避免资产盲目扩张。

(五) 投资收益分析

投资收益分析是用以衡量投资者的收益、报酬的指标，这是投资者的最终目标，同时也是测试企业获利能力的指标之一。常用如下指标进行分析。

(1) 普通股每股净收益：普通股每股净收益＝(税后利润－优先股股息)/普通股股数。

普通股每股净收益也称作每股盈利。通过该指标投资者不仅可以了解企业的获利能力，还可以通过每股净收益的大小来预测每股股息和股息增长率，以此来判断股票的内在价值，进而预测股价的走势。

(2) 股息发放率：股息发放率＝普通股每股现金股利/普通股每股净收益。

股息发放率指分派的现金股利与普通股应得收益之比，反映企业的股利政策。

(3) 股利报酬率：股利报酬率＝普通股每股现金股利/普通股每股市价。

股利报酬率是普通股每股现金股利与每股市价的比率。一般来说，股票投资的股利报酬率受银行利率水平变动的影响较大，利率高，股利报酬率亦高；利率低，股利报酬率亦低。因此，以牟利为目的的投资者应该关心该指标。

(4) 本利比、获利率：本利比＝普通股每股市价/普通股每股现金股利；获利率＝普通股每股现金股利/普通股每股市价。

本利比是获利率的倒数。本利比和获利率表明单位股票投资额所能带来的投资利润水平，与其股利不变时，本利比与股价同方向变动，获利率与股价反方向变动，因此可以判断股价走势。

(5) 市盈率：市盈率＝普通股每股市价/普通股每股净收益。

市盈率又称为本益比或价格盈利比。市盈率是投资分析中的极为重要的指标，可以反映投资者预期企业未来盈利成长的状况与股票价格的对应关系。

(6) 投资收益比率：投资收益比率＝净收入/资产总值。

该指标反应投入的资本所能赚到净利润的能力。

(7) 每股净资产：每股净资产＝(股东权益－优先股股本)/普通股股数。

该指标又称为普通股账面价值，它反映了普通股股东所拥有的资产价值，是股票市场价格中有实物资产作为支持的部分。如果每股净资产能够逐年提高，表明该企业的资本结构越来越健全，资产质量越来越好。

(8) 净资产倍率：净资产倍率＝该股票当日市场平均价格/每股净资产。

净资产倍率指上市企业股票每股市场价格与其发行企业每股自有资本额的比率。该指标可以衡量股票价格水平的合理性以及股票实际价值的高低。

第六节 本章小结

财务管理是企业组织财务活动、处理与各方面财务关系的一系列经济工作的总称。不同的财务管理目标，应采用不同的财务管理运行机制。

财务内容主要包括筹资管理、资产管理、成本费用管理、收入和利润管理、分配管理、财务分析等。

筹资管理包括权益资金的筹集和负债资金的筹集。

资产管理包括流动资产管理和长期资产管理。

损益管理包括成本费用管理、收入管理、利润管理。

财务分析基本内容主要包括经营效率分析、短期偿债能力分析、长期偿债能力分析、盈利能力分析、投资收益分析、现金流量分析。

主要概念

财务管理　损益管理　财务分析

主要观念

筹资管理　成本费用管理　企业财务状况综合分析

思考与练习题

1. 思考题

(1) 什么是企业财务及财务管理？

(2) 什么是资金成本？

(3) 如何进行企业偿债能力分析？

(4) 现代财务管理的最优目标是什么？

(5) 反映企业短期偿债能力的指标有哪些？

(6) 企业具体筹资方式有哪些？

(7) 保仕华公司拟发行普通股票投筹资，每股发行价为 10 元，发行股数为 1000 万股，发行费率为 2%，预期每年的股利率为 8%，所得税税率为 25%，则权益资金的成本是多少？

2. 实训题

实训项目一：分析资产负债表

【实训目的】

资产负债表是反映企业某一特定日期资产、负债、所有者权益等财务状况的会计报表。通俗地说，资产负债表就是企业的一份财产清单。在资产负债表上，企业有多少资产，是什么资产，有多少负债，是哪些负债，净资产是多少，其构成怎样，都反映得清清楚楚。

通过对资产负债表的分析，了解企业的财务结构和状况，特别是了解在编制时点时企业的财务状况。

【实训案例】

表 7-4 是天泰公司的一张资产负债表。

表7-4 天泰公司资产负债表

2017年12月31日　　　　　　　　　　　　　　　　　　　　　　单位：万元

资　　产	年初数	年末数	负债及所有者权益	年初数	年末数
流动资产			流动负债		
货币资金	50	70	短期借款	30	50
应收票据	30	60	应付票据	27	30
应收账款	60	40	应付账款	50	45
存货	45	30	应付工资	20	37
流动资产合计	185	200	其他应付款	10	8
固定资产			流动负债合计	137	170
固定资产原价	30	30	长期负债		
减：累计折旧	5	10	长期借款	30	25
固定资产净额	25	20	长期应付款	42	21
无形资产及其他资产			长期负债合计	72	46
无形资产	10	12	负债合计	209	216
长期待摊费用	5	5	股东权益		
其他长期资产	8	10	资本公积	15	19
无形资产及其他长期资产合计	23	27	盈余公积	9	12
			股东权益合计	24	31
资产合计	233	247	负债及股东权益合计	233	247

【分析】

我们首先可以从资产负债表中观察资金总额。不管资产负债表的项目有多少，其大项目只有3个：资产、负债、所有者权益。而这3个数字之间内存的数量关系就是资产等于负债加所有者权益。

从表7-4中资产总额年末数和年初数(年末数是指本年度的12月31日的数字，年初数是指上一年12月31日的数字)的比较中可以发现：期末的资产比期初增加了；表中，负债总额和所有者权益总额均有所增加。

从表中我们已经知道了资产、负债和所有者权益都是增加的，那么究竟是怎么增加的呢？

我们首先来看资产，从资产负债表中我们可以看出该公司的固定资产没有新投入的，由于累计折旧的增加，固定资产是减少的。无形资产及其他资产虽然有所增加，但增加的额度并不是很大，所以资产的增加主要是由流动资产的增加引起的。而流动资产中应收账款是减少的，这说明企业的收账政策是比较合理的，避免了坏款的风险，随着应收账款的减少表现的是货币资金的增加。另外，企业的应收票据增加了30万元，由此可见企业的流动资产增加主要是由应收票据的增加引起的。

下面我们再来看一下负债和所有者权益，从表中我们可以看出企业的长期负债是下降的，那么负债的增加主要就是由流动负债引起的。而流动负债中应付账款和长期应付款是下降的，流动负债引起的。而流动负债中应付账款和长期应付款是下降的，流动负债的增加主要是由应付票据、短期借款和应付工资引起的。所有者权益的资本公积和盈余公积都有所增加，引起了所有者权益的增加。

实训项目二：如何看懂损益表

【实训目的】

损益表又称利润表，是反映企业在一定会计期间经营成果的财务报表。通俗地讲，损益表就是企业收入和支出的流水账。在损益表中，通过反映企业在一个会计期间的所有收入(包括营业收入、投资收益、营业外收入等)与所有费用(包括销售成本、期间费用和营业外支出等)，并按照收入与费用的配比原则计算企业存续会计期间的利润或亏损。损益表是动态财务报表。

通过分析损益表，主要了解企业的主营业务收入、主营业务成本、主营业务税金及附加、其他业务利润、投资收益、所得税、净利润等。

【实训案例】

表 7-5 是天泰公司的一张损益表。

表 7-5 天泰公司损益表

2017 年度　　　　　　　　　　　　　　　　　　　　　　　　　　　单位：万元

项　　目	本　月　数	本年累计数
一、主营业务收入		300
主营业务收入净额		300
减：主营业务成本		167
主营业务税金及附加		48
二、主营业务利润		85
加：其他业务利润		25
减：营业费用		21
管理费用		19
财务费用		25
三、营业利润		45
加：投资收益		30
补贴收入		0
营业外收入		15
减：营业外支出		20
四、利润总额		70
减：所得税		23.1
五、净利润		46.9
加：年初未分配利润		15.1
六、可供分配的利润		62

【实训分析】

由表 7-5 我们可以看出，该公司的主营业务利润是 85 万元，其他业务利润是 25 万元，由此可见，该公司的主业还是比较突出的。从表中我们还可以看出该企业的营业费用、管理费用、财务费用分别为 21 万元、19 万元、25 万元，这说明该企业的费用支出还是比较大的，管理者应该想办法控制企业的费用。该企业的投资收益有 30 万元，说明该企业的投资策略是比较合适的。另外，企业的营业外收入是 15 万元，营业外支出就有 20 万元，营业外支出的数额较大，应引起管理者的重视。

由上例可以看出通过对损益表的分析，我们可以直观地了解一些企业的经营状况，但是我们只有把这些指标和同行业的其他企业的相同指标做比较或者与本企业以前的指标比较，才能使指标更有意义。

3. 案例分析题

企业生产经营状况综合评价

表 7-6 是对上海 H 食品厂 2017 年度会计报表进行分析后摘录的部分财务指标情况。

表 7-6　H 食品厂 2017 年部分财务指标情况

月份 指标	1	2	3	4	5	6	7	8	9	10	11	12
流动比率	2.2	2.3	2.4	2.2	2.0	1.9	1.8	1.9	2.0	2.1	2.2	2.2
速动比率	0.7	0.8	0.9	1.0	1.1	1.15	1.2	1.15	1.1	1.0	0.9	0.8
资产负债率(%)	52	55	60	55	53	50	42	45	46	48	50	52
资产报酬率(%)	4	6	8	13	15	16	18	16	10	6	4	2
销售净利率(%)	7	8	8	9	10	11	12	11	10	8	8	7

问题：

(1) 该企业的生产经营有什么特点？
(2) 该企业流动比率和速动比率的变动趋势为什么会产生差异？怎样消除这种差异？
(3) 企业资产负债率的变化说明什么问题？4 月份 55%的资产负债率说明什么问题？
(4) 资产报酬率与销售净利率的变动趋势说明什么问题？
(5) 企业在筹资和投资方面应该注意些什么？

第八章

人力资源管理

【学习目标】
♦ 理解人力资源管理的相关概念
♦ 领会人力资源管理的内容和特点
♦ 掌握人力资源管理的指导原则
♦ 了解人力资源管理的一般方法

黄金台招贤

如何将企业治理好,一直是管理者的一个"研究课题"。有的研究有素,也就治理有方;有的研究无得,也就治理失败。要治理好企业,必须网罗人才,古代燕昭王黄金台招贤,便是最著名的例子。

《战国策·燕策一》记载:燕国国君燕昭王(公元前311—前279年)一心想招揽人才,而更多的人认为燕昭王仅仅是叶公好龙,不是真的求贤若渴。于是,燕昭王始终寻觅不到治国安邦的英才,整天闷闷不乐的。

后来,有个智者郭隗给燕昭王讲述了一个故事,大意是:有一国君愿意出千两黄金去购买千里马,然而时间过去了三年,始终没有买到,又过去了三个月,好不容易发现了一匹千里马,当国君派手下带着大量黄金去购买千里马的时候,马已经死了。可被派出去买马的人却用五百两黄金买来一匹死了的千里马。国君生气地说:"我要的是活马,你怎么花这么多钱弄一匹死马来呢?"

国君的手下说:"你舍得花五百两黄金买死马,更何况活马呢?我们这一举动必然会引来天下人为你提供活马。"果然,没过几天,就有人送来了三匹千里马。

郭隗又说:"你要招揽人才,首先要从招纳我郭隗开始,像我郭隗这种才疏学浅的人都能被国君采用,那些比我本事更强的人,必然会闻风千里迢迢赶来。"

燕昭王采纳了郭隗的建议,拜郭隗为师,为他建造了宫殿,后来没多久就引发了"士争凑燕"的局面。投奔而来的有魏国的军事家乐毅,有齐国的阴阳家邹衍,还有赵国的游说家剧辛,等等。落后的燕国一下子便人才济济了。从此以后一个内乱外祸、满目疮痍的弱国,逐渐成为一个富裕兴旺的强国。接着,燕昭王又兴兵报仇,将齐国打得只剩下两个小城。

管理之道,唯在用人。人才是事业的根本。杰出的领导者应善于识别和运用人才。只有做到唯贤是举，唯才是用，才能在激烈的社会竞争中战无不胜。

"千军易得，一将难求"，现实生活中，也许我们不可能像燕昭王一样筑"黄金台"，但是，我们难道不可以借用报刊一角，筑起"招贤台"，招聘贤才么？

人才就是效率，人才就是财富。得人者得天下，失人者失天下。

资料来源：http://blog.sina.com.cn/s/blog_4bce1b4d0101rdgb.html

第一节　人力资源管理概述

市场竞争的实质是人才的竞争，在当今这个信息化时代，各国竞相争夺的除了类似石油这种不可再生能源外，当属人力资源最为宝贵和稀缺。因此，人力资源管理的成效，人才选择、培育激励及保留等政策措施是否得当，直接关系到企业竞争的成败。

一、人力资源的含义

人力资源是指在一定区域范围内具有智力劳动能力和体力劳动能力的人的总和。对一个组织而言，人力资源是指在生产过程中投入的具有劳动能力的人的总量。人力资源的构成有两个要素：一是人力资源的数量，它是人力资源总量的基本指标，表现人力资源量的大小；二是人力资源的质量，它是人力资源的素质指标，表现人力资源质的高低。

二、人力资源的特征

人力资源与物质资源相结合才能生产出新的产品，相对于物质资源而言，人力资源有以下特点。

(1) 人力资源的生物性。人力资源的载体是人，人是万物之灵，人统治着这个世界，但人毕竟是一种生物，是一种高等生物，也像其他生物一样有维持生理功能的需要。人力资源虽是具有知识、经验、智力与体力等劳动能力的总和，但它总是存在于人体之中，是有生命的"活"资源，与人的生理特征相联系。

(2) 人力资源的能动性。人力资源与其他资源本质的区别就在于它的能动性。这种能动性体现在人的活动的两个方面：一方面是人的活动的目的性。人是有思想、情感和思维，能够有意识、有目的地利用其他资源去实现自己的目标的高级生物。与人力资源相反，其他资源都是"死"的，总是处于被利用、被改造的地位。另一方面是它的创造性。人类的创造性思维使得人类社会不断地向前发展，过去的许多梦想，甚至是神话，如飞天、登月、入海等经过一代又一代人的努力，今天已经成为现实，人类的创造性使人类社会具有无限的发展潜力。

(3) 人力资源的再生性。人力资源的再生性体现在两个方面：一方面，自然资源被消耗后一般不会再生出来，人力资源不同，人力资源在劳动的过程中被消耗后还可以通过人类的自身繁衍而连续不断地再生出来。另一方面，人力资源在使用的过程中会发生有形和无形损耗。有形损耗是指人自身的疲劳和衰老；无形损耗是指人的知识和技能落后于社会和科技的发展，但是人可以通过继续教育不断更新知识，提高技能，通过工作可以积累经验，充实提高，所以人力资源能够实现自我补偿、自我更新、自我丰富和发展，在使用的过程中实现其自身的增值。

(4) 人力资源的时效性。人是人力资源的载体。人是有生命周期的，人的生命周期决定了人力资源开发的时效性，人力资源的开发利用必须遵循人的生命周期的规律，以取得最好的效果。如果人的能力得不到及时的开发和利用，不仅荒废了人的年华，也浪费了最宝贵的人力资源。

(5) 人力资源的社会性。人力资源的实质是一种社会资源，人力资源总是与一定的社会环境相联系的，它的形成、配置、开发和使用都是一种社会活动。人总是在某一集体团队中从事劳动，脱离了社会，人就不能正常地成长与发展，人类社会对人力资源的形成具有重要的作用。

三、人力资源管理的含义

人力资源管理是根据心理学、社会学、管理学等所揭示的人的心理及行为规律，运用现代化的科学方法，对可利用的潜在的人力资源进行合理的组织、培训、开发、调配，使人力与物力保持协调，同时对人的思想、心理和行为进行激励、控制，充分发挥人的主观能动性，使人尽其才，事得其人，人事相宜，以取得最大经济效益，实现组织的战略目标。

四、人力资源管理的内容

在一个组织中，凡是与人有关的事情都与人力资源管理有关。作为人力资源管理部门，主要的工作内容涉及4个方面：选人、育人、用人和留人。

(一) 选人

在人力资源管理的过程中，选人包括人力资源的计划和招聘。

选人是人力资源管理的非常重要的第一步。选人者本身要有较高的素质和相应的专业知识。选人者只有知道什么是人才，才能招聘到真正的人才；选人者只有具有相应的专业知识，才能鉴别人才。候选者来源应尽量广泛，一般情况下，候选者越多，来源越广泛，越容易选出合适的人才。被选者层次结构要适当，选人时应考虑最适合的人，并不是每个岗位都选择最高层次的人才，有时高级的人才反而干不好低层次的工作。

(二) 育人

育人即培育人才。在人力资源管理的过程中，育人包括人力资源的培训与开发。

育人是人力资源管理的重要内容之一。育人要因材施教，每个人的素质、经历、知识水平不同，应针对每个人的特点采用不同的培训内容和方式。育人要坚持实用的原则，一定要同实践联系起来，学以致用。要避免育人不当，要让那些需要提高、能够做出更大贡献的人得到培训的机会。

(三) 用人

在人力资源管理的过程中,用人主要包括组织结构的设计及通过职务分析在每个职位上安排合适的人。

用人是人力资源管理的目标,只有用人用得好,组织工作才有成效。用人一定要坚持量才录用的原则,人才要安排在适当的岗位上,用人不当、大材小用和小材大用都对组织不利。大材小用造成人才的浪费,小材大用也会给组织造成损失。岗位设置应尽量使工作内容丰富化,枯燥、呆板的工作会使人感觉乏味,工作热情降低,从而降低工作效率。

(四) 留人

在人力资源管理的过程中,留人主要是对人的工作绩效进行科学公正的评价,给予合理的报酬和适当的激励。

留住人才是人力资源管理部门的重要职责,留不住人才是组织的损失,是人力资源管理部门的失职。因此,组织要做好如下几方面的工作:一是合理的薪酬。薪酬不仅仅是衡量一个人贡献的大小,往往也是衡量一个人的价值能不能得到体现,事业是否成功的标准。二是个人的发展前景。个人对发展前景的预测对留住人才也很关键,人才有时会为了前途而放弃对金钱的过多要求而留在组织继续工作。三是组织文化。在一个有良好组织文化的组织里工作,人际关系和谐,心情较为舒畅,人才也会乐于为组织做贡献。

五、人力资源管理的特点

人力资源管理是一门综合性、应用性学科,具有如下特点。

(1) 综合性。人力资源管理实质是对人的管理。由于人不仅涉及经济因素和政治因素,还涉及社会因素、组织因素、心理因素和生理因素等,因此,人力资源管理不仅涉及经济学、社会学、管理学,还涉及心理学、生理学和人类学等。它是一门建立在多种学科基础上的学科。

(2) 实践性。人力资源管理的理论和方法均来源于实践中对人的管理的经验,人力资源管理的研究注重实践,注重应用研究,注重回答和解决实践中提出来的对人管理的各方面的问题,并在实践中检验其理论与方法的科学性。

(3) 动态性。科学技术在不断地发展,社会也在不断地向前发展;环境在不断地变化,人对世界的认识也在不断深入。人力资源管理的研究也是这样,在研究和实践中发展和完善,人们在人力资源管理的研究探索中,不断丰富、不断修正已有的观点和结论,从而推动这门科学不断地向前发展。

第二节 人力资源的规划与招聘

组织的生存和发展需要一支高素质的员工队伍,这支高素质的队伍的形成绝不是一朝一夕的事情。选到适合组织发展的人才,做好人力资源的规划和招聘,获取高质量的人才是人力资源管理的开端和重要环节。

一、人力资源规划

(一) 人力资源规划的含义

人力资源规划是指根据组织的战略规划，通过对组织未来的人力资源的需求和人力资源的供给状况分析和预测，采取职务制定、员工招聘、测试选拔、培训开发等手段，使组织的人力资源的数量与质量能够满足组织发展的需要，从而保证组织的永续发展。

(二) 人力资源规划的目的

人力资源规划的主要目的是组织在适当的时候获得适当的人员，最终实现人力资源的最有效配置。其具体可分成两个方面：一方面，人力资源规划是为了满足变化的组织对各种人力资源的需求(包括数量、质量、层次和结构等)；另一方面，人力资源规划是为了最大限度地开发利用组织内现有的人员的潜力，使组织及其员工的需求得到充分满足。

(三) 人力资源规划的内容

组织的人力资源规划工作不是一蹴而就的，它是一个从收集信息到发现问题、分析问题、解决问题的过程。这一过程包括以下几个环节。

(1) 组织外部和内部环境分析。制定人力资源规划必须以组织的内外环境为依据，做出不同的人力资源策略。外部环境如国家的政策法律、人力资源的总体状况、竞争对手状况等；内部环境如组织内的人力资源状况、组织的战略目标等，是组织制定规划的硬约束。任何人力资源规划都必须考虑这些因素。

(2) 人力资源的需求预测。在考虑组织内外部环境和组织的战略目标的基础上，根据组织的实际情况，制定人力资源战略，确定组织的组织结构和工作设计。在此基础上对组织发展中所需要的人力资源的数量、质量、层次和结构进行预测。

(3) 人力资源的供给预测。人力资源的供给预测是组织在现有的内部和外部人员供给的基础上，根据组织的现有条件和发展战略，确定组织在将来的各个时点上的人数及内部和外部人力资源的可供给量。

(4) 人力资源的供需比较。通过对人力资源的需求和供给的预测比较，从而确定人力资源的质量、数量、结构和分布情况，确定组织各个阶段的人力资源策略。

(5) 供需不平衡的解决。在人力资源供需比较的基础上，制订人力资源供求的总计划及各项业务计划，提出调整人员供求的具体措施。

(四) 人力资源规划程序

如图 8-1 所示，人力资源规划的过程一般包括准备阶段、预测阶段、实施阶段和评估阶段 4 个步骤，各阶段需要完成的工作主要包括以下内容。

图 8-1　人力资源规划程序

(1) 准备阶段：根据企业的发展规划，结合企业现有人员及职务人员、职务可能出现的变动情况、职务的空缺数量等，掌握企业整体的人员配置状况，确定人力资源需求的大致情况。

(2) 预测阶段：在人员配置和职务计划的基础上，合理预测各部门的需求状况。应注意将预测中需求的职务名称、人员数量、希望到岗时间等详细列出，并据此有目的地实施日后的人员补充计划。

(3) 实施阶段：根据预测的情况，通过人力资源的总体规划和业务规划，制订具体的计划并实施，使企业对人力资源的需求得到正常的满足。

(4) 评估阶段：对人力资源规划实施的效果进行评估，既评估规划实施的过程，包括开展的主要工作、采取的具体措施及落实情况等，又评估规划实施的效果，包括成本收益分析、所取得的实际成效等。对实施过程中出现的问题，要分析原因，总结经验，为今后的规划提供参考。

二、人力资源的招聘

(一) 招聘的意义

招聘，就是招募、选择和聘用组织所需要的人力资源。人力资源的招聘是确保组织生存和发展的一项经常性、必不可少的重要工作。人力资源招聘的意义是十分重大的，组织与组织之间的竞争，实质上是人才之间的竞争。从组织的内、外部招聘到合适的高素质的人才可以为组织注入新的管理思想，带来新的技术，增添新的活力。招聘已成为组织创造经济效益的重要途径之一，也是组织自我宣传的过程，同时，也有利于人力资源合理流动，实现人力资源的最有效配置。

(二) 招聘的原则

人力资源的招聘不仅是组织内部的事情，而且是一项经济性、社会性的工作，在招聘中应注意如下几条原则。

(1) 少而精原则。可不招的不招，可少招的少招，一定要人尽其用。

(2) 效率优先原则。招聘也是一种商业行为，一定要考虑投入产出，降低成本，但不能一味地降低成本而达不到招聘的效果，把握好度很重要。

(3) 公平竞争原则。只有通过公平竞争才能使人才脱颖而出，才能吸引真正的人才，才能起到对人才的激励作用。

(三) 招聘的人才的来源

根据招聘对象的来源不同，一般可分为内部招聘和外部招聘两种。

1. 内部招聘

内部招聘是指由组织内部的人员来填补组织内部的职位空缺。内部招聘的方式主要有两种：一是工作调换，是指职务级别不发生变化，只是工作岗位的变动，从而填补职位的空缺。二是提升，是指从组织的内部提拔合适的人员到更高一级的工作岗位，填补职位的空缺。

内部招聘有如下优点：第一，内部人员对组织内部的环境和状况比较熟悉，能较快地适应新的工作；第二，管理者对组织内部的人员比较了解，招聘到的人员更加可靠，对人才的使用也更加熟悉；第三，为组织内部的员工提供可发展的机会，具有较好的激励作用，调动员工的积极性，增强员工的责任感；第四，可以简化招聘程序，缩短招聘时间，节约招聘的成本。

2. 外部招聘

当组织内部提供的人员不能满足空缺职位的数量和质量要求时，需要从组织的外部招聘和补充人员。常见的外部招聘的方式有3种：一是招收高等院校的毕业生；二是通过就业、人才服务机构或猎头公司；三是通过网络、报纸、电视等媒体广告。

外部招聘有如下优点：第一，外部招聘人员的来源广泛，很可能招聘到高素质的人才；第二，外部招聘可以招聘到组织所缺乏的新行业、新技术的人才；第三，外部招聘能给组织带来外部的先进管理思想与技术。

小思考 8-1

在人才招聘会上，很多求职者抱怨找不到合适的用工单位，而企业单位则感叹招聘不到合适的人才，那么企业到底需要什么样的人才？

答案：

企业招人：不招最优秀的，而招最合适的。

企业用人：既有理论，又有实践经验的。

企业培养：谦虚好学，有吃苦创新精神的。

专业人才：需要企业来培养，真正的技能是在实际操作中培养的。

人才是能创造最大利润的、能为企业创造价值、能够促进企业发展的人。

(四) 人力资源选拔的过程

人力资源选拔是指对应聘者的甄选过程，其一般程序如下：

(1) 资格初审，是指通过审阅应聘者的应聘申请表和个人资料，判断应聘者是否符合职位的基本要求，为了更广泛地挑选人才，应让符合基本要求的应聘者均参与下一轮的竞争。

(2) 面试，是指企业对通过资格初审的应聘者，采用面试这个双向交流的方式来观察和了解其知识、思想、经历、态度、进取心、应变能力、适应能力、领导能力、人际关系能力等，对应聘者有更深层次的了解的一种方式。面试是选拔人才的一个重要环节，对于层次越高的人才，越富于挑战性的岗位，越非常规性的工作，面试就越重要。

(3) 测试，也叫测评，主要包括智能测试、心理测试、性格测试、品格测试等，是在面试的基础上进一步对应聘者进行了解的一种手段。测试可以消除面试过程中主考官的主观因素对面试的影响，提高对应聘者认识的客观准确性。

(4) 背景和资格的确认，是指人力资源部门对应聘者的背景和资格进行验证，包括核查其学历、工作经历、以往表现等。

(5) 有关主管决定是否录用。

(6) 体检。决定录用后通知应聘者进行体验。

(7) 试用、正式录用。经过上述选拔合格后，就可以安排其在相应的岗位上试用。为观测其与拟安排岗位的适应程度，一般都有一个试用考察期。试用考察期长短由工作的性质决定，试用考核合格者则予以正式录用。

阅读资料8-1

腾讯公司应聘面试流程

第三节　人力资源的开发与培训

在组织运行中，员工会因知识陈旧、观念老化、技术落后而无法适应工作，人力资源像其他资源一样也会消耗磨损。但是，人力资源具有再生性，人力资源的开发与培训是促使人力资源再生的重要途径之一。开发与培训是提高员工素质、开发人的潜能的重要手段。某种意义上说，从一个组织是否重视员工的开发培训就可以预测其未来的竞争力。

一、人力资源开发培训的含义

人力资源开发培训是指组织为了使员工获得或改进与工作有关的新知识、新观念、新技能、动机、态度和行为，以利于提高员工的工作效率，提高组织的绩效，所进行的有计划、系统的各种学习、教育和训练等。

二、影响培训重要度的因素

影响组织培训重要度的因素很多，一般而言有如下几种。

(1) 组织的战略与前景。组织的战略与前景越远大，未来就需要越多的高素质的人才，人力资源的开发培训就越重要。

(2) 组织的发展阶段。处于启动期、成长期的组织，其规模在发展扩大，对人力资源的数量、质量要求也较高，培训也更重要。

(3) 组织所处的行业的特点。不同的行业对培训的要求也不一样，处于新行业、高新技术行业、环境比较复杂的行业和变化较大的行业的员工的知识技能更容易老化，培训也就更重要。

(4) 竞争的激烈程度。竞争越激烈，对人的素质要求也就越高，培训也就越重要。

三、培训的类型

从不同的角度来划分，就有不同的培训类型。

(一) 在职培训和脱产培训

从是否脱离工作岗位来划分，有在职培训和脱产培训两种类型。在职培训是指在不脱离工作岗位的情况下对员工进行的岗位培训，培训内容与工作现场实际运作相结合，强调实践性和针对性，指导者由有一定的资历、经验丰富的员工担当，接受培训的人具有一定的知识技能，通过培训使其在知识技能上能够提高到新的高度和广度。在职培训中常见的方式有岗位轮换、担任助理等。脱产培训是指离开工作岗位一段时间，由组织内、外的人员对接受培训的人员进行集中的教育指导训练。常见的方式有组织内部的集中培训、一些组织外部机构举办的培训或研讨、参加高等院校的学历或非学历教育等。

(二) 学历教育和非学历教育

从取得的资格来分，有学历教育和非学历教育两种类型。学历教育是指通过参加正规的学校学习，取得国家教育主管部门认可的文凭，从而提高个人的文化素质和技能的教育手段。非学历教育是指接受不能取得国家教育主管部门认可的文凭的教育，主要是岗位或职务培训等，其目的是从工作的实际出发，围绕职位的特点进行针对性的培训。

四、培训的内容

培训的内容大致可分为三类：一是传授员工以知识，当今世界发展变化很快，知识更新的速度也很快，只有不断地学习，才能跟得上时代发展的要求；二是提高员工的技能，包括专业技术技能、管理技能、人际技能等；三是强化员工的精神和责任感，包括员工的奉献精神、团队精神等，使员工能够以更好的精神状态投入到工作中去。

五、常见的培训方式

培训的方式较多，常见的有以下几种。

(1) 讲授法。这是最常见的方法，主要由培训者讲述知识，受训者学习知识。这种方法特别适用于培训对象人数较多的情况。在知识更新速度不断加快的时代，人们不可能事事都去亲身体验，仅靠个人自学所能获取的知识也是有限的，集中一定的时间接受别人传授的知识，可以加快知识更新的速度。

(2) 研讨会。研讨会一般是组织者提出研讨会的主题，参加研讨会的人员首先掌握有关材料，在组织者的主持下进行研究交流，从而达到提高对某些问题的认识或找到解决问题的方法的目的。研讨会的形式有很多，如循序渐进式、组合式、快速联想式、模拟游戏式，不同的形式适合不同的培训内容和不同的受训人员。

(3) 专题研究法。专题研究法是指由受训人员组成的研究小组承担某一个研究题目，经过一段时间的文件、资料查阅和情况调查与了解，写出研究报告，受训人员从这种专题研究中得到能力锻炼并提高业务水平的一种方法。

(4) 案例研究法。这是一种培训决策能力和解决问题能力的有效方法。这种方法首先让受训者阅读、了解一个描述完整的经营管理问题的案例，然后让受训者组织讨论，找出一个适当的解决问题的方法。通过讨论，受训者在分析信息、处理问题、做出决策等方面的能力得到提高。

(5) 角色扮演法。这种方法一般是在一个模拟真实的情景中，有两个以上的受训者扮演组织中不同岗位的角色，模拟指定的活动，训练其在复杂情况下处理问题的能力。受训者扮演的角色往往是工作情景中经常接触到的人，如上司、下属、同事、客户等。这种方法比较适用于培训人际关系的技能。

(6) 仪器模拟法。在这种训练中，用仪器来模拟真实的场景，受训者可以直接与机器进行"人机"对话，以达到当实际情况出现时能够做出正确的反应并能够最终应用于实践的目的，如飞机驾驶训练等。

(7) 敏感性训练法。一般由10人左右组成小组，每组配备一名观察组员行为的培训师，培训时没有比较固定的日程安排，讨论的问题往往涉及小组形成的"现时、现地"的问题，从而提高受训者的人际技能，主要问题集中在：为何参与者的行为会如此？人们是怎样察觉他人的情感的？人的情感是如何相互作用的？

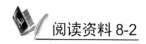
阅读资料8-2

培训为什么无效

第四节 组织设计与职务分析

组织设计和职务分析是人力资源管理的一项基础性工作，旨在全面掌握组织中各级、各类、各个岗位工作的性质、功能、特点和对任职人员的要求。组织设计和职务分析是提高组织效能、改善人力资源管理状况的重要环节。

一、组织设计的概念

组织是由不同功能、不同规模的部门组成的，而不同的部门又是由更小的部门和各个职位组成的。一个合理的组织结构是和组织的目标、组织的内外环境相适应的。组织设计就是根据组织的目标和战略及组织的内外环境的发展变化，对组织内的部门及岗位的结构关系进行确定或改变的过程。

二、职务分析的含义

职务分析是指对组织中某个特定的职务岗位的目标、职责、权力、职权关系、工作条件、任职资格等相关信息进行收集，通过分析对该职务的工作做出明确的规定，规定完成该职务所需要的行为、条件、人员。职务分析的结果是形成可供实际操作的职务描述和任职说明。职务描述和任职说明是组织用人的主要依据，它与人力资源的规划、招聘、调配、培训、考核、报酬特别是人员配置有密切的关系。

三、职务分析的内容

职务分析一般包含两方面的内容：一是确定职务的具体的特征和职责；二是职务对任职人员的要求。前者称为职务描述，后者称为任职说明。

（一）职务描述

职务描述主要说明职务的特征、职责和目标、环境条件、聘用条件等。
(1) 职务的特征，包括职务的名称、职务的隶属关系、职务的权力范围等。
(2) 职务的职责和目标是职务描述的主体部分，包括所要完成的工作任务与负担的责任需要达到的目标、执行任务所需的条件、工作的流程与规范、与其他人的工作关系、接受监督及监督的性质和内容等。
(3) 环境条件，包括自然条件和社会条件。
(4) 聘用条件，描述职务人员有关的工作安置和职务待遇，包括工作时间、工资结构、福利待遇、培训晋升的机会等。

（二）任职说明

任职说明主要是任职要求，一般有如下几项内容。
(1) 学历要求：所接受过的教育情况、知识水平等。
(2) 经历要求：所完成过的工作、所担任过的职务等。
(3) 技能要求：包括技术技能、管理技能、人际技能等。
(4) 学习能力要求：接受新知识、学习新技能的能力。
(5) 体能要求：健康状况、体力等。
(6) 精神要求：工作的责任感、工作的态度、团队精神和奉献精神等。

四、职务分析的方法

收集信息是职务分析的前提，也是职务分析的主要工作。职务分析的方法很多，单独使用任何一种方法都有其局限性，在做职务分析时一般是结合运用几种方法。职务分析一般有如下几种方法。

(1) 观察法。观察法是职务分析人员在工作现场观察某一职务任职者的工作过程，将观察的结果记录下来加以分析的方法。这种方法的特点是能够在自然状态下较全面和深入地了解岗位工作人员外在的活动，一般适用于分析从事重复性和大量标准化劳动的操作性岗位。

(2) 访谈法。这种方法适用于工作任务周期长、工作行为不易直接观察的工作，能够了解任职者的工作动机、工作态度等较深层次的内容，有助于发现一些关键的信息。访谈的对象一般有三种：任职者本人、职务上司、职务相关人员。职务分析人员要与被访谈者建立良好的沟通关系，使之能够将情况客观真实地反映出来，一般都需要预先准备好结构化、标准化的提纲，注意控制访谈的趋向和进度，防止离题或变成诉苦邀功的机会。

(3) 工作日志法。这种方法要求任职者将工作时间内所有活动和行为如实地记录下来，累积到必要的工作量，作为分析的对象。工作日记法的可靠性比较高，适用于收集工作职责、工作内容、工作关系、劳动强度等方面的信息，比较适用于工作循环周期比较短、状态比较稳定的职位。

(4) 资料分析法。这是一种利用现有的资料记录来进行分析的方法。例如，责任制文件可以为职务描述提供较大的帮助。岗位责任制是我国企业长期推行的制度。岗位责任制规定了岗位的责任和任务，根据组织的具体情况，对岗位责任制增添一些必要的内容，则可形成一份较完善的职位描述和任职说明书。

(5) 调查表法。这是一种根据职务分析的目的、内容等编制调查表，由相关人员填写后回收整理的方法。调查表法的适用范围较广。一般调查表应包括如下资料：任职者的基本资料、工作的时间要求、工作的内容、工作的责任、所需的知识技能、工作的劳动强度和工作环境等。

五、职务评价

职务评价是确定各个职务在组织中的重要程度，即职位的相对价值的依据，是绩效评价、薪资分配的重要依据。职务价值是指各个职务对于组织所具有的价值，也就是各个职务对组织达到组织的目标所做的贡献的大小。职务评价一般有如下几种方法。

(1) 总体排序法。按照一定的规则对各个职位的重要性进行排序。这种方法比较适用于职位较少的组织。

(2) 分级法。先把职位划分为若干等级，并确定每个等级的具体的衡量标准，然后利用标准去量度每个职位，并划入相应的等级。

(3) 要素加权评分法。先选择与职位价值相关的要素，并确定各种要素的权重，然后对各个职位的各个要素进行评分，再对各要素的评分加权求和，从而得到职位的职务价值系数。

阅读资料8-3

岗位分析和评价基本术语

第五节 绩效评价

绩效即工作成绩、效率、效果，包括员工完成工作的数量、质量、成本及为组织做出的其他贡献。绩效评价是人力资源管理中最棘手但也是最重要的任务。

一、绩效评价的含义

绩效评价是一种衡量、评价员工绩效的正式系统，是按照一定的标准，采用科学的方法，检查和评定员工对职务所规定的职责的履行程度，是促进和确认员工的工作成绩、改进员工工作的有效方式，是确定员工报酬的基础，也是员工晋升的根据，是提高组织效率和经营效益的一种管理方法。

绩效评价与职务评价不同。职务评价的对象是职务岗位，衡量每个职务岗位的功能及其在组织中的地位和作用，职务评价为绩效评价提供了标准。绩效评价的对象是在岗位上的人员，衡量岗位上的人员的工作表现，判断其是否达到了职务描述书上的要求，是否达到了岗位的目标，判断其是否称职。

二、绩效评价的原则

绩效评价的目的是通过对员工全面综合的评价，判断员工的工作业绩，切实保证员工的报酬、晋升、调动、职业技能开发、辞退等项工作的科学性。科学的绩效评价是十分重要的，做好绩效评价必须坚持以下原则。

(1) 坚持公开、公正、公平的原则。
(2) 坚持定性评价与定量评价相结合的原则。
(3) 坚持经常化、制度化原则。
(4) 坚持多层次、多渠道、全方位的原则。

三、绩效评价的内容和指标

由于绩效评价的对象、目的和范围复杂多样，因此绩效评价的内容也复杂多样，但就其基本内容而言，主要包括4方面：工作态度、工作能力、工作总量和工作业绩，即通常所说的德、能、勤、绩。

在确定绩效评价的内容之后，遇到的一个难题是态度、能力、总量和业绩是通过哪些指标来表现的，怎么把这些指标进行量化。例如，要衡量一个销售人员的工作业绩时，需用销售额、利润率、销售增长率和市场占有率等指标来衡量其业绩。能够全面衡量绩效的指标体系是复杂的，在实际的绩效评价过程中，要尽量找出那些与绩效直接相关、能最大限度地反映绩效的指标，这些用于沟通和评估绩效的定量化或行为化的标准就是关键指标。

关键指标的制定，不仅要从组织的战略出发，考虑关键指标评估的过程、结果和监控，而且要经过一系列的测试，以确保关键指标的客观、相关和可量化等特性。在确定关键指标时应注意几个原则：一是具体性。绩效指标要切中特定的工作目标，适度细化，而且随情景的变化而变化。二是可度量性。绩效指标是数量化的或者行为化的，验证这些指标的数据或信息是可以获得的。三是可实现性。绩效指标是在岗位人员付出努力的情况下可以实现的。四是现实性。绩效指标是现实存在并可验证的，不是假设的。五是时限性。绩效指标要使用一定的时间单位，即完成这些指标是有时限的。

确定关键指标之后，管理者还应根据需要赋予指标权重。指标的权重表明该指标在整体评价中的相对重要程度，确定权重是对被评价对象不同侧面的重要程度的定量分配，以便根据不同的评价指标在总体评估中的作用进行区别对待。确定的指标的权重是否合理将影响到绩效评价的效度。

确定关键指标及其权重有几种常用的方法：一是专家直接判定法。这种方法是专家了解各方面信息、听取各方面意见之后，根据个人的经验和对各项指标重要程度的认识，做出直接的判断。二是排序法。这种办法是由专家组来完成的，根据不同的评价对象和目的，专家的构成可以不同。专家组成员根据自己的判断对评价指标的重要性进行排序，然后将评估的结果反馈给专家组成员，如此两三次反复进行，予以确定。三是层次分析法，将所有的指标在方格矩阵中按纵横方向分别排列，进行两两比较，按照其重要度不同，标示出其比较值，填写在对应的方格中，再综合分析各个指标的重要程度。这种方法是对主观判断做出形式表达、处理和客观的描述，克服了简单的两两比较法的不足，提高了比较的精确度。

四、绩效评价的人员

绩效评价是由人来完成的，其过程和结果极易受到参与评价人员的主观因素的影响，由谁来参与考评，是一个影响考评效果的重要因素。由于不同的人员观察问题的角度不同，得出的结果也不尽相同，因此，考评结果往往是由几类人员的考评结果按照一定的权重结合而成的。一般有下列几类人员参与考评。

(1) 直接上司考评。直接上司考评是绩效评价的重点。一是因为直接上司对下属的工作内容和结果较为熟悉；二是直接上司对下属的工作负有管理责任。

(2) 同事考评。由于同事的工作关系密切，日常接触频繁，在一些需要相互配合才能完成的工作中，员工的贡献、沟通能力、工作的态度等，通常同事比较了解。

(3) 下属考评。由于下属对上司的信息沟通、工作任务的委派、资源的分配、协调下属矛盾、公正处理下属之间的关系等方面较为了解，下属参与考评往往能反映出平时看不到的东西。

（4）自我考评。由于自我对工作最为了解，容易发现一些别人发现不了的东西，让员工的观点得到最大限度的表达。但由于人往往都会较多地看到自己的成绩，较多地看到别人的缺点，自我考评往往高估自己，自我考评时每个人的公正程度不一样，对考评的结果影响也较大。

（5）专家委员会考评。为了克服上述人员参与考评所具有的主观偏见，可以成立以上级领导、员工代表和人力资源专家等方面的人员组成的委员会，进行全方位、多层次的考评。这种考评的结果往往更可信、更公正和更有效。

五、绩效评价的方法

在确定评价的指标和考评人员后，就应该考虑用什么方法来评价绩效。绩效评价是人力资源管理中一项技术性、科学性较强的经常性工作，准确地评价一个人的工作绩效需要简单易行而又科学、有效的评价办法。不同的办法所得到的评价结果是有差异的，所以，选择和使用什么样的方法也是绩效评价的关键环节，应结合组织的特点，依据评价的目的、对象和要求，科学地选用有效的评价方法。

（1）评分表法。由考评人对员工的每一评价指标做出评分，然后将得分加权相加，得到最终的评价结果。合理的评价指标及权重是评分表法的基础。

（2）评级法。按照正态分布的规律对评价的结果划分几个等级，确定每个等级的人数，从高到低把参加评价的人员划分到不同的等级中。

（3）排序法。按照绩效表现从好到坏的顺序依次给员工排序。这种绩效可以是整体的绩效，也可以按绩效的各个指标来排序，再进行综合分析。这种方法适合参加考评的人数较少的考评。

（4）两两比较法。两两比较法是在某一个绩效指标上把每一个员工同参加考评的所有员工一一进行比较来判断谁"更好"，记录每一个员工与其他员工比较的"更好"的次数，依据得到"更好"的次数由高到低排序。

（5）关键事件法。为每一位被考评的人设置一本"考评记录"，在整个考评时期内由考评人随时记录被考评人所做的较突出的、与工作绩效有关的事情，记录的是具体的事件和行为，不做评判，最后依据这些记录做出绩效评价。

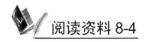
阅读资料8-4

绩效工资制

第六节　本章小结

人力资源管理是对人力资源进行合理的组织、培训、开发、调配，使人力与物力保持协调，同时对人进行激励、控制和协调，充分发挥人的主观能动性，使人尽其才，事得其人，人事相宜，从而体现人的价值，实现组织的目标。作为人力资源管理的工作内容和目标表现在4个方面：选人、育人、用人和留人。

组织的生存和发展需要一支高素质的员工队伍，这支队伍的形成首先需要选好人。做好人力资源的规划和招聘是人力资源管理的开端和重要环节。

人力资源开发培训的目的是使员工获得或改进与工作有关的新知识、新观念、新技能、动机、态度和行为。在组织的运行中，员工会因知识陈旧、观念老化、技术落后而无法适应工作的要求，人力资源的开发与培训是促使人力资源再生的重要途径之一。

组织设计和职务分析是为了全面掌握组织中各级、各类、各个岗位工作的性质、功能、特点和对任职人员的要求，为人员的规划与招聘、开发与培训、人员的任用和调配、绩效考核和人员激励等提供依据，是提高组织效能的重要环节。

绩效评价是衡量、评价员工绩效的系统，是促进和确认员工的工作成绩、改进员工工作的有效方式，是确定员工报酬的基础，也是员工晋升的根据，是人力资源管理的重要内容。

主要概念

人力资源管理　职务分析　绩效评价

主要观念

人力资源管理内容　职务分析的方法　确定绩效评价关键指标的方法

思考与练习题

1. 简答题

(1) 什么是职位评价？什么是绩效评价？两者有何区别？

(2) 人力资源管理的内容是什么？人力资源管理有何特点？

(3) 什么是人力资源开发与培训？其中培训的主要方式有哪些？

(4) 什么是职业生涯规划？其对个人和组织有何意义？

(5) 绩效评价的指标和方法的选择对绩效评价的结果有何影响？

2. 实训题

5～6人一组，到一家熟悉的企业调研人力资源规划情况。了解所选择的企业人力资源规划的主要内容，分析所选择的企业人力资源规划存在的主要问题，应用所学知识，在小组内部进行分析和讨论，并提出小组的对策和建议。

3. 案例分析题

培训人才是主业，生产饮料是副业

培训人才已成为可口可乐经营理念的一部分。在中国各地都有训练中心、管理学院，对不同等级、不同岗位的员工给予不断的训练。

1. 分级制的培训制度

在可口可乐公司，培训分为高、中、低三级。

高层员工的培训主要是以总部培训发展组提供的培训项目为主，如每年挑选一些高级经理去清华大学接受外国教授一个月的培训。

对中层员工的培训则主要侧重于他们掌握新的管理知识、新的技能，优秀者去厦门大学培训一个月。

一般员工培训则侧重于本职岗位的专业技能，在培训中主要抓住潜力好、能力强的员工进行重点培训，这些培训主要是给他们多提供一些新领域的知识与技能，以达到升职后工作岗位的需求。

而企业中层的重点员工与基层的重点员工，一般来说是企业培训的重点，公司会集中资源对他们进行强化培训。

在业务技能的培训上，可口可乐系统的培训是经常性、全员性的。如对于新的业务员，由老的业务骨干(业务主任、经理)在本单位内定期或不定期进行业务培训；对于老业务骨干则分批到上层管理部门(称为可口可乐管理学院)参加培训，不断从实践的总结和理论的指导上提高业务技能。

2. 分享系统培训经验

关于系统培训，现在可口可乐在中国大概有 10 000 多名员工(包括全国的 22 个装瓶厂)，也有很多相关行业的人员。

可口可乐系统本身是全球性的，可口可乐也派送员工到美国总部，跟其他同事学习交流；还有菲律宾、东南亚、澳大利亚、泰国，都有不同的销售人员、市场人员、人力资源人员、公关人员，有很多交流机会，整个系统经验分享是十分重要的。

3. 企业理念的培训

任何一个企业都少不了企业理念的培训，可口可乐也不例外。

理念灌输是可口可乐系统培训工作的基本内容。可口可乐系统创始人关于"可乐的成功来自于每一名员工从每一天的每一件事情认真做起"的教诲更是成为大家的信条与行为指南。

可口可乐也许是全球最重视文化建设并且文化建设最成功的企业之一，其文化不但已成为美国文化的象征，甚至有成为全球文化象征的趋势。这正是可口可乐目前努力希望达到的目标之一。

可口可乐的培训哲学非常有韵味，"市场上需要培训什么就培训什么"。

一般而言，企业生产产品时更强调以顾客需求为导向，有需求才有市场，才会有利润。企业在做员工培训的时候，也需要以需求为导向，一方面是企业的需求，企业需要员工知道什么、提高哪些技能；另一方面是员工的需要，包括工作需要或者精神需要等。

另外，可口可乐提出了市场需要，社会不断进步的过程中，对企业也会不断提出新的要求和挑战。因此，根据市场需要对员工进行培训，不仅有利于产品的开发，更是企业与时俱进的必要条件。

总结

在经历了一百多年后，可口可乐除了经典味道和经典文化，它在人力资源管理方面的创新和想象力也值得寻味。

可口可乐不仅在寻找人才方面下足功夫，还建立了人力资源的大数据平台，实时传递品牌归属感。

可口可乐鼓励员工不断学习，并予以激励，让员工从自然人变成"可口可乐人"，想象力MAX！

资料来源：http://www.hr.com.cn/p/1423416164

问题：

(1) 可口可乐的员工培训体系有何特点？

(2) 可口可乐的员工培训对我国企业培训有何借鉴意义？

第九章

企业文化

【学习目标】
- ◆ 理解和掌握企业文化的概念
- ◆ 了解企业文化的特点
- ◆ 掌握企业文化的内容与功能
- ◆ 理解和掌握企业文化建设的指导原则与实施步骤
- ◆ 熟悉企业形象战略的含义及基本内容

 引入案例

除年终奖外，企业文化与管理制度备受求职者关注

临近春节，各个企业开始陆续开办年会，年终奖也会在春节前后发出。有些公司选择在年底或者春节前发出，认为这样有助于稳定员工的军心；有些公司则选择在春节之后发出，认为可以防止员工在年后离职。其实，相比于企业左右权衡年终奖发放时间来挽留人才，企业的文化及管理制度对于留住人才更加有效。

相关人士表示，企业文化往往代表企业的灵魂，好的企业文化能够辅助引导员工树立奋斗目标，带动员工从企业角度思考问题，从而主动承担更多责任，员工也得以更快速成长。而企业管理制度相当于骨骼，支撑着企业的健康发展。优秀的管理制度能够提高员工的积极性，激励员工创造更多价值，同样也使员工更大化地实现自身价值。二者的完善能为企业及职场人带来除利益外更重要的价值，比起年终奖的诱惑，企业文化和管理制度也更被求职者看重。

某企业人事部负责人宋先生表示，在使用58同城招聘的过程中，他发现以前求职者大多关注薪资福利等问题，近几年却有了一些转变。"如今越来越多求职者都会通过58同城的微聊及职位问答功能联系我们，向我了解关于公司的管理制度、企业文化的信息。"这也从侧面表明了企业文化及管理制度对于求职者来说越来越有吸引力。同时宋先生也补充表示："在使用58同城的过程中，我通过微聊功能和求职者沟通，能够初步判断对方是否符合相应职位的要求，然后进行筛选。这样减少了很多无效的面试，大大节省了时间，公司的招聘效率也提高了不少。"

58同城招聘相关负责人强调，企业在发展过程中，不断提升企业文化，完善企业管理制度，有利于增强企业凝聚力，进而防止人才流失，还可以吸引更多优秀人才加入。而58同城招聘作

为国民招聘大平台,将继续为求职者打造更便捷的求职平台而努力,助力企业与用户形成高效匹配。

资料来源:http://www.cb.com.cn/gdbb/2018_0131/1222966.html

第一节 企业文化的概念与特点

企业文化具有鲜明的个性和时代特色,是企业的灵魂,它是构成企业核心竞争力的关键所在,是企业发展的原动力。在全球经济一体化的大背景下,面对出现的新挑战和新机遇,企业应该加强文化建设,以增强内部凝聚力和外部竞争力。

一、企业文化的概念

关于企业文化的概念,有许多不同的表达,尚未形成一个统一的认识。其中有代表性的有以下几种。

美国学者威廉·大内是较为明确、集中而完整地给出企业文化概念的第一人。他说:"一个企业的文化由其传统和风气所构成。此外,还包含一个企业的价值观,如进取、保守或灵活,这些价值观成为企业员工活动、建议和行为的规范。管理人员以身作则,把这些规范灌输给员工,再一代一代地传下去。"

美国学者约翰·P. 科特和詹姆斯·L. 赫斯克特认为:"企业文化是指一个企业中各个部门,至少是企业高层管理者们所共同拥有的那些企业价值观念和经营实践……是指企业中一个分部的各个职能部门或地处不同地理环境的部门所拥有的那种共同的文化现象。"

美国学者特雷斯·E. 迪尔和阿伦·A. 肯尼迪认为:"企业文化是企业上下一致信奉和遵循的无形的行为规则,包括价值观、英雄人物、典礼仪式、文化网络。这四个要素的地位及作用分别是:价值观是企业文化的核心;英雄人物是企业文化的具体体现者;典礼和仪式是传播和强化企业文化的重要方式;文化网络是传递和反馈企业文化信息的通道。"

总之,西方学者所说的企业文化,一般是指在一个企业内形成的独特文化观念、价值观、历史传统、习惯、理想、道德规范和行为准则等。依赖于这些文化,组织内部各种力量统一于共同的指导思想和经营哲学。同时,西方学者较为一致地认为,企业文化的核心是价值观。价值观是企业成功的原动力,它远远高于技术或经济的资源及组织结构等因素所起的作用。

我国学者魏杰认为:"企业文化,就其形式来讲,它属于人的思想范畴,是指人的价值理念;而就其内容来讲,则是企业制度与企业经营战略在人的理念上的反映,是从内在上约束和激励人的价值理念。"

我国学者刘光明认为:"企业文化有广义和狭义之分,广义的企业文化是指企业物质文化、行为文化、制度文化、精神文化的总和,狭义的企业文化是指以价值观为核心的企业意识形态。"

综合以上说法,我们认为,所谓企业文化,是指企业在生产经营过程中,经过企业领导者长期倡导和员工长期实践所形成的具有本企业特色的、为企业成员普遍认同和遵守的价值观念、信仰、态度、行为准则、道德规范、传统及习惯的总和，以企业成员共享的价值体系为核心。

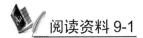

中国企业文化发展概括

二、企业文化的特点

企业文化作为一种文化，除了具有一般社会文化的特点，如文化的后天可得性、文化的共享性、文化的整体性、文化的适应性、文化的强制性、文化的民族性和差异性、文化的开放性和继承性外，还具有以下几个特点。

(1) 人本性。企业文化最本质的内容就是强调人的价值观、道德、行为规范等"本位素质"在企业管理中的核心作用。作为企业，重视员工身体素质的提高、智力素质的开发是其工作的重要内容，但更重要的是对员工道德情操、价值观、行为准则、敬业精神、责任心、纪律性等人本素质的开发、培育和塑造。人是整个企业中最宝贵的资源和财富，"企"字充分地表达了企业无"人"即"止"的意思。离开了人，一切机器、设备可能成为一堆废铁；离开了人本素质，一切操作技术、专业知识、业务能力等或许也只能成为可能性生产要素，企业的一切活动都将成为一句空话。所以，有人把企业文化的实质概括为：以人为中心，以文化引导为根本手段，以激发企业员工自觉行为为目的的独特的文化现象和管理思想。

(2) 独特性。企业文化产生于不同企业，而每个企业都有自己的历史、类型、性质、规模、人员素质等。企业在经营管理的发展过程中，必然会形成具有本企业特色的价值观、企业精神、经营理念等，因此每个企业形成的企业文化也各不相同。因其鲜明的个性和独特性，企业文化难以模仿。例如，甲企业优秀的企业文化，是能被甲企业成员认同的一套价值体系，能极大地促进甲企业的发展，但它不一定能适合乙企业，不一定能被乙企业成员认同，对乙企业未必能起到促进作用。

(3) 软约束性。企业文化对员工有规范和约束的作用，而这种约束作用总体来看是一种软约束。它通过其核心价值观对员工熏陶、感染和诱导，建立起企业内部合作、友爱、奋进的文化环境及协调和谐的人际关系，自动地调节员工的心态和行动，并通过对这种文化氛围的心理认同逐渐内化为员工的主体文化，使企业的共同目标转化为成员的自觉行动，使群体产生最大的协同合力。

(4) 相对稳定性和连续性。企业文化是随着企业的诞生而产生的，具有一定的稳定性和连续性，能长期对企业员工行为产生影响，不会因为日常细小的经营环境的变化或个别员工的去留而发生根本变化。

但是，企业文化也要随企业内外经营环境的变化而不断地充实和变革。由于市场在变化，社会在发展，因此必然要求企业的经营思想、管理行为及生活观念等要适应这种变化，塑造和形成新的企业文化。因此，在保持企业文化相对稳定的同时，企业也要注意保持企业文化的弹性，与时俱进，及时更新、充实，才能紧跟时代潮流，立于不败之地。

三、新经济时代企业文化的基本特征

经济全球化、知识经济和可持续发展成为当今人类社会发展的三大主题。在充分认识时代背景、深入考察以信息化为基础的新经济之后，不难发现，无论是基本的价值观念，还是具体的行为准则，新时代企业文化都将在很大程度上不同于工业经济中传统企业文化模式。新时代企业文化至少有以下几个基本特征。

(1) 速度文化。新经济时代的竞争异常激烈，要求企业快速反应、高效运作，速度是其制胜的法宝。信息技术的迅速发展，尤其是互联网的普及，使得传统竞争因素的重要性在不断减弱，而新的竞争越来越表现为时间竞争。企业只有以最快的速度开发研制产品，快速投放市场，把握市场先机，才能抢占制高点并在竞争中立于不败之地。这就要求企业建立一套快速反应和运行机制，从各个环节来不断渗透速度文化。企业可以通过数字化工具改造或缩短管理和运行流程来实现高速度，但更重要的是要营造出充分发挥知识和智能效率的企业文化氛围，使员工能适应快速多变的商业环境。

(2) 学习文化。学习给企业带来利益和机会。知识的积累依赖学习，创新的起点在于学习，环境的适应需要学习，应变的能力来自学习，这就必须建立一种重视学习、善于学习的文化氛围，因而企业应建立学习型组织，不断增强学习能力，通过不断的学习和消化各种知识来适应外部环境的变化和调整内部的组织结构，推动企业的变革和发展。现代企业只有作为一个不断学习的组织，才能够创造、寻求及转换知识，才能根据新的知识与领悟调整行为。正所谓终身学习，永续经营。

(3) 创新文化。在信息化背景下，创新的作用得到空前强化，并升华成一种社会主题。创新变成了企业的生命源泉。创新文化就是要让企业的每一位员工都深刻理解企业在激烈的市场竞争中"人无我有，人有我优，人优我转"的理念和"穷则变，变则通，通则久"的游戏规则。从制定企业中长期发展战略、市场定位、年度营销计划、人力资源规划到具体实施的每一个环节，企业都要有创新意识，都要制定和选择多套应变方案。因为新经济的特征之一就是创意经济，根据客户和市场的需求在产品、技术和服务上不断创新是现代企业的生存发展之道。

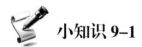

小知识 9-1

知识经济

1982 年奈斯比特在《大趋势》中提出了"信息经济"的概念，知识经济是与农业经济、工业经济相对应的概念。在这里，知识是指人类社会所创造的一切知识，其中包括科学技术、管理和行为科学的知识。在传统的经济增长理论中注重的是劳动力、资本、原材料和能源，认为知识和技术是影响生产的外部因素。知识可以提高投资回报率，而这又可反过来增进知识的积累，人们可以通过创造更有效的生产组织方法及产生新的改进的产品和服务而实现上述目的。联合国经济合作与开发组织将知识经济定义为建立在知识和信息的生产，分配和使用之上的经济。

资料来源：http://baike.baidu.com/item/%E7%9F%A5%E8%AF%86%E7%BB%8F%E6%B5%8E/22646？fr=aladdin

(4) 虚拟文化。在互联网上产生的不仅仅是新技术、新经济，还是一种新文化。伴随着互联网的广泛应用，人们对企业尤其是IT企业、广告业和现代新闻出版业的外观形象描述不再是高档写字楼、水泥墙或其他有形空间所围成的实体，而是通过互联网和通信终端连接所形成的虚拟企业，并以虚拟资本、金融系统为主要依托进行经济活动，由此产生了相应的虚拟文化。

互联网上的"虚拟企业网站""虚拟大学(网络远程教育学院)"的成功经验表明："虚拟"并不意味着"虚无缥缈"，而是"虚中有实"。虚拟文化使得企业的运作具有灵活、柔性、合作、共享、快速反应、高效输出等特点，并通过企业的有效运作为企业带来大量的有形资产。

(5) 融合文化。经济全球化导致竞争的内涵发生变化，现代企业竞争模式从过去的恶性竞争逐步转向既竞争又合作的新型"竞合"关系，要求企业必须不断融合多元文化。同时，经济全球化也为企业文化的融合铺平了道路，让身处这个时代的企业成为跨文化的人类群体组织。多元优于一元，合作大于竞争，共享胜过独占，企业有了包容性的融合文化，就能突破看似有限的市场空间和社会结构，实现优势互补和资源重组，在更高的程度上完成双赢或多赢的商业运作。

(6) 品牌文化。品牌文化的本质是通过企业的一流工作、一流服务向顾客提供一流的产品，进而取得一流的市场营销效果。因此，品牌文化不仅要求企业有创名牌的物质技术条件，更重要的是要求企业有与名牌产品相对应的高素质的员工队伍和科学、规范、严格的现代企业管理。前者的"硬件"再好、再先进，若没有后者的"软件"配合，创名牌只能是一句空话。从众多企业的实践看，持之以恒、百折不挠、长期奋斗是成功创造名牌的至关重要的条件。

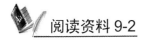

无印良品的极简思维："贩卖"
朴实哲学和极简美学的禅意品牌

第二节　企业文化的内容和功能

企业文化是一个组织由其价值观、信念、企业精神、道德规范、行为准则等组成的特有的文化形象，各要素共同构成了有机完整的结构体系。在当前市场竞争加剧的背景下，企业文化在企业管理中发挥着越来越重要的作用。

一、企业文化的内容

企业文化的内容按结构分为 4 个层次：一是深层的企业精神文化；二是中层的企业制度文化；三为浅层的企业行为文化；四为表层的企业物质文化。

(一) 企业的精神文化

企业的精神文化是指企业成员共同信守的基本信念、价值标准、职业道德及精神风貌，是企业文化的主体内容。就精神文化建设的主要内容来说，其包括企业哲学、企业价值观、企业精神、企业道德、企业目标、企业宗旨等方面的内容。

(1) 企业哲学也称为企业经营哲学，实际上是企业在生产经营管理过程中的全部行为的根本指导思想，是企业领导者对企业发展战略和经营策略的哲学思考。当今世界企业成功经营的哲学观念最重要的有以下几点。

① 质量观。质量是企业的生命。
② 用户观。顾客就是上帝。
③ 竞争观。有竞争才有活力。
④ 效率观。效率就是成功，就是金钱。
⑤ 人才观。人才是企业最宝贵的资源。
⑥ 创新发展观。只有创新，企业才能发展。
⑦ 利润观。在为社会提供产品或服务的同时，争取利润最大化。

(2) 企业价值观是企业全体成员所拥有的信念和判断是非的标准，以及调节行为与人际关系的导向系统，是企业文化的核心。对企业而言，价值观为企业生存和发展提供了基本方向和行动指南。它的基本特征包括以下几点。

① 调节性。企业价值观以鲜明的感召力和强烈的凝聚力，有效地协调、组合、规范、影响和调整企业的各种实践活动。
② 判断性。企业价值观一旦成为固定的思维模式，就会对现实事物和社会生活做出好坏优劣的衡量评判。
③ 驱动性。企业价值观可以持久地促使企业去追求某种价值目标，这种由强烈的欲望所形成的内在驱动力往往构成推动企业行为的动力机制和激励机制。

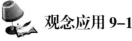
观念应用 9-1

价值观念

价值观，是基于人的一定的思维感官之上而做出的认知、理解、判断或抉择，也就是人认定事物、判定是非的一种思维或价值取向，从而体现出人、事、物一定的价值或作用。简而言之，就是人们对事物的评价标准，即什么是最可贵的，什么是比较重要的，什么是可有可无的，什么是应当抛弃的。例如，"国家兴亡，匹夫有责"与"人不为己，天诛地灭"就反映了两种截然不同的价值观。

(3) 企业精神是指企业的共同心理定势和价值取向，反映了全体员工的共同追求和共同认识。企业员工在长期的生产经营管理活动中，在企业哲学、价值观念和道德规范的影响下形成各具特色的企业精神，如主人翁精神、集体精神、民主精神、创业精神、敬业精神、奉献精神、创新精神、竞争精神等。它代表着全体员工的心愿，激人开拓，催人奋进，形成强大的凝聚力量。一方面，它使员工更加明确企业的追求，建立起与企业一致的目标；另一方面，它又成为员工的精神支柱，激发和鼓舞员工的工作热情。因此，许多企业都注意把本企业的企业文化加以概括和总结，挖掘出其中最有代表性的内核，并把它升华为一种精神，从而激励全体员工为之奋斗。

(4) 企业道德是指企业调整员工、企业与社会之间关系的行为规范的总和。它以善与恶、公与私、正义与非正义、诚实与虚伪等道德范畴为标准来评价企业和员工的行为，并调整其内外关系。它的功能和机制是从伦理角度出发的，是企业的法规和制度的必要补充。

(5) 企业目标是指企业在一定时期内以一定的数量指标和质量指标形式表现出来的最佳物质成果和精神成果。有了明确的目标就可以充分发动企业的各级组织和员工，提高他们的积极性、主动性和创造性，使广大员工将自己的岗位工作与实现企业奋斗目标联系起来，把企业的生产经营发展转化为每一位员工的具体责任。

(6) 企业宗旨也称企业经营宗旨，是指企业就其承担的责任和义务向社会做出的承诺，反映了企业存在的社会价值；企业对内要保证自身的生存和发展，使员工得到基本的生活保障，并不断改善他们的生活福利待遇，帮助其实现人生价值；对外要生产出合格的产品或提供优质的服务来满足消费者的需要，从而为社会的物质文明和精神文明进步做贡献。

(二) 企业的制度文化

企业的制度文化主要是指对企业组织和企业员工的行为产生规范性、约束性的制度。它集中体现了企业文化的物质层和精神层对员工和企业组织行为的要求，直接规范企业行为及其行为文化。企业制度一般包括企业法规、企业的经营制度和企业的管理制度等。

企业法规，是调整国家与企业以及企业在生产经营或服务性活动中所发生的经济关系的法律规范的总称。企业法规作为制度文化的法律形态，为企业确定了明确的行为规范，是依法管理企业的重要依据和保障。

企业的经营制度，是指通过划分生产权和经营权，在不改变所有权的情况下，强化企业的经营责任，促进竞争，提高企业经济效益的一种经营责任制度，是企业制度文化的组织形态。

企业的管理制度对组织和员工的约束保证整个企业能够分工协作，井然有序、高效地运转。没有规矩，无以成方圆。常见的管理制度有财务管理制度、劳资人事管理制度、生产管理制度、服务管理制度和设备管理制度等。

企业的法律形态体现了社会大文化对企业的制约和影响，反映了企业制度文化的共性；企业的组织形态和管理形态则体现了企业各自的经营管理特色，反映了企业制度文化的个性。

(三) 企业的行为文化

企业的行为文化是指员工在生产经营、学习娱乐中产生的活动文化，是以人的行为为形态的企业文化形式。企业行为从人员结构上划分，包括企业家的行为、企业模范人物的行为和企业普通员工的行为等。

企业家是企业经营的主角,是企业文化的倡导者、变革者、管理者,企业的经营决策方式和决策行为主要来自企业家。例如,中兴通讯股份有限公司管理层曾讨论是否在新的办公楼打领带上班的问题,结果没有达成一致意见。第二天,公司总裁侯为贵自己穿上西装打好领带去上班。中兴公司员工最后就形成了进办公楼穿西装打领带的习惯。

在具有优秀企业文化的企业中,最为人知晓和敬重的是那些集中体现了企业价值观的企业模范人物。这些模范人物大多是因为在各自的岗位上做出了突出成绩而被推举出来的优秀分子。他们是企业精神的化身,是企业成员的楷模,并成为企业成员效仿的对象。他们的示范作用对于营造良好的企业文化氛围具有重要的作用。

企业普通员工是企业的主体,员工的群体行为决定企业整体的精神风貌和企业文化的现实状况。重塑企业文化,从根本上讲就是要重塑员工的行为。

一个企业内企业家的行为、模范人物的行为和普通员工的行为是企业经营作风、精神面貌、人际关系的动态体现,也是企业精神、企业价值观的折射。

对于一个优秀的企业来说,结合企业员工的具体特点制定相应行为规范具有重要意义。企业的行为规范大体可以由两大部分组成,即对内行为规范与对外行为规范。对内行为规范使企业的价值理念得到员工的认同,以创造一个和谐的有凝聚力的内部经营环境;对外行为规范通过一系列的对外行为,使企业的形象得到社会公众的认同,以创造一个理想的外部经营环境。企业行为规范不同于企业规章制度的地方在于:前者是对员工的"应然"要求,只是希望员工"应当如此",目的在于唤醒员工的主体自觉性;后者是对员工的"必然"要求,它强制员工"必须如此"。一般而言,员工行为规范的内容大体包含以下内容:仪容仪表、岗位纪律、工作程序、待人接物、环卫安全、素质修养等。

(四) 企业的物质文化

企业的物质文化也叫企业文化的物质层。它是由企业创造的产品或服务及各种物质设施构成的器物文化,是一种以物质形态为主要研究对象的表层企业文化。它主要包括以下几方面。

(1) 产品和服务。有形的产品包括其品质、特色、式样、外观和包装;无形的服务包括可以给买主带来附加利益和心理上的满足感及信任感的售后服务、保证、产品形象等。

(2) 企业外部特征。其包括企业名称、标志、标准字、标准色、标语等,是企业物质文化最集中的外在体现。

(3) 企业外貌。其包括企业的造型、建筑风格、文化体育生活设施、绿化美化情况、污染的治理等,是人们对企业的第一印象。

(4) 企业广告及文化传播网络。其包括企业自办的报纸、刊物、有线广播、闭路电视、计算机网络、宣传栏、广告牌、招贴画等。

综上所述,企业文化的几个层次是紧密联系的。精神层是形成物质层、行为层及制度层的思想基础,也是企业文化的核心和灵魂。精神层次方面的文化内容一旦形成,就处于比较稳定的状态。精神层是企业文化的决定性因素,发挥着主导、先导、引导的功能,是企业文化矛盾的主要方面。制度层是物质层、精神层及行为层建设的保证,没有严格的规章制度,企业文化建设也就无从谈起。行为层是企业文化的外在表现，是审视精神层、物质层、制度层合理性的尺度。物质层是制度层、行为层和精神层的物质基础，是企业文化的外在表现和载体。

二、企业文化的功能

企业文化作为社会文化的亚文化，作为企业的精神支柱和经营管理之魂，具有以下特有的功能。

(1) 凝聚功能。企业文化的凝聚功能，是指企业文化像一根纽带把企业领导和员工的心紧紧地凝聚在一起，形成强大的聚合力量，团结一致地谋求企业的发展。企业文化通过沟通企业员工的思想，使之形成对企业目标、准则、观念的认同感，产生对本职工作的自豪感和对企业的归属感。当员工把自己的思想感情和命运与企业的命运紧紧联系在一起的时候，企业就形成了强大的向心力和凝聚力，就能够发挥出巨大的整体优势。

(2) 导向功能。企业文化的导向功能，是指对企业的发展方向、价值观念和行为取向的引导作用。这种作用主要表现在两个方面：一方面对企业成员个体的心理、性格、行为起导向作用，即对个体的价值取向和行为取向起导向作用；另一方面，对企业整体的价值取向和行为取向起导向作用。企业文化作为一种共同的价值观，是企业最精粹、最概括的指导思想，必然对企业目标提出质的要求，而企业目标必然是企业共同价值观的具体化。企业目标作为企业文化的主要内容之一，本身就使企业文化具有强有力的导向功能。这是因为企业目标是一种期望值，代表着企业的共同愿景和奋斗方向，是引导企业和员工奋发进取的精神力量。

(3) 激励功能。企业文化的激励功能，是指企业文化所形成的企业内部的文化氛围和价值导向能够起到精神激励的作用，将员工的积极性、主动性和创造性激发与调动出来，最大限度地开发人的潜能。优秀的企业文化都会产生一种重视人、尊重人、关心人、培养人的良好氛围，产生一种精神振奋、朝气蓬勃、开拓进取的良好风气，承认每个人的贡献，激发每个人的工作热情，从而形成一种激励环境和激励机制。这种环境和机制胜过任何行政指挥和命令，像一只无形的手，引导人力资源发挥出巨大的潜在能量。

(4) 约束功能。企业文化的约束功能，是指通过道德规范、制度文化等"软""硬"性约束，规范企业员工的行为，形成员工自我约束的机制。"硬性"约束直接要求员工该做什么和不该做什么，形成批评、罚款、降职、解雇等制度，规范员工的行为；"软性"约束通过企业道德、职业道德、社会公德及社会舆论等对员工的行为进行规范，形成一种无形的、理性的、韧性的约束。作为一种文化建设，应加强对"软性"约束机制的塑造，为企业提供"免疫"功能。使用企业共同的价值观来同化个人的价值观，在企业内造成这样一种氛围，一旦某人违反了企业的规范，就会感到内疚、不安、自责，进而自动去修正自己的行为，把企业的要求转化为个人的自觉行为，实现个人目标与企业目标的高度一致。

(5) 辐射功能。企业文化的辐射功能，是指企业文化一旦形成固定的模式，就不仅会在企业内部发挥作用，对本企业员工产生影响，而且会通过各种渠道(如媒体、产品、人员交往等)辐射到社会的每一个角落，对社会产生外部作用。企业文化的传播对树立企业在公众中的形象很有帮助，对社会文化的发展有很大的影响，甚至影响整个社会的价值观。

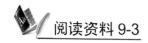

什么样的企业文化
能够引领战略

第三节　企业文化的建设

企业文化作为企业的精神支柱和经营管理之魂，具有凝聚、导向、激励、约束和辐射等功能，对企业的经营决策和领导风格及对员工的工作态度和工作作风都起着决定性的作用，因此，企业要加强自身企业文化建设。

一、企业文化建设的指导原则

企业文化的建设或多或少要改变员工既有的世界观和行为模式，以符合企业的生产和经营要求，这是一项非常艰巨的工作，需要一个较长的过程。要顺利地完成这项工作，在建设企业文化时，必须坚持继承与发展相结合、借鉴与创新相结合、全员参与与领导者身体力行相结合等原则。

(1) 继承与发展相结合原则。继承与发展是企业文化建设中紧密联系又相互促进的两个方面。继承是发展的基础，没有继承的发展就等于无源之水；而发展又是继承的继续，离开了发展的继承就意味着停滞不前。继承包括两个方面：一是继承民族文化中的精华；二是继承本企业的优良传统。继承传统保证了企业文化在精神上一脉相承，在行为上一以贯之，在制度上一如既往。

同时，在改革开放、社会主义市场经济体制不断完善发展的今天，又必须解放思想，更新观念，体现时代精神，使企业文化的内容不断丰富、充实和发展。只有这样，企业文化才能适合国情、厂情，才能体现自身的特色，形成共识，便于企业内多数人理解与执行，避免因千篇一律而流于形式。

(2) 借鉴与创新相结合原则。任何企业都不可能脱离外部环境而独立存在，企业中的人也时刻在与外界进行着信息交流，被其影响，受其制约。从某种意义上讲，企业文化是企业成员适应外部环境的结果。所以，在确定企业文化的内容时，必须重视外部环境因素，善于学习国内外好的经验和值得借鉴的理论。应该说，每个企业的文化都有长有短，有利有弊。真正优秀的企业文化都是亦此亦彼，把理性原则同人的情感紧密结合起来的。人家的长处可以学习，人家的弊端则可作为前车之鉴。事实上，优秀的企业文化都是各国企业在长期实践中，去粗取精，互相学习，互相借鉴发展起来的。

同时又必须认识到，学习是为了借鉴，借鉴的目的是创新。没有创新观念，最终会被时代所淘汰。这是众多企业成功的经验。

(3) 全员参与与领导者身体力行相结合原则。企业文化说到底是"企业人"——企业群体的文化，企业领导、管理人员和广大员工是企业文化形成和发展的主体。人的类型的不同、他们之间组合方式的不同，以及个人价值观与企业价值观是相容、相斥还是互补，都会影响企业文化的形成，影响企业价值标准是否能为每个成员所接受。因此，建设企业文化时，要发动企业全体员工参与讨论及实施。同时，对企业人员结构进行分析，包括其素质构成、价值取向构成等，并从中发现主流，找出重点，分析趋势，提炼出一种能为大多数人所认可的企业文化模式。

企业文化实质上是企业领导者有意识地加以培育和长期建设的结果，成功的领导者善于推行其倡导的企业文化。他们的身体力行会对企业文化的建设起到有力的推动作用。在他们的模范带头下，员工们更能信服、更能自觉地以共同价值观来指导自身的行为。

二、企业文化建设的实施步骤

企业文化的培育和建设是一个紧密结合企业生产经营活动而循序渐进的、复杂的动态过程，一般而言，大体要经过以下步骤。

(1) 分析内外因素，设计出有企业特色的新文化。企业文化建设，首先要大量、全面地收集有关企业过去和现在的一切资料，并对现存的企业文化进行自我诊断和系统分析；同时，分析企业外部环境，包括政治、经济、法律、民族文化、外来文化等方面，这些因素都会影响企业成员的思想意识和行为。

在系统分析各种相关因素的基础上，进一步归纳总结，确定既体现企业特征又为全体企业员工和社会所接受的价值观。同时，还要以现有企业文化为基础，以企业特色为目标，发动全体员工参与方案的讨论及设计。通过各种设计方案的归纳、比较、融合、提炼，集企业的经营信条、意识和行为准则于一身，融共同理想、企业目标、社会责任和职业道德为一体，设计出有企业特色的新文化。

(2) 倡导实践，让员工认同新的企业文化。选择和确立企业价值观和企业文化模式之后，通过各种途径宣传和强化员工的企业文化意识，力求使新文化、新观念家喻户晓，深入人心，化为行动，这就是倡导实践。具体做法包括以下几点。

① 充分利用一切宣传工具和手段，大张旗鼓地宣传企业文化的内容和要求，创造浓厚的环境氛围。如通过广播、电视、网络、标语、板报等大力宣传企业的价值观，使员工耳濡目染以达到潜移默化的目的。

② 树立英雄人物。典型榜样和英雄人物是企业精神和企业文化的人格化身与形象缩影，能够以其特有的感染力、影响力和号召力为企业成员提供可以仿效的具体榜样，而企业成员可从英雄人物和典型榜样的精神风貌、价值追求、工作态度和言行表现之中深刻理解到企业文化的实质和含义。尤其是企业发展的关键时刻，企业成员总是以英雄人物的言行为尺度来决定自己的行为导向。

③ 教育培训。有目的的培训与教育能够使企业成员系统地接受和强化企业所倡导的企业精神和企业文化。但是，培训教育的形式可以多种多样，当前，在健康有益的娱乐活动中恰如其

分地揉进企业文化的基本内容和价值准则是一种有效的方法。

(3) 制度强化，巩固企业文化。价值观的形成是一种个性心理的累积过程，这不仅需要很长的时间，而且需要给予不断强化。人们合理的行为只有经过强化加以肯定，这种行为才能再现，进而形成习惯稳定下来，从而使指导这种行为的价值观念转化为行为主体的价值观念。企业要巩固无形的企业价值观念，不能单纯地停留在口号或舆论宣传上，必须寓无形于有形之中，把它渗透到企业的每一项规章制度、政策及工作规范、标准和要求当中，在企业经营管理制度化、规范化、科学化的进程中融进企业文化的内涵与标准，使员工从事每一项经营管理活动都能感受到企业文化在其中的引导和控制作用。同时，用制度的方式鼓励符合企业价值准则的行为，树立榜样，从而产生模仿效应。

因此，企业应积极建立适应新的企业文化运行的必要的规章制度，以保证企业文化在实践中得到员工的进一步认同，逐步得到巩固。例如，现代企业日益重视和提倡团队精神与合作型文化，但企业考核制度如果仍然只以个人业绩作为考核指标，却无团队业绩考核，势必会影响团队精神的形成。再比如，提拔员工时，要考虑他是否与企业文化相融合；而对于那些没有好好工作，并对企业文化相抵触的人员，应劝其离开企业。其目的是让员工明白企业在鼓励什么，在反对什么。行为得到不断强化而稳定下来，人们就会自然地接受指导这种行为的价值观念，形成优良的企业文化。

(4) 完善提高，充实发展企业文化。企业文化体系形成以后，有其相对的独立性和稳定性，特别是其中的核心内容是不会轻易改变的。但是，企业文化毕竟是企业经营管理实践的产物，随着企业面临的内外部环境的不断变化，企业会面对新的问题和挑战，企业文化必然要发生相应变化。不断充实、完善和提高，这是企业文化健康发展的客观规律。否则，企业文化就会脱离或落后于实践而变得苍白无力，最后失去对实践的指导意义。

企业文化的完善提高，既是塑造企业文化的一个过程的结束，又是下一个过程的开始，是一个承上启下的阶段。完善提高的质量直接影响到企业文化的科学性和对实践的指导作用。因此，企业的领导者必须依靠实践，依靠员工群众，不断地把感性的东西上升到理性的认识，把实践的东西化为理论的概括，把少数人的先进思想变成全体成员的共识，并及时吸收民族文化和外来文化的精华，剔除本企业文化中的消极成分，使企业文化在实践中不断升华和提高，从而重新构建和创造新型的企业文化，以更好地适应企业变革和发展的需要。用哲学语言来说，就是永远处于实践、认识、提高、再实践、再认识、再提高的循环前进之中。一次重塑后的新文化的巩固和发展，就是在更高基础上的再重塑的前奏或开端，循环往复，以至无穷。

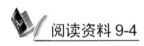
阅读资料 9-4

企业文化建设为何落地难

第四节 企业形象战略

企业形象是指人们通过企业的各种标志而建立起来的对企业的总体印象,是企业文化建设的核心。企业形象的好坏,直接影响消费者的消费选择,对企业经营管理起到至关重要的作用。

一、企业形象的含义及构成要素

(一) 企业形象的含义

企业形象(corporate image)是指社会公众和企业员工对企业的整体印象和评价。

公众印象是公众对企业的初步认识,印象与形象可能一致,也可能不一致。形象有实态形象与虚态形象之分。实态形象是指企业的实际经营活动所达到的实际结果,包括产品质量、生产能力与规模、员工整体素质、经营管理水平、产值与盈利水平等。虚态形象是指企业内外部公众对企业整体形象的某些主观印象,具有夸张性和浪漫性的特征。

公众评价通过公众态度和公众舆论体现。公众态度是人们的内在意向,较为稳定,比印象要加深一步。舆论是通过语言交流对企业形成的看法,是人们意向的表面化。

在较早的时期,公众多从品牌形象来认识企业,品牌以产生附加值的形式来满足公众"形象消费"的需要。进入21世纪,公众以更加严格的眼光来认识企业,"品牌价值"已经不能满足公众对企业的期待,他们要求企业不断完善自身,塑造出全新的企业形象,从而形成强大的发展力量。毫无疑问,企业形象已经成为企业发展的动力,是企业重要的无形资产。在经济和文化趋向融合的今天,它的价值并不是表现在产品上,而是表现在关于产品的文化上,它所表现的是一种文化价值或者文化附加值。

阅读资料9-5

品牌的历史和发展

(二) 企业形象的构成要素

企业形象的构成要素主要有以下几点。

(1) 产品形象。产品形象是企业产品的内在质量和外在表现的综合反映,是企业形象的基础,是企业形象中的决定因素,一般由质量形象、技术形象、市场销售状况等构成。社会公众主要通过产品了解和认识企业,企业也总是依靠产品和服务塑造良好形象。产品形象的好坏直接影响着企业形象的好坏。

(2) 外观形象。外观形象是一个企业文明程度和管理水平的重要标志和客观反映,是留给公众的"第一印象"。优秀企业的外观形象应该是:①和谐,即企业整体布局科学合理,环境建设与企业规模、行业特点相协调;②整洁,即按照国家环保的要求,达到环境的净化、绿化和美化,做到道路畅通,设备完好,井然有序;③鲜明,即通过企业视觉识别系统设计,形成强烈的视觉冲击力,给人留下强烈、鲜明的印象。

(3) 服务形象。服务形象是指通过企业及其员工在产品售前、售后和技术服务过程中所表现的服务态度、服务方式、服务质量及由此引起消费者和社会公众的客观评价而树立的形象和信誉。企业信誉是企业的"金字招牌",不仅可以影响现有消费者的购买行为,而且还会影响未来消费者的购买行为。

(4) 员工形象。企业员工包括管理人员、技术人员、操作人员等,他们共同构成企业的主体。企业员工形象不仅包括员工的装束仪表、言谈举止、服务态度、敬业精神等方面的内容,而且还包括企业员工共同遵循的价值观念、经营理念、道德规范及生产过程中形成的传统和习惯等内容。员工形象好,可以强化企业的凝聚力和竞争力,为企业长期稳定发展打下牢固的基础。

(5) 社会形象。社会形象是指企业长期以来给社会公众留下的可以信赖的印象。其主要包括企业对社会的责任感,企业有无协同意识、合作精神,企业领导是否存在创业精神,员工对企业有无责任感、自豪感等。

(三) 企业形象的评价标准

企业形象的评价标准主要有以下几点。

(1) 知名度。知名度是指企业被社会公众知晓、了解的程度及其产生的社会影响的深度与广度,是衡量企业名气大小的标志。知名度是企业形象衡量标准的首要的和基础性的内容,知名度的高低是企业形象影响力的决定性因素。任何从事正常生产经营活动的企业都有自己的知名度。

(2) 美誉度。美誉度是指企业在公众心目中的美好程度,是衡量企业形象优劣的实质性标准,是比知名度更为重要的实质性标志。如果说知名度是从量上来衡量企业在公众中的影响力的大小,那么美誉度则是从质上来衡量企业在公众中评价的优劣,是衡量一个企业名声好坏及其程度的标志。

(3) 信任度。信任度即公众对企业的喜爱、信任、关心和支持的态度。它反映的是公众对企业的情感关系。如果说知名度作为公众对企业产生的印象度,反映的是公众对企业的认知关系,美誉度作为公众对企业产生的赞誉度,反映的是公众对企业的评价关系,那么,信任度作为公众对企业的喜爱程度、信任程度、关心程度和支持程度,反映的则是公众对企业的情感关系。

二、企业形象战略的含义及功能

(一) 企业形象战略的含义

企业形象战略,简称 CIS(corporate identity system,企业识别系统)战略,它是一个企业(或其他社会组织)为了塑造企业形象，通过统一的视觉设计，将企业的经营理念、企业文化以及企业经营活动等传达给企业员工及社会公众，以凸显企业的个性精神，使社会公众对企业产生一致的认同感和印象，从而提高企业竞争能力的经营战略。CIS 战略的出现，使企业差别化战略摆脱了单纯依赖视觉差别设计的形象，成为企业整体的、全方位的、系统的经营战略。

(二) 企业形象战略的主要功能

企业形象战略的主要功能有以下几点。

(1) 识别功能。CIS 的开发和导入，能够使企业产品与其他同类产品区别开来。尤其是在企业的产品品质、性能、外观、促销手段趋同的情况下，导入 CIS 可以使自己的产品在市场竞争中脱颖而出，独树一帜，取得独一无二的市场地位。

(2) 管理功能。在开发和导入 CIS 的进程中，企业应制定 CIS 推进手册作为企业内部法规，让企业全体职工认真学习并共同遵守执行，它可以保证企业识别的统一性和权威性。通过法规的学习和实施，企业能自觉朝着正确的发展方向进行有效的管理。

(3) 传播功能。CIS 的导入和开发，能够保证信息传播的同一性和一致性，加强信息传播的频率和强度，产生倍增的传播效果。

(4) 应变功能。在瞬息万变的市场环境中，企业要随机应变。"变"是绝对的，不变(稳定性)是相对的。企业导入 CIS 能促使企业商标具有足够的应变能力，同一商标可以随市场变化和产品更新应用于各种不同的产品，从而提高企业的应变能力。

(5) 协调功能。企业有了良好的 CIS 可以加强各部门的归属感和向心力，齐心协力为企业的美好未来效力。它可以在企业内部形成一股实力强大的竞争群体，发挥群体的效应。

(6) 文化教育功能。CIS 具有很强的文化教育功能，因为导入 CIS 的企业能够逐步建立起先进而卓越的企业文化和共享价值观。一个拥有强大的精神文化和共享价值观的企业对其员工的影响是极其深远的。员工不仅会体会到工作的价值，而且会因属于企业的一分子而倍感自豪，从而更加主动地认知企业的价值观，并将其内化为个体价值观的一部分，如此能提高员工士气，增强企业的凝聚力。

三、企业形象战略的基本内容

企业形象战略由理念识别(MI)、行为识别(BI)和视觉识别(VI)三个子系统组成，三个子系统相互联系、层层递进，形成一个完整的识别系统。

(一) 理念识别

理念识别(mind identity，MI)是企业生产经营的主导思想和灵魂，由企业的价值观念、经营理念、经营意识、企业信仰、企业目标、经营方针等内容组成。其具体的表现形式有信念、口号、标语、守则、歌曲、警语、座右铭及企业高层人员的精神和讲话等。它是建立和实施 CIS 的原动力和基础，是塑造企业良好形象的开端，也是实施 CIS 战略的第一步。

构建企业理念识别的目的是增强企业发展的实力，提升企业形象，参与市场竞争并赢得胜利。企业理念识别的基本特点：一是体现自身特征，以区别于其他企业；二是广为传播，以使社会公众普遍认同。

企业经营理念方针的完善与坚定，是企业识别系统基本精神之所在，也是导入企业识别系统的原动力。通过这股内在的动力影响企业内部的动态活动与制度、组织管理与教育，并扩展到对社会公益活动、消费者的参与行为规划，最后，通过组织化、系统化、统一化的行为识别和视觉识别系统传达企业经营的信息，塑造企业独特的形象，达到企业识别的目的。

阅读资料 9-6

安利的企业文化

（二）行为识别

行为识别或活动识别(behavior identity，BI)是企业经营理念动态化的表现形式。企业行为包括生产行为、管理行为、经营行为、营销行为、公关行为等，这些行为展示了企业的员工形象、管理形象、经营形象、市场形象和社会形象等。企业行为识别的内容要体现企业员工共同的行为方式和特征，规范的员工行为不仅有助于协调企业各层级、各部门的关系，更有助于贯彻企业领导层的意旨，强化企业管理。

行为识别系统的基本内容可分为对内和对外两个方面。对内的活动有业务培训、组织建设、制度设计、管理实施、奖惩活动、员工教育（包括服务态度、待人技巧、电话礼仪及奉献精神）等。对外则是指企业与社会的联系与沟通，包括客户业务关系、服务方式、市场调查、广告活动、公关活动、公益文化活动、促销活动、竞争策略及与各类公众的关系等。行为识别意在通过各种有利于社会大众及消费者认知、益于强化企业有效行为的有特色的活动，塑造企业的动态形象，并与理念识别、视觉识别相互交融，树立起企业良好的整体形象。企业在对内和对外的各种沟通中所表达的行为识别，对内有打造氛围、对外有塑造形象的作用，是塑造企业形象和实施 CIS 战略的主要支柱。

作为 CIS 的重要组成部分，BI 形象设计必须明确地告知员工行为标准，并对员工的行为标准进行考核矫正，即行为的引导与约束。行为引导与约束是对员工所期望的努力方向、行为方式和应遵循的价值观的规定。企业的 BI 系统设计就是给员工一个行为路径与操守通道，使员工能够有效地实行其应当履行的组织行为。

从行为识别系统的层次性上看，行为识别系统大体可以分两个层次，一是企业制度的设计，二是员工行为规范的设计。制度、规范的完善是规范企业员工行为的标尺，因此，在某种程度上可以说，企业行为的设计就是企业各种制度规范的完善过程。

（三）视觉识别

视觉识别(visual identity，VI)是企业的静态识别形式，是企业识别的视觉表达。视觉识别表达，就是把抽象的企业理念形象化、视觉化，也就是把企业名称、企业品牌、企业标志、企业色彩、企业象征图案、企业字体、企业口号、符号、商标、产品包装、办公用品、交通工具、建筑外观、厂旗、厂徽、工作服、广告等以规范统一的视觉表现具体生动地展示出来，给消费者和社会公众留下深刻的视觉印象，以加深他们对企业的了解和认识，产生对企业的信赖和好感。

视觉识别是人们获取外界信息的主要渠道，所以在树立企业形象的过程中，视觉识别占有十分重要的地位，许多企业都想尽办法通过企业和产品的良好视觉形象来吸引顾客。

130年以来，可口可乐首次在各产品中统一使用品牌视觉识别标识

CIS战略是企业的理念识别、行为识别和视觉识别三者共同构成的不可分割的有机整体。理念识别是内在的、无形的，行为识别是动态的、转瞬即逝的，它们都需要借助看得见的视觉符号传递给社会公众。视觉识别具有长期的、反复传播的特点，是企业通向社会公众眼睛的桥梁。可见，CIS战略的三个基本构成要素是相互联系、不可分离的统一体。理念识别和行为识别，尤其是理念识别在其中具有非常重要的地位。如果没有理念识别，视觉设计只能是简单的装饰品；相反地，如果没有视觉识别，理念识别和行为识别也将无法有效地传播和表现。因此，人们把企业形象战略比作一棵大树，理念识别是树的根，行为识别是树的枝，视觉识别是树的叶。

第五节　本章小结

企业文化是指企业在生产经营过程中，经过企业领导者长期倡导和员工长期实践所形成的具有本企业特色的、为企业成员普遍认同和遵守的价值观念、信仰、态度、行为准则、道德规范、传统及习惯的总和，以企业成员共享的价值体系为核心。企业文化具有以下几个特点：人本性、独特性、软约束性、相对稳定性和连续性。新经济时代条件下，企业文化还具有速度文化、学习文化、创新文化、虚拟文化、融合文化、品牌文化的特征。

企业文化的内容按结构分为精神层、制度层、行为层和物质层，而其内容包括企业哲学、企业价值观、企业精神、企业制度、企业外貌等。企业文化具有凝聚、导向、激励、约束和辐射等功能。

在企业文化建设过程中，须坚持继承和发展相结合、借鉴与创新相结合、全员参与与领导者身体力行相结合等原则。企业文化的建设大体经过以下步骤：一是分析内外因素，设计出有企业特色的新文化；二是倡导实践，让员工认同新的企业文化；三是制度强化，巩固企业文化；四是完善提高，充实发展企业文化。

企业形象是指社会公众和企业员工对企业的整体印象和评价。企业形象的构成要素包括产品形象、外观形象、服务形象、员工形象和社会形象。企业形象战略(CIS)是一个企业为了塑造企业形象，通过统一的视觉设计，将企业的经营理念、企业文化及企业经营活动等传达给企业员工及社会公众，以凸显企业的个性精神，使社会公众对企业产生一致的认同感和印象，从而提高企业竞争能力的经营战略。企业形象战略由理念识别(MI)、行为识别(BI)和视觉识别(VI)三个子系统组成，三个子系统相互联系、层层递进，形成一个完整的识别系统。

主要概念

企业文化　企业形象　企业形象战略

主要观念

企业文化的内容　企业文化的功能　企业形象战略的基本内容

思考与练习题

1. 判断题

(1) 企业文化指的是企业内员工受教育的程度，受教育程度高说明企业文化发展好。
（　　）

(2) 企业价值观是企业全体成员所拥有的信念和判断是非的标准，以及调节行为与人际关系的导向系统，是企业文化的核心。（　　）

(3) 企业道德是指企业调整员工、企业与社会之间关系的行为规范的总和，它是靠法规和制度来约束的。（　　）

(4) 企业名称、标志、标准字、标准色、标语、企业的造型、建筑风格、宣传栏和广告牌等都是企业物质文化。（　　）

(5) 企业文化是形象上的东西，对企业生产经营活动没有实际的帮助。（　　）

2. 简答题

(1) 企业文化的含义是什么？

(2) 企业文化的建设大体经过哪些步骤？

(3) 企业文化的功能有哪些？

(4) CIS 与企业文化有何关系？

3. 实训题

【实训项目】

找一个朋友、父母或你熟悉的人，与他们谈谈他们工作中的牢骚(不满的制度、做法等)。(注：对方为在企事业单位工作的人)

【实训目的】

通过与一个熟悉的人谈实际工作中所遇到的障碍，对管理实际中违反人本管理的做法有初步认识到，并能提出改进方法。

【实训内容】

(1) 要求学生能够将实践中违反人本管理的做法指出来并加以分析。

(2) 学生可以将人本管理通过与人交谈的方式讲述出来。

【实训组织】

(1) 要求全班同学每个人提供一个可以就此话题交谈的人,以及他们的工作性质、职务等。

(2) 教师将以上交谈对象的信息按其工作性质分类,给每一类交谈对象确定一个侧重点。

【实训报告】

(1) 交谈对象基本状况(年龄、职业、职务、性格特点)。

(2) 交谈内容。

(3) 学生对交谈对象所谈内容的分析,所引用人本管理知识。

4. 案例分析题

海尔的核心价值观

海尔创业于1984年,成长在改革开放的时代浪潮中。30多年来,海尔始终以创造用户价值为目标,一路创业创新,历经名牌战略、多元化发展战略、国际化战略、全球化品牌战略四个发展阶段,2012年进入第五个发展阶段——网络化战略阶段,海尔目前已发展为全球知名家电品牌。

海尔致力于为全球用户提供美好生活解决方案。海尔通过建立人单合一双赢的自主经营体模式,对内打造节点闭环的动态网状组织,对外构筑开放的平台,成为全球家电行业领先者和规则制定者、全流程用户体验驱动的虚实网融合领先者,创造互联网时代的全球化品牌。

"海尔之道"即创新之道,其内涵是:打造产生一流人才的机制和平台,由此持续不断地为客户创造价值,进而形成人单合一的双赢文化。同时,海尔以"没有成功的企业,只有时代的企业"的观念,致力于打造基业长青的百年企业。一个企业能走多远,取决于适合企业自己的价值观,这是企业战略落地,抵御诱惑的基石。

海尔的核心价值观是:

是非观——以用户为是,以自己为非。

发展观——创业精神和创新精神。

利益观——人单合一双赢。

"永远以用户为是,以自己为非"的是非观是海尔创造用户的动力。

海尔人永远以用户为是,不但要满足用户需求,还要创造用户需求;海尔人永远自以为非,只有自以为非才能不断否定自我、挑战自我、重塑自我——实现以变制变、变中求胜。

这两者形成海尔可持续发展的内在基因特征:不因世界改变而改变,顺应时代发展而发展。

这一基因加上每个海尔人的"两创"(创业和创新)精神,形成海尔在永远变化的市场上保持竞争优势的核心能力特征:世界变化愈烈,用户变化愈快,传承愈久。

创业创新的两创精神是海尔文化不变的基因。

海尔不变的观念基因既是对员工个人发展观的指引,也是对员工价值观的约束。"永远以用户为是,以自己为非"的观念基因要求员工个人具备两创精神。

创业精神即企业家精神，海尔鼓励每个员工都应具有企业家精神，从被动经营变为自主经营，把不可能变为可能，成为自己的CEO。

创新精神的本质是创造差异化的价值。差异化价值的创造来源于创造新的用户资源。

两创精神的核心是强调锁定第一竞争力目标。目标坚持不变，但为实现目标应该以开放的视野，有效整合、运用各方资源。

人单合一双赢的利益观是海尔永续经营的保障。

海尔是所有利益相关方的海尔，主要包括员工、用户、股东。网络化时代，海尔和分供方、合作方共同组成网络化的组织，形成一个个利益共同体，共赢共享共创价值。只有所有利益相关方持续共赢，海尔才有可能实现永续经营。为实现这一目标，海尔不断进行商业模式创新，逐渐形成和完善具有海尔特色的人单合一双赢模式，"人"即具有两创精神的员工；"单"即用户价值。每个员工都在不同的自主经营体中为用户创造价值，从而实现自身价值，企业价值和股东价值自然得到体现。

每个员工通过加入自主经营体与用户建立契约，从被管理到自主管理，从被经营到自主经营，实现"自主，自治，自推动"，这是对人性的充分释放。

人单合一双赢模式为员工提供机会公平、结果公平的机制平台，为每个员工发挥两创精神提供资源和机制的保障，使每个员工都能以自组织的形式主动创新，以变制变，变中求胜。

资料来源：http://www.haier.net/cn/about_haier/culture/

问题：

(1) 海尔的企业文化体现出哪些与时俱进的特点？

(2) 分析海尔的企业文化对于其员工会产生什么影响？

第十章

管理信息系统

【学习目标】
- ◆ 掌握管理信息系统的概念
- ◆ 了解企业管理信息系统的发展
- ◆ 掌握管理信息系统在现代企业管理中的应用
- ◆ 掌握 ERP 的概念
- ◆ 了解 ERP 的主要功能模块与业务流程

智慧旅游的应用

北京市在全国率先创立旅游产业调度中心。首都旅游产业运行监测调度中心集数据共享、产业监测、视频监控、公共服务、应急调度、视频会议等多项功能于一体,在全国旅游系统中是首创。调度中心实时发布京城各大景区的游览舒适度指数,为游客出行提供参考。调度中心被国家旅游局确定为重点景区游客流量监测和服务试点省市。游客通过北京旅游网或者游北京 app 都可以快速查询了解到全市 40 个景区当天当时的景区舒适度指数、周边交通状况和气象实况。景区内的舒适度指数主要基于手机基站所监测到的用户量,能够比较准确地反映景区人流量的实时情况。舒适度指数每 15 分钟更新一次,共分 5 个级别,分别是 5 级舒适、4 级较为舒适、3 级一般、2 级较拥挤、1 级拥挤。不妨以北京市作为例子。游客可以通过登录游北京 app 或者登录北京市旅游委官方网站北京旅游网来购买北京众多景区的门票,而且能轻松查阅景区的舒适度指数。如果游客是旅行团的游客,还可以查询到导游的资格和旅行社资质。这些都是北京市智慧旅游的一部分,市旅游委为游客打造的正是融吃、住、行、游、购、娱为一体的游览体验。北京旅游网是目前全国语言版本最多的政府网站,多达 10 种语言,也正因为多语种服务,不少外国游客首先是通过北京旅游网了解到北京,每 5 个 IP 地址访问中就有一个来自海外。实际上,北京旅游网的官方微信目前也在全国各类政务微信中影响力靠前,总阅读量名列第三。

首都旅游产业运行监测调度中心整合了 10 余家委办局和区的信息资源,接入了全市委办局和区的信息资源,同时接入了全市 7000 余辆旅游营运车辆 GPS 信息、全市 40 家重点景区气象信息及全市 4A 以上重点景区、5 星级重点饭店近百家单位的视频监控信息。

此外，在北京旅游网的"虚拟导游"栏目中，游客在家里就能以360°的角度环视北京热点景区内的各景点，观赏各景点不同季节的风景和景观，聆听各景点生动的介绍和解说。通过互动，游客还可根据兴趣自主选择景点观赏，设计景区的游览线路，深度了解景区文化内涵。目前，"虚拟导游"栏目共收纳了北京200多个景区，除了5A景区，还包括柳沟、康西草原、天门山、朝阳公园、元大都遗址公园等郊区及城区的名景点。北京A级景区虚拟旅游项目不仅创新、优化了为市民提供公共服务的手段和方式，同时为景区宣传推广提供了更多的渠道和广阔空间。通过这项工程的建设，不仅丰富了游客旅游活动的内容，提高了游客参与、体验和感知度，提升了游客的趣味性、娱乐性和满意度，而且为旅游企业建立宣传、营销、综合管理和公共服务平台奠定了基础。因此，这项工程可以说是提升旅游服务、改善旅游体验、创新旅游管理、优化旅游资源利用的智慧旅游基础建设工程。

资料来源：钟栎娜，邓宁. 智慧旅游：理论与实践[M]. 上海：华东师范大学出版社. 2017

第一节　管理信息系统概述

对企业来说，人、物资、能源、资金、信息是五大重要资源。随着人类进入了知识社会，信息资源愈发体现出其重要性，信息资源决定了如何更有效地利用人、物资、能源、资金资源，使这些资源发挥更好的效益。因此，建立和完善以电子计算机为基础的现代管理信息系统，通过电子计算机进行数据和文件的组织、处理，完成系统分析、设计和实施过程，是充分开发和利用各种信息资源，实现企业管理过程现代化的客观要求。

一、管理信息系统的相关概念

（一）管理信息系统

管理信息系统是一个人和机器结合的人机系统，是用系统思想建立起来的，以电子计算机为基础，为管理过程服务的信息系统。它输入各种管理数据，经过电子计算机的加工处理，并经过一定编码程序的解释，输出供各级管理机构使用的管理信息。管理信息系统由以下三部分组成。

(1) 管理系统。它是信息的使用者，又是信息的重要反馈者。电子计算机是从事管理工作的数据处理和运算工具，数据处理是为管理系统服务的，必须根据管理的需要，与管理的职能相适应，同时要接受管理科学的指导和管理技术的支持。

(2) 信息处理系统。管理信息系统不仅进行单纯的数据处理，为管理部门和人员提供有关资料和报表，而且还运用现代数学方法和模拟方法，按一定编码或模式导出各种管理信息，供管理者使用。

(3) 传输系统。现代管理信息系统通过线路构成电子计算机网络，把必要的信息及时、可靠、迅速地传输到各有关的管理部门和人员。

电子计算机科学中的数据处理技术、数据库技术及电子计算机网络技术的发展,为管理信息系统的数据处理、数据传输及信息资源共享提供了现代化的技术基础。因此,现代管理信息系统一般是带数据库和电子计算机通信网络的联机系统,企业最高管理部门可以将各个层次的管理信息子系统联结成网,组成本企业的管理信息系统。

(二) 数据和信息

数据和信息是管理信息系统数据处理中最基础的一个概念,关于这个概念也有很多不同的解释,比较广泛的解释是:

(1) 数据是记录下来的事实。
(2) 信息是对事物特征和它的运作的描述。

在管理过程中出现的很多情况我们都把它记录下来,这些记录下来的事实就是数据。数据经过加工就可以得到信息,所以信息还可以称为加工以后的数据。

小知识 10-1

领料用的领料单,给工人分派工作的派工单,工人完成工作以后,在派工单上又记录了具体的工作报告,像这些都是记录下来的事实。

把工人的工作单都收集起来,就可以了解整个工作完成的情况:一共完成了多少零部件的加工,用了多少工时,用了多少材料,有多少废品、多少合格品。再同计划相比较得出结论:计划要完成的工作量,实际完成量,计划完成合格品数量,实际完成合格品数量,废品的数量,所用的工时和材料的数量等。通过这些我们就可以了解计划的完成情况及加工这些零部件的成本。

这些是生产中非常有意义的信息。所以,信息是加工以后的数据,它是数据的含义,数据是信息的一个表现形式。

(三) 管理信息

管理信息(management information,MI)是信息的重要组成部分,也是管理信息系统管理的对象。它是在企业生产经营活动过程中收集的,经过加工处理后,对企业管理和决策产生影响的各种数据的总称。它通过数字、图形、表格等形式反映企业的生产经营活动状况,为管理者对整个企业实现有效的管理提供决策依据。

(1) 管理信息是很重要的资源。对企业来说,人、物资、能源、资金、信息是五大重要资源。人、物资、能源、资金这些都是可见的有形资源,而信息是一种无形的资源。以前人们比较看重有形的资源,进入信息社会和知识经济时代以后,信息资源就显得日益重要。这是因为信息资源决定了如何更有效地利用物质资源。信息资源是人类从与自然的斗争中得出的知识结晶,掌握了信息资源,就可以更好地利用有形资源,使有形资源发挥更好的效益。

(2) 管理信息是决策的基础。企业只有通过对客观情况、客观外部情况、企业外部情况、企业内部情况的了解才能做出正确的判断和决策。所以,决策和信息有着非常密切的联系。过去那些凭经验或者拍脑袋的决策方法经常会造成决策的失误。实践证明,信息是决策的基础。

(3) 管理信息是实施管理控制的依据。在管理控制中，企业以信息来控制整个生产过程、服务过程的运作，也依靠信息的反馈来不断地修正已有的计划，依靠信息来实施管理控制。有很多事情不能很好地控制，其根源是没有很好地掌握全面的信息。

 观念应用 10-1

中国现行的个税制度是一种分类个人所得税制，即对纳税人的各项收入进行分类，采取"分别征收、各个清缴"的征管方式取得个税收入。这种个税制度一方面在客观上造成了收入来源单一的工薪阶层缴税较多，而收入来源多元化的高收入阶层缴税较少的问题。另一方面对个税的所有纳税人实行"一刀切"，而不考虑纳税人家庭负担的轻重、家庭支出的多少。

所以，我国当前个税改革的关键前提就是理清家庭负担的轻重、家庭支出的多少等关键信息，同时能将个税与物价指数、平均工资水平的上升实行挂钩。

(4) 管理信息是联系组织内外的纽带。企业跟外界的联系、企业内部各职能部门之间的联系也是通过信息互相沟通的。因此，要沟通各部门的联系，使整个企业能够协调地工作就要依靠信息。所以，它是组织内外沟通的一个纽带，没有信息就不可能很好地沟通内外的联系，企业也不可能步调一致地协同工作。

(四) 系统

系统是由相互依赖的若干要素为了实现一个共同的目标而结合在一起的一个有机的整体。企业信息系统有很多要素，人、物资、能源、资金等这些都是资源信息，企业目标就是为社会提供一定的产品和服务，取得经济效益。而企业是由各个要素组合而成的，企业本身就是一个系统。

1. 系统的要素

把人、物资、资金、信息等要素很好地进行组合，使这些要素能够发挥最大的作用。要用最少的资源获得最大的产出，获得最高的经济效益，这是对要素进行组合的根本目的。

2. 开环式和闭环式循环系统

系统由输入、转换到输出是一个开环的过程，就是输入了相应的资源以后，转换成产品提供社会。至于社会对提供的产品和服务反应怎么样，是不是完成了生产计划的要求，这些并没有反馈信息，这就是开环式系统，它只有输入、转换和输出(如图 10-1 所示)。

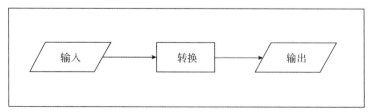

图 10-1 开环式循环系统模型

闭环式循环系统就是输出以后返到控制机构，控制机构又返到输入(如图 10-2 所示)。

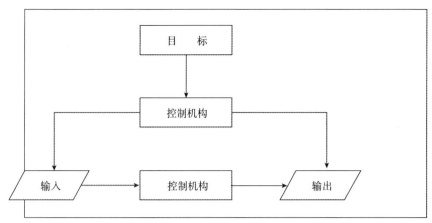

图 10-2 闭环式循环系统模型

3. 开放系统和封闭系统

开放系统就是系统向外界开放，与外部有环境联系。封闭系统是完全跟外界隔绝的系统。封闭系统只是在实验室中、在特定的环境下才存在的系统。企业系统都是开放的系统，这是因为企业跟外界在物质、信息、人等方面有不断地交流。

对一个开放系统应该用开放系统的观点来看待。系统内部还有很多子系统，如财务系统、物资管理系统、生产系统。对于这些子系统，企业系统就是它们的环境，它们与系统间很多物资和信息的交流都要受到环境的影响。企业要向外界开放，社会就是企业的环境，企业要受到社会各个方面的影响，包括政府政策的影响及合作伙伴、供应商、销售商、协作部门的影响。所以，企业是一个开放系统，外界就是环境，企业系统应是一个闭环的开放系统。

(五) 信息系统

从技术的角度来看，信息系统(information system，IS)可以定义为：信息系统由一组相互关联的部件(或元素)组成，它要完成企业内信息的收集、传输、加工、存储、使用、维护等，支持企业的计划、管理、决策、协调和控制。信息收集所涉及的工作包括信息的识别、采集、表示等，信息传输涉及的问题包括技术问题、语义问题、效率问题。信息的加工既可以是简单的统计加工，也可以是综合分析加工，还可以使用各种复杂的运筹学模型进行处理。

信息系统在计算机诞生以前已经存在，它是人工的信息系统。现在有了信息技术，有计算机的硬件、软件和网络通信设备的支持，信息系统就发生了变化。信息系统包括以下几点。

(1) 数据处理系统(data processing system，DPS)。数据处理系统就是用计算机来处理数据以提高企业的工作效率。数据处理系统不但能够提高效率，而且能够在局部上提高企业的效益。

(2) 管理信息系统(management information system，MIS)。管理信息系统不但支持低层的管理人员，而且支持中层人员的管理控制，也能为高层提供某些信息。

(3) 决策支持系统(decision support system，DSS)。决策支持系统就是为高层人员做决策服务的。

(4) 办公自动化(office automation，OA)、人工智能(artificial intelligence，AI)、专家系统(expert system，ES)，这些都是为了高层管理服务的。

我们把以计算机为基础的信息系统简称为 CBIS(computer-based information system)(见图 10-3)，它从开始简单的数据处理发展到管理信息系统，在管理信息系统中包含了很多数据处理的功能，然后发展到了决策系统，也包含了管理信息系统和数据处理功能。

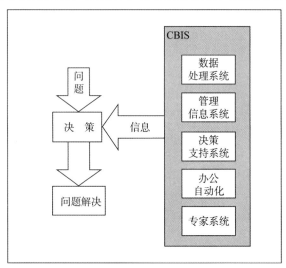

图 10-3　CBIS 模型

CBIS 主要支持高层的决策，同时对中层、低层的管理工作也同样支持，这就形成了信息系统的演变，由支持低层到支持中层，到支持整个企业的管理决策，这就是以计算机为基础的信息系统的发展过程。

二、管理信息系统的特点

管理信息系统的特点可以从以下几方面来概括。

(1) 综合性。从广义上说，管理信息系统是一个对组织进行全面管理的综合系统。一个组织在建设管理信息系统时，可根据需要逐步应用个别领域的子系统，然后进行综合，最终达到应用管理信息系统进行综合管理的目标。管理信息系统综合的意义在于产生更高层次的管理信息，为管理决策服务。

(2) 真实性。企业管理信息系统应当能提供企业管理所需要的各种信息，包括决策、规划、组织、指挥、协调等方面的信息，但这些信息必须是对客观事物的真实描述。真实性要求信息产生的时间、地点、经过、活动的主体都准确无误，所描述的环境、条件必须真实可靠。因为信息处理模型和处理过程的直接对象是数据信息，只有保证真实的、完整的数据资料的采集，系统才有运作的前提。管理信息系统作为一个为管理决策服务的系统，它必须根据管理的需要，及时提供所需要的真实、完整的信息，以帮助决策者做出决策。

(3) 共享性。企业管理信息系统处理的是信息资源，信息资源不像物资那样一旦被谁占有就排斥别人占有，而是某人使用的信息资源的内容，其他人同样可以使用，即企业管理信息系统具有很强的共享性。

(4) 人机系统。MIS 是一个人机结合的辅助管理系统。管理和决策的主体是人，计算机系统只是工具和辅助设备。在管理信息系统中，各级管理人员既是系统的使用者，又是系统的组成部分，因而，在管理信息系统开发过程中，要根据这一特点，正确界定人和计算机在系统中的地位和作用，充分发挥人和计算机各自的长处，使系统整体性能达到最优。

(5) 借助现代管理思想与手段。在设计管理信息系统时应强调科学的现代管理思想与处理方法的应用，并且系统设计要符合实际情况。管理信息系统以高速度、低成本完成数据的处理业务，追求系统处理问题的效率。但是，简单地采用计算机技术提高处理速度充其量只是减轻了管理人员的劳动，若要充分发挥管理信息系统在管理中的作用，就必须与先进的管理手段和方法结合起来，在开发管理信息系统时，融进现代化的管理思想和方法。

三、管理信息系统的结构

研究管理信息系统的结构有利于我们权衡信息技术投资额的分配，就像人对形体美的追求注重身材匀称一样，管理信息系统的建设也要注意其结构的合理性。

从管理信息系统的概念来看，可以将其划分为3类：业务处理系统、知识工作系统和决策支持系统。

从图10-4我们可以看出，业务处理系统是整个管理信息系统的基础。

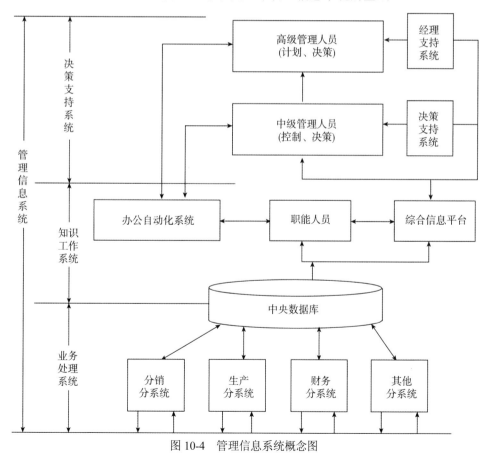

图10-4 管理信息系统概念图

业务处理系统的主要功能是对职能人员按照业务管理规程所做的工作进行真实的记录，它可以在流程上实现对过程的控制，也可以进行必要的统计分析。但其统计分析的结果不便于中、高层管理者直接得到。知识工作系统是整个管理信息系统的神经中枢。其主要功能是进行信息沟通。对于高层来说，可以通过它将整个企业的经营战略公开给相关人员，也可以通过它了解公司内部的经营状况和企业周边的经营环境；对于中层来说，可以通过它将企业的管理制度、工作计划发布出去，也可以通过它了解计划的执行情况、各项资源的应用情况；对于基层来说，可以通过它了解领导的工作安排，反馈相关工作的结果。这种信息沟通的方式可以是定点式的，也可以是广播式的。决策支持系统是整个管理信息系统的最高境界，功能包括企业经营战略的制定、企业资源的分配等。它目前在我国还用得很少。它是以业务处理系统、知识工作系统的充分发展为基础的，只有知识库、模型库健全和完善，才有可能建立真正意义上的决策支持系统。

管理信息系统一般被看作一个金字塔形的结构(如图 10-5 所示)，分为从底层的业务处理到运行控制、管理控制、最高层的战略计划。最基层由任务巨大处理繁杂的事务信息和状态信息构成。层次越往上，事务处理的范围越小，针对的也是比较特殊和非结构化的问题。

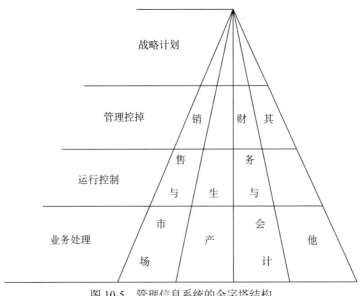

图 10-5 管理信息系统的金字塔结构

第二节 管理信息系统的发展与应用

信息管理系统(information management system, IMS)是组织理论、会计学、统计学、数学模型及经济学的混合物，通过计算机技术网络通信技术、数据库技术等的综合应用，在管理的各个领域和层面发挥了数据处理、预测、计划、控制、辅助决策等巨大作用。

一、管理信息系统的发展

随着环境的变迁与科学技术的发展，近半个世纪以来，管理信息系统的内容工具与作用都发生了很大的变化，计算机技术在企业中的应用越来越深入，管理信息系统从低级的业务处理系统不断地向高级的战略信息系统发展。

（一）电子数据处理(electronic data processing，EDP)

从 20 世纪 50 年代开始，计算机作为强有力的数据处理工具与手段开始在企业管理中应用。计算机在企业管理中最早的应用是工资数据处理，目的是加快数据的处理速度和提高数据处理的精确度。这时的计算机应用只是偶尔的情况，这个阶段被称为电子数据处理阶段。

（二）事务处理系统(transaction processing system，TPS)

后来，计算机技术在企业中的许多管理领域被使用，这时候的企业开始普遍使用计算机系统，许多重复性、数据量庞大的工作都利用计算机来完成，这个阶段的计算机应用主要还是作为事务处理的工具。因此，计算机应用的这个阶段被称为事务处理系统阶段。

（三）管理信息系统(management information system，MIS)

20 世纪 60 年代以后，由于操作系统、数据库系统的出现并逐步成熟导致了计算机在企业管理中的应用更加普及。这时企业不仅仅使用计算机完成业务数据的处理，还使用计算机系统按照预先规定好的数学模型处理一些诸如统计等复杂的操作。计算机应用的这个阶段被称为管理信息系统阶段。

（四）办公自动化系统(office automation system，OAS)

20 世纪 70 年代末，由于个人电脑、局域网的迅速发展，人们可以利用计算机技术来完成那些琐碎、繁重的文档管理、公文流转、记事、调度等工作，并把办公室中的所有工作人员置入一个协同的工作环境中以共享网络中的各种资源。计算机应用的这个阶段被称为办公自动化系统阶段。

（五）决策支持系统(decision support system，DSS)

20 世纪 80 年代初出现了决策支持系统的概念。企业中的决策者希望在满足使用计算机技术处理那些常规操作的同时，自己也参与到计算机系统中，并且可以根据需要随时调整模型的参数，以便分析和比较复杂的决策问题。

（六）基于 Internet 的管理信息系统

进入 20 世纪 90 年代，随着计算机网络技术的进步和 Internet 的出现，计算机技术在企业中的作用越来越重要。这时企业不仅把计算机技术看成一种手段，更看成保证企业成功的一种战略资源。计算机的应用不仅仅局限于一个企业内部，而是遍及许多企业。企业资源计划(enterprise resources planning，ERP)、供应链管理(supply chain management，SCM)、客户关系管理(customer relationship management，CRM)、电子商务(electronic commerce，EC)、战略信息系统(strategic information，SI)等新概念不断涌现。

由上我们可以看出，管理信息系统随着计算机技术和现代信息技术的发展而不断发展，内容也不断发生变化。20世纪70年代管理信息系统的概念是一种狭义的管理信息系统，而当前管理信息系统的概念则是一种更为广泛的概念。无论是决策支持系统还是战略信息系统，都可以称为广义的管理信息系统或简称为信息系统。

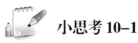

小思考 10-1

什么是电子商务？

答案：电子商务通常是指在全球各地广泛的商业贸易活动中，在互联网开放的网络环境下，基于浏览器/服务器应用方式，买卖双方不谋面地进行各种商贸活动，实现消费者的网上购物、商户之间的网上交易和在线电子支付及各种商务活动、交易活动、金融活动和相关的综合服务活动的一种新型的商业运营模式。

资料来源：http://baike.so.com/doc/5333306-5568741.html

二、管理信息系统在企业中的三种典型应用

企业资源计划、供应链管理和客户关系管理是管理信息系统在企业中的三种典型应用，下面分别就这三种应用做简要介绍。

(一) 企业资源计划

企业资源计划(ERP)是建立在信息技术基础上，利用现代企业的先进管理思想，全面集成了企业所有资源信息(物流、资金流、信息流)，为企业提供决策、计划、控制与经营业绩评估的全方位、系统化的管理平台。其宗旨在于帮助企业合理调配资源，最大化地创造企业效益。

ERP产生于美国，其管理思想和方法在美国、德国等工业发达国家得到了广泛应用并取得了显著的经济效益。20世纪80年代，ERP开始进入我国企业。经过20多年的探索和实践，随着企业对信息化理解的加深和企业之间竞争的加剧，ERP已被越来越多的企业所接受。计世资讯的研究表明，ERP已占据中国管理软件市场的52.4%，并已取代财务软件成为中国管理软件市场上的主力军。

(二) 供应链管理

供应链管理(SCM)是一个范围更广的企业结构模式，它以核心企业为主，将客户、研发中心、供货商、制造商、分销商、零售商、服务商等整合成一个完整的网链结构，供应链上的各个节点企业形成了一个不可分割的有机整体，实现对客户需求、产品研发、原材料采购、产品制造、产品销售和产品服务等各环节供应链资源的有效规划和控制。供应链管

理突破了传统管理信息系统侧重于企业内部管理的范畴，体现了一种全新的管理思想，内容融合了业务活动。

在供应链管理中，强调以同步化、集成化的生产计划为指导，以各种技术为支持，以 Internet/Intranet 为依托，围绕着供应、生产作业、物流或制造过程、分销和销售或满足需求来实施。

(三) 客户关系管理

当前市场竞争日趋激烈，企业仅仅依靠产品的质量已经很难留住客户，必须为客户提供全方位的服务，服务已经成为企业取得成功的强有力的手段。对企业来说，针对每个客户的不同需求，提供个性化的服务已经成为当务之急。客户关系管理(CRM)就是融合了当今最新的信息技术，包括 Internet 技术、多媒体技术、数据仓库和数据挖掘、专家系统和人工智能、呼叫中心，通过对客户进行跟踪、管理和服务，留住老客户、吸引新客户的手段和方法。

CRM 凝聚了市场营销的管理思想。市场营销、销售管理、客户关怀、服务和支持构成了 CRM 软件的基石。CRM 是围绕客户关怀的整个业务和信息系统的集成。CRM 是体现先进管理思想的信息技术的综合运用，是管理思想、业务、信息技术的高度整合，很难将 CRM 中的信息与具体的业务活动分割开来，它们已经高度集成。

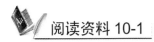

伊利聚焦全球最优品质
安全奶粉创造品牌口碑

三、管理信息系统在企业应用中存在的问题

我国企业管理信息系统建设总体上处于起步阶段，企业管理信息系统效益总体评价不高，即使是全国领先的上海和广东也是如此。国外在信息系统的研究建设方面起步较早，在电子数据处理系统、企业管理信息系统、决策支持系统的研究与建设中均取得了显著的成绩。如目前在许多国家的企业中广泛使用的 MRP II(manufacturing resource planning，企业制造资源计划)就是企业管理信息系统的典型代表，它已被世界许多国家的企业所使用。与发达国家的企业信息化水平相比，中国的企业信息化还有很大的差距。

(1) 企业管理制度和运行机制不完善。目前我国大多数国有大中型企业正处于转换运行机制阶段，股份所有制企业亦如雨后春笋般大批涌现。社会主义市场经济体系正在逐步建立和完善。但是，许多企业从领导到员工仍然抱着国家包管一切的陈旧观念，借企业要建立管理信息系统之机，向主管部门要财、要物、要人，而不是把建立这样一个系统作为企业自身发展的内在需求和提高企业竞争力的有效途径。此外，企业缺少内部增值动力和外部竞争压力，造成了对建立企业管理信息系统缺少热情和动力。部分企业经营状况不佳，即使想使用企业管理信息系统也拿不出资金。所以,尽快转换运行机制和管理体制,建立现代企业制度,乃是搞好企业管理信息系统的必要条件。

(2) 企业管理不规范,不能适应现代化管理的观念。规范化管理是企业现代化管理的标志,企业的技术落后不能作为企业管理落后的理由。许多实例证明,技术落后的企业通过先进的管理模式的应用,其经济效益并不差。采用先进的规范化的管理也可以使企业的效益得到提高。在生产和管理不规范的条件下建立的企业管理信息系统,往往由于旧的管理模式基础太差,管理不到位,导致半途而废或即使建立起来了也达不到预期效果。建立企业的管理信息系统是现代企业管理理念的应用与实践,所以,应使建立过程与现代企业管理过程相互适应,相互协调。

(3) 在不了解企业确实需求的基础上,提出脱离实际的解决方案。许多企业建立管理信息系统的方案,是由非本企业的信息技术(IT)系统集成厂商提供的。虽然系统集成厂商也征求企业有关人员的意见或吸收企业有关人员或部门参加方案的制定,但他们往往对企业的真正需求不甚了解,对企业千差万别的情况弄不清,即使当时弄清了,企业的需求也可能发生变化。所以,系统解决方案是好的,技术是先进的,但有可能同企业的生产管理实际相脱节,达不到管理简单、安全可靠、便于改进、易于使用的要求。这使企业管理信息系统的建立一开始就蒙上了概念模糊的阴影,如果不能及时修正、完善,其成效可想而知。

(4) 企业内部部门之间相互掣肘,协调不利。要想成功地建立企业管理信息系统,企业内部各部门之间的相互协调也是很重要的因素。企业内部存在着不同的工种、科室,有时有相互交叉的隶属关系,当牵扯到部门利益管辖范围时可能相互掣肘,不能顾全大局。所以,建立企业管理信息系统可以说需要三分技术、七分协调。协调成败的关键在企业领导,只要领导重视并有较大的决心、较高的认识,甚至亲自出面进行协调,事情就好办得多;反之,仅靠一两个工程技术人员很难协调过程中遇到的种种复杂的关系,往往造成工作进展缓慢。

(5) 不能保持技术和设备的不断更新。企业要建立管理信息系统,不但要保证硬件建设一次性投资,还要考虑到软件建设和系统维护、设备更新的需要。一次性投入资金把系统网络建立起来并不难,比较难的是如何获得充分的信息资源并不断地更新这些资源,以满足企业内外对信息的需要。切忌重硬件投入,轻维护更新;重设备购置,轻软件管理资源。往往是初始建设的一次性投入有保证,后续的维护更新无结果。系统虽然建成了,可享受的资源却有限,而且软、硬件资源信息技术发展变化快,几年甚至一两年内就更新换代一次。如果由于种种原因使建设周期拖得很长,项目尚未建成投产,技术就已经落后了,从头再来,得不偿失。

(6) 没有专业化的队伍,系统运作不流畅。现代化的管理信息系统要建立在计算机网络技术和大量信息的收集、处理基础之上,需要专业化的人才队伍来维护系统的运行。企业专业人才的数量与质量直接决定企业信息系统的水平。我国的信息和信息技术的专业队伍相对来说很小,人才短缺,在企业内部尤其明显,企业内部专业队伍不稳定,人才流失严重,甚至导致企业信息化工作瘫痪。所以,企业应重视人才培养,专业队伍的建设要立足于自力更生。

(7) 不能恰当地选择合作伙伴和系统IT集成商。如果不能恰当地选择合作伙伴和IT集成商，系统集成、软件开发、设备购置、信息获取等就难免质低、价高、效果差，所以，要在多方面咨询、详细调查、反复论证的基础上来选择。选择合作伙伴和系统IT集成商有以下几条重要的原则：第一，从一开始技术上就要高起点，软硬件设备要先进；第二，IT集成商的售后服务要有良好的信誉，软件开发合作伙伴要有高度的敬业精神；第三，合作伙伴最好已经有了相关建立管理信息系统的经验，否则，企业难免做某些商家的实验品。

(8) 企业员工包括领导层对企业管理信息系统的认同和参与不够。企业管理信息系统的建立和应用不应当只是专业人员的任务，而应当成为企业全体员工的共同事业，尤其是企业领导层要做到关心、支持和鼓励。首先，企业要培养员工的认同感、参与感，使人人皆能体会到系统为工作带来的方便和效益；其次，在系统的设计、施工、验收等工作当中，可以考虑吸收各个部门中对其部门工作流程比较熟悉的代表加入，为将来投入使用做好准备。

第三节 企业资源计划

企业资源计划(enterprise resources planning，ERP)是一个庞大的管理信息系统，是一个整合了企业管理理念、业务流程、基础数据、计算机硬件和软件于一体的企业资源管理系统。ERP是当今国际上先进的企业管理模式，其主要思想是对企业中所有的人、财、物、信息等资源进行综合平衡和优化管理，面向全球市场，协调企业中的各个职能部门，围绕市场导向开展各种业务活动，使企业在激烈的市场竞争中全方位地发挥自己的能力，从而取得最好的经济效益。

一、ERP的主要功能模块与业务流程

(一) ERP的主要功能模块

在企业中，一般的管理主要包括四个方面的内容：财务管理(会计核算、财务管理)、生产控制管理(计划、制造)、物流管理(分销、采购、库存管理)和人力资源管理。这四大系统本身就是一个集成体，它们相互之间有相应的接口，能够很好地整合在一起对企业进行管理。

1. 财务管理模块

在企业中，清晰透明的财务管理是极其重要的，所以它是整个ERP方案中不可或缺的一部分。ERP中的财务管理模块与一般的财务软件不同，作为ERP系统的一部分，它与系统的其他模块有相应的接口，能够相互集成。例如，它可将生产活动、采购活动中输入的信息自动计入财务模块生成总账、会计报表，取消了输入凭证烦琐的过程，几乎完全替代了以往传统的手工操作。

一般ERP软件的财务管理模块分为会计核算与财务管理两个子模块。会计核算主要是记录、核算、反映和分析资金在企业经济活动中的变动过程和结果。它由总账、应收账、应付账、

现金、固定资产、多币制等子模块构成。财务管理的功能主要是基于会计核算的数据加以分析，从而进行相应的预测、管理和控制活动。它侧重于财务计划、控制、分析和预测。

2. 生产控制管理模块

这一部分是 ERP 系统的核心所在，它将企业的整个生产过程有机地结合在一起，使得企业能够有效地降低库存，提高效率，同时将原本分散的各个生产流程自动地连接，也使得生产流程能够前后连贯地进行，而不会造成生产脱节，耽误生产交货时间。生产控制管理是一个以计划为导向的、先进的生产管理方法。首先，企业要制订一个总生产计划，再经过系统层层细分后下达到各部门去执行，即生产部门按此生产、采购部门按此采购，等等。

3. 物流管理模块

物流管理包括分销管理、库存控制、采购管理等子模块。

(1) 分销管理是从产品的销售计划开始，对其销售产品、销售地区、销售客户等各种信息进行管理和统计，并对销售数量、金额、利润、绩效、客户服务做出全面的分析。

(2) 库存控制主要用于控制存储物料的数量，以保证稳定的物流、支持正常的生产，但又最小限度地占用资本。它是一种相关的、动态而真实的库存控制系统。它能够结合相关部门的需求，随时间变化动态地调整库存，精确地反映库存现状。

(3) 采购管理用于确定合理的订货量、确定优秀的供应商及保持最佳的安全储备。它能够随时提供定购、验收的信息，跟踪和催促对外采购或委托加工的物料，保证货物及时到达。此外，它可以建立供应商的档案，用最新的成本信息来调整库存的成本。

4. 人力资源管理模块

以往的 ERP 系统基本上都是以生产制造及销售过程(供应链)为中心的，因此，长期以来企业一直把与制造资源有关的资源作为企业的核心资源来进行管理。但近年来，企业内部的人力资源越来越受到企业的关注，被视为企业的资源之本。在这种情况下，人力资源管理作为一个独立的模块被加入到 ERP 系统中，与 ERP 中的财务、生产系统组成一个高效的、具有高度集成性的企业资源系统。它与传统方式下的人事管理有着根本的不同。

人力资源管理模块通常由人力资源规划的辅助决策、招聘管理、工资核算、工时管理、差旅核算等子模块构成。

(二) ERP 软件的主要业务流程

(1) 根据客户的订单需求制订物料需求计划(material requirements planning，MRP)。

(2) 在 MRP 制订过程中，需要进行以下工作流程：①将销售订单汇总并计算现有成品的库存，制订生产计划；②计算现有材料、半成品库存，制订采购计划。

(3) 车间根据生产计划生产产品，将产品储存到成品仓库，仓库发货给客户。

(4) 采购部门根据采购计划进行物料采购。

(5) 客户收到货后发出货物反馈信息，信息被收到后传入 ERP 入口，形成一个周期。

ERP 软件的主要业务流程如图 10-6 所示。

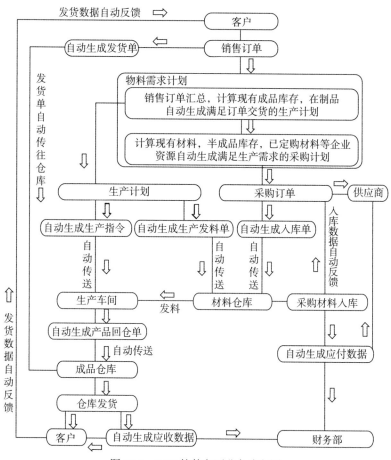

图 10-6　ERP 软件主要业务流程图

二、ERP 的实施过程

一般来说，ERP 的具体实施有以下几个步骤。

(一) 项目的前期工作

实施 ERP 之前，首先要对企业本身有一个充分的认识，知己知彼才能百战百胜。这个阶段的工作主要包括以下内容。

(1) ERP 原理培训。培训的主要对象是企业高层领导及日后的 ERP 项目组人员，使他们掌握 ERP 的基本原理和管理思想是 ERP 系统应用成功的思想基础。因为只有企业的各级管理者及员工才是 ERP 的真正使用者；只有他们才真正了解企业的需求；也只有他们理解了 ERP，才能判断企业需要什么样的 ERP 软件，才能更有效率地运用 ERP。

(2) 企业诊断。由企业的高层领导和日后的各项目组人员使用 ERP 的思想对企业现行管理的业务流程和存在的问题进行评议和诊断，找出问题并寻求解决方案，用书面形式明确预期目标并规定实现目标的评价标准。

(3) 需求分析。企业在准备应用 ERP 系统之前，还需要理智地进行立项分析，然后将分析的结果写成正式的需求分析和投资效益分析书面报告，从而做出是否采用 ERP 项目的正确决策。

(4) 物质准备。以目前的企业规模估计引进 ERP 系统所需的人力、财力和物力，确定实施队伍人员。

(二) 实施准备阶段

在这个准备阶段中，要做以下几项工作。

(1) 项目组织工作。ERP 的实施是一个大型的系统工程，需要组织上的保证，如果项目的组成人选不当或协调配合不好，将直接影响项目的实施进展和成败。项目组织应该由领导小组、项目实施小组、业务组三个层级组成，每一层的组长都是上层的成员。

(2) 数据准备工作。在运行 ERP 系统之前要准备和录入一系列基础数据，这些数据是在运行系统之前没有或未明确规定的，故需要做大量的分析研究工作。这些数据包括产品、工艺、库存等信息，还包括一些设置的参数，如系统安装调试所需信息、财务信息、需求信息等。

(3) 系统安装调试工作。在人员、基础数据已经准备好的基础上，可以在企业中安装系统并进行一系列的调试活动。

(4) 软件原型测试工作。这是对软件功能的原型测试，也称计算机模拟。由于 ERP 系统是信息集成系统，所以在测试时应当是全系统地测试，各个部门的人员都应该同时参与，这样才能理解各个数据、功能和流程之间的相互集成关系。

(三) 模拟运行及用户化阶段

这一阶段的目标和相关的任务有以下三方面。

(1) 模拟运行及用户化。在基本掌握软件功能的基础上，选择代表产品，将各种必要的数据录入系统，针对企业日常工作中经常遇到的问题，组织项目小组进行实战性模拟，提出解决企业管理问题的方案，进行用户化或二次开发。

(2) 制定工作准则与工作规程。在进行了一段时间的测试和模拟运行之后，针对实施中出现的问题，项目小组会提出一些相应的解决方案。在这个阶段，要将与之对应的工作准则与工作规程初步制定出来，并在以后的实践中不断加以完善。

(3) 验收。在完成必要的用户化的工作并进入现场运行之前，还要经过企业最高领导的审批和验收通过，以确保 ERP 的实施质量。

(四) 切换运行阶段

这要根据企业的条件来决定应采取的步骤，可以各模块平行一次性实施，也可以先实施一两个模块。在这个阶段，所有最终用户必须在自己的工作岗位上使用终端或客户机操作以确保系统处于真正应用状态，而不是集中于机房。如果手工管理与 ERP 系统还有短时的并行，则可将 ERP 系统作为一种应用模拟看待，但时间不宜过长。

(五) 新系统运行阶段

一个新系统被应用到企业后,实施的工作并没有完全结束,企业还要进行系统运行的效果评价并进入下一步的后期支持阶段。这就有必要对系统实施的结果做一个小结和自我评价,以判断是否达到了最初的目标,从而在此基础上制定下一步的工作方向。此外,由于市场竞争形势的发展,新的需求将会不断被提出,再加之系统的更新换代、计算机技术的进步等都会对原有系统构成新的挑战,所以企业无论如何都必须在巩固的基础上,通过自我评价制定下一目标,再进行改进,从而不断地加以巩固和提高。

阅读资料 10-2

ERP 产生的历史背景

三、ERP 软件的发展趋势

ERP 出现后不久,计算机技术就遇到了 Internet/Intranet 和网络计算的热潮、制造业的国际化倾向及制造信息技术的深化。这些又将制造业管理信息系统的发展推到了一个新阶段,其中最引人注目的有以下几方面的发展。

(一) 纳入 PDM 功能

产品数据管理(product data management,PDM)将企业中的产品设计和制造全过程的各种信息、产品不同设计阶段的数据和文档组织在一个统一的环境中。随着计算机集成制造系统(computer integrated manufacturing system,CIMS)和并行工程的日益发展,PDM 愈显重要。CAD 和 ERP 厂商都将 PDM 作为自己的产品来发展。在 ERP 方面,BAAN 公司出台了自己的 PDM 产品,实现设计数据、产品构型、物流清单(bill of materials,BOM)、设计文档、有效性控制等。在 Oracle 的 Manufacturing 10SC 中的工程数据管理是面向企业新产品开发和研制的,可以在研制和批生产混线的企业中应用,简化了系统在新产品投产时的准备工作。BPCS 软件的 C/S 版和 SAP 软件的 R/3 中都直接加入了与 PDM 相重叠的功能,增加了对设计数据的管理、设计文档的应用和管理,减少了 MRP Ⅱ 庞大的数据管理和数据准备工作量。R/3 和 BAAN 的 PDM 还能直接与 CAD 软件相连接。

(二) ERP 与 EDI 的集成

虽然 EDI(electronic data interchange,电子数据交换)是许多 MRP Ⅱ 已经具有的功能,但近年来 ERP 的 EDI 功能又有了进一步的扩展。

(1) ERP 将企业内部的 EDI 集成。业务文件(如计划或订单)的传递和一般的公文传递在内容、传递范围或是所运行的计算机环境等方面都有区别,但又是交叉在一起的。ERP 把原来分散的 EDI 连通是企业办公自动化的一个重要的进步。ERP 系统的 EDI 具有与系统以外的 EDI 连通的功能。这样 ERP 用户可以在同一个环境中，与本企业的非 ERP 软件用户交换信息。

(2) 企业间的 EDI。当前在某些行业中，如汽车制造业，EDI 功能是至关重要的。汽车行业销售的方式要求 ERP 软件在销售和采购模块中用 EDI 实现客户或供应商之间的电子订货和销售开单过程。

(三) 增加了工作流功能

对工作流(work flow)的需求是与无纸管理及 EDI 在 ERP 软件中的应用同时发生的。使用 EDI 以后出现了如何将电子文档(电子的计划文件、电子订单或工程更改文件)在要求的时间按照规定好的路线传递给指定人员的问题，这就必须采用工作流管理进行控制。在 Oracle 的 Manufacturing 10SC 中已加入了工作流管理模块，这是一个集成的、基于规则的、自动和连贯的工作流管理程序。全面的工作流规则保证与时间相关的业务信息，诸如对采购订单需求的核准，能够自动地在正确的时间流转到指定的人员处。对工作流的管理使 ERP 的功能扩展到办公自动化和业务流程的控制之中。

(四) 增加数据仓库 DW 和联机分析处理 OLAP 功能

MRP Ⅱ 或 ERP 软件的基本特征是"联机事务处理"。但对于企业高层管理者来说，从规模庞大、数据完整但"事无巨细"的 ERP 系统中直接获取那些进行宏观决策所需的数据是很困难的。20 世纪 90 年代中期出现了数据仓库(data warehouse，DW)和联机分析处理(online analytical processing，OLAP)技术，新一代的 ERP 软件立即将其综合进去，为用户提供企业级宏观决策的分析工具。Manufacturing SC10 版本的 Application Data Warehouse(应用数据仓库)模块就是一个功能强大的基于 DW 和 OLAP 技术的决策支持集成环境。SAP 软件利用它的业务应用程序接口(business application programming interface，BAPI)将第三方的 DSS(决策支持系统)和 OLAP 软件集成进来。Information Builder 公司将为 R/3 的用户提供数据仓库软件包，Business Objects 与 SAP 联合开发了一个针对 R/3 的集综合查询、报表和 OLAP 为一体的 DSS 版本。

(五) 客户关系管理的应用

客户关系管理系统，又称前台管理系统，成了 ERP 市场上最新的亮点。一般来讲，客户关系管理系统包含销售、市场及服务三类模块。其中，销售模块有很多功能，从最初的需求生成，到自主销售，到最后的销售人员佣金管理都涵盖其中，销售人员只要有一台手提式电脑，就可以随时得到生产、库存和订单处理的情况，可以随时随地与任何客户进行业务活动；而市场模块则偏重于对市场计划和市场战役的策划与管理，让企业心中有数；服务模块涉及服务的方方面面，例如服务合同管理和电话呼叫中心的管理等，确保企业提供优质服务。

(六) 向 Internet、Web 上转移

由于今后 Intranet 将成为许多大公司网络建设的选择，使用 Web 客户机具有费用低廉、安装和维护方便、能跨平台运行和具有统一、友好的用户界面的优点，加之所有的数据库厂商对 Web 技术的支持，使得目前几乎所有的客户、服务器应用程序的开发厂商都计划将 Web 浏览器

的前端安装到他们的产品上去。专家们预言,"Web 浏览器将来会完全代替传统的客户机"。几个大的制造软件公司 Oracle、SALP 和 BAAN 都在争先恐后地把他们的 MRP Ⅱ、ERP 客户、服务器应用程序的客户机"Web 化"。

阅读资料 10-3

ERP 在中国的应用与发展

第四节 物联网

物联网是继计算机、互联网和移动通信之后的又一次信息产业的革命性发展。目前,物联网被正式列为国家重点发展的战略性新兴产业之一。物联网产业具有产业链长、涉及多个产业群的特点,其应用范围几乎覆盖了各行各业。

一、物联网的概念

物联网是新一代信息技术的重要组成部分。物联网的英文名称叫 the Internet of things。顾名思义,物联网就是"物物相连的互联网"。这有两层意思:第一,物联网的核心和基础仍然是互联网,是在互联网基础上的延伸和扩展的网络;第二,其用户端延伸和扩展到了任何物体与物体之间,进行信息交换和通信。因此,物联网的定义是:通过射频识别(radio frequency identification,RFID)、红外感应器、全球定位系统、激光扫描器等信息传感设备,按约定的协议把任何物体与互联网相连接,进行信息交换和通信,以实现对物体的智能化识别、定位、跟踪、监控和管理的一种网络。

二、物联网的特征

和传统的互联网相比,物联网有其鲜明的特征。

(1) 它是各种感知技术的广泛应用。物联网上部署了海量的多种类型传感器,每个传感器都是一个信息源,不同类别的传感器所捕获的信息内容和信息格式不同。传感器获得的数据具有实时性,按一定的频率周期性地采集环境信息,不断更新数据。

(2) 它是一种建立在互联网上的泛在网络。物联网技术的重要基础和核心仍旧是互联网,通过各种有线和无线网络与互联网融合,将物体的信息实时准确地传递出去。在物联网上的传感器定时采集的信息需要通过网络传输,由于其数量极其庞大,形成了海量信息,在传输过程中,为了保障数据的正确性和及时性,必须适应各种异构网络和协议。

(3) 物联网不仅仅提供了传感器的连接，其本身也具有智能处理的能力，能够对物体实施智能控制。物联网将传感器和智能处理相结合，利用云计算、模式识别等各种智能技术，扩充其应用领域。从传感器获得的海量信息中分析、加工和处理出有意义的数据，以适应不同用户的不同需求，发现新的应用领域和应用模式。

三、物联网的技术架构和应用模式

从技术架构上来看，物联网可分为三层：感知层、网络层和应用层。

(1) 感知层由各种传感器及传感器网关构成，包括二氧化碳浓度传感器、温度传感器、湿度传感器、二维码标签、RFID 标签和读写器、摄像头、GPS 等感知终端。感知层的作用相当于人的眼、耳、鼻、喉和皮肤等神经末梢，它是物联网识别物体、采集信息的来源，其主要功能是识别物体、采集信息。

(2) 网络层由各种私有网络、互联网、有线和无线通信网、网络管理系统和云计算平台等组成，相当于人的神经中枢和大脑，负责传递和处理感知层获取的信息。

(3) 应用层是物联网和用户(包括人、组织和其他系统)的接口，它与行业需求结合，实现物联网的智能应用。

物联网的行业特性主要体现在其应用领域内，目前绿色农业、工业监控、公共安全、城市管理、远程医疗、智能家居、智能交通和环境监测等各个行业均有物联网应用的尝试，某些行业已经积累了一些成功的案例。

根据其实质用途可以归结为以下三种基本应用模式。

(1) 对象的智能标签。通过二维码、RFID 等技术标识特定的对象，用于区分对象个体，例如在生活中我们使用的各种智能卡，条码标签的基本用途就是用来获得对象的识别信息；此外，通过智能标签还可以用于获得对象物品所包含的扩展信息，例如，智能卡上的金额余额、二维码中所包含的网址和名称等。

(2) 环境监控和对象跟踪。利用多种类型的传感器和分布广泛的传感器网络，可以实现对某个对象的实时状态的获取和特定对象行为的监控，如使用分布在市区的各个噪声探头监测噪声污染，通过二氧化碳传感器监控大气中二氧化碳的浓度，通过 GPS 标签跟踪车辆位置，通过交通路口的摄像头捕捉实时交通流程等。

(3) 对象的智能控制。物联网基于云计算平台和智能网络，可以依据传感器网络用获取的数据进行决策，改变对象的行为并进行控制和反馈。例如，根据光线的强弱调整路灯的亮度，根据车辆的流量自动调整红绿灯间隔等。

阅读资料 10-4

在物联网时代的网是怎样的网呢？

第五节 "互联网+"

通俗地说,"互联网+"就是"互联网+各个传统行业",但这并不是简单的两者相加,而是利用信息通信技术及互联网平台,让互联网与传统行业进行深度融合,创造新的发展生态。它代表一种新的社会形态,即充分发挥互联网在社会资源配置中的优化和集成作用,将互联网的创新成果深度融合于经济、社会各领域之中,提升全社会的创新力和生产力,形成更广泛的以互联网为基础设施和实现工具的经济发展新形态。

一、"互联网+"的概念

"互联网+"是创新2.0下的互联网发展的新业态,是知识社会创新2.0推动下的互联网形态演进及其催生的经济社会发展新形态。所谓"互联网+",是指以互联网为主的新一代信息技术(包括移动互联网、云计算、物联网、大数据等)在经济、社会生活各部门的扩散、应用与深度融合的过程,这将对人类经济社会产生巨大、深远而广泛的影响。"互联网+"的本质是传统产业的在线化、数据化。这种业务模式改变了以往仅仅封闭在某个部门或企业内部的传统模式,可以随时在产业上下游、协作主体之间以最低的成本流动和交换。

"互联网+"概念的中心词是互联网,它是"互联网+"计划的出发点。"互联网+"计划具体可分为两个层次的内容来表述。一方面,可以将"互联网+"概念中的文字"互联网"与符号"+"分开理解。符号"+"意为加号,即代表着添加与联合。这表明了"互联网+"计划的应用范围为互联网与其他传统产业,它是针对不同产业间发展的一项新计划,应用手段则是通过互联网与传统产业进行联合和深入融合方式进行。另一方面,"互联网+"作为一个整体概念,其深层意义是通过传统产业的互联网化完成产业升级。互联网通过将开放、平等、互动等网络特性在传统产业的运用,通过大数据的分析与整合,试图理清供求关系,通过改造传统产业的生产方式、产业结构等内容,来增强经济发展动力,提升效益,从而促进国民经济健康有序发展。

二、"互联网+"的主要特征

"互联网+"外在特征表现为互联网+传统行业。"互联网+"是互联网与传统产业的结合,其最大的特征是依托互联网把原本孤立的各传统产业相连,通过大数据完成行业间的信息交换。具体来说,"互联网+"主要特征表现为以下几点。

(1) 跨界融合。"+"就是跨界,就是变革,就是开放,就是重塑融合。敢于跨界了,创新的基础就更坚实;融合协同了,群体智能才会实现。互联网和传统行业全方位协作,建立完善的共同发展模式,进而带动全行业发展。传统行业中的制造技术、产品内容、商业营销模式、组织管理、用户服务体系等都可以通过互联网做调整。传统企业对行业内部规律了解更透彻,要主动吸收互联网理念,明确自身战略定位,充分考虑客户需求,探求更为大众所需的行业产品,更利于行业发展。

(2) 创新驱动。中国粗放的资源驱动型增长方式早就难以为继，必须转变到创新驱动发展这条正确的道路上来。这正是互联网的特质，用所谓的互联网思维来求变、自我革命，也更能发挥创新的力量。传统产业依托互联网数据实现用户需求的深度分析。通过互联网化，传统产业调整产业模式形成以产品为基础，以市场为导向，为用户提供精准服务的商业模式。

(3) 重塑结构。信息革命、全球化、互联网业已打破了原有的社会结构、经济结构、地缘结构、文化结构，权力、议事规则、话语权不断在发生变化。互联网让社会结构随时面对不确定性，社群、共享等理念纷纷出现，使社会变得更加多元化、个性化。

(4) 以人为本。人性是推动科技进步、经济增长、社会进步、文化繁荣的最根本的力量，互联网的力量之强大最根本的也来源于对人性的最大限度的尊重、对人体验的敬畏、对人的创造性发挥的重视，例如UGC(user generated content，用户原创内容)、卷入式营销、共享经济等。

(5) 开放生态。关于"互联网＋"，生态是非常重要的特征，而生态的本身就是开放的，我们推进"互联网＋"，其中一个重要的方向就是要把过去制约创新的环节化解掉，把孤岛式创新连接起来，让研发由人性决定的市场驱动，让创业努力者有机会实现价值。

(6) 连接一切。连接是有层次的，可连接性是有差异的，连接的价值是相差很大的，但是连接一切是"互联网＋"的目标。

三、"互联网＋"的商业模式

"互联网＋"时代的重要特征是生产流程全面网络化。无论资金、产品、销售都将打上"互联网＋"的烙印，与之对应，传统的商业模式和法则也将被新型模式法则所取代。

(一) 交互性的生产模式

企业主导了工业时代的生产环节，而消费者则被动地接受"商品"，但是在"互联网＋"时代，生产环节开始由消费者的需求来决定，这种模式法则被称为C2B(customer to business，消费者对企业)模式，也称为交互式生产。

交互式生产的核心是聚集数量庞大的个体消费者形成一个强大的采购集团，进而改变原有模式中消费者的弱势地位。过去生产者生产出了产品再寻找买家，是推力推动。在"互联网＋"时代，消费者反过来引导企业生产产品，是拉力拉动。

随着"互联网＋"行动的落实，交互式生产将成为"互联网＋"时代的主流，其主要特征表现为：①消费者驱动，传统的商业模式是以企业为中心，交互式生产则以用户为中心；②定制方式创造价值，消费者参与不同程度、不同环节上的生产将创造独特的体验价值；③大规模协作，大规模、实时化、社会化的网上协作将取代传统的线性供应链。

由于个性化需求的兴起，大规模生产的范式到20世纪70年代已经尽显疲态，20世纪90年代开始的大规模定制受到广泛的关注，最著名的例子是Dell公司。但是Dell公司只是为消费者提供了类似菜单的受限选择，并非真正的交互式生产。近年来，海尔与天猫合作，打破原有30年积累的生产供应链体系，构建了"海立方"平台，其目的是吸纳网民的智慧，为有创意的个人或者小微企业提供产品设计指导、项目资金筹集、产品生产制造、产品市场销售等一系列服务，最终自身获得效益。这已成为交互式生产的典型范例。

(二) "众筹"——全新的融资模式

众筹是指大众通过互联网相互沟通联系，并汇集资金支持由其他组织和个人发起活动的集体行动。筹资的企业或个人通过互联网平台向大众投资人介绍自身的筹资需求并描述自己的项目，大众投资人根据情况选择项目进行小额投资，支持项目的开展，并在项目成功后获得报酬。其主要模式有以下几种。

(1) 捐赠与赞助：捐赠与赞助是无偿的投资模式，大众可以通过网站直接选择捐赠与赞助小额的现金，一些公益机构的网站允许直接在网站上捐款，通过网络来扩大捐款的来源。

(2) 预售：预售是应用最为普遍的众筹模式，产品或者服务在创造出来前，首先发布在网站上吸引潜在用户与投资者，投资者选择投资后，会在规定的时间内收到该产品或享受到服务。项目不回报现金与股权，使得投资项目更像一种提前的购买行为，从而避免"非法集资"之嫌。

(3) 借贷与股权投资：该模式与预售模式有许多相同之处，不同的是该模式以现金或者公司的股权作为回报。正因为如此，该模式也更加适合中小企业融资。

(三) "众包"式的创新模式

传统产品创新方法是，首先由企业对市场进行调查，然后根据调查结果得出消费需求，再通过对现有产品进行改进设计出新的产品。这种创新的投资回报率比较低。众包源于对企业传统创新模式的反思，"以用户创造内容"，企业通过互联网将工作分包给大众，任何参与者都能借助网络平台提供创意，解决问题并获取相应的回报。在"互联网＋"背景下，创新往往难以由一个人独立完成，需要不同技能、知识和信息的人员共同解决。大众中有些人具有解决某个问题的能力，故在相同的知识水平下，群体的智慧往往胜过单个最聪明的人，众包动用集体智慧，利用网络协作的力量，汇集知识的多元性，解决具有复杂性和多样性的问题。

在众包模式中，公众既是参与者，也是宣传者，这种消费者生产模式能够更好地满足人们的需求，拉近产品与用户之间的关系，增加用户的忠实度。众包模式不仅为企业的创新和创意活动提供了新途径，而且可以使企业的设计、研发的费用大大降低。

(四) 平台经济模式

平台经济是指一种虚拟或真实的交易场所，平台本身不生产产品，但可以促成双方或者多方供求之间的交易，收取适当的费用或赚取差价而获得利益。平台经济不算是全新的商业模式，以前的中介公司所扮演的是平台型企业的角色，其从事的经济活动也属于平台经济。但由于技术水平的限制，传统的平台型企业的业务活动容易受到地域、时间等的限制。

随着互联网技术的应用，平台型企业纷纷涌现，催生了新一轮的平台经济浪潮。通过"互联网＋平台经济"，人们可以突破空间和时间的限制，电子支付和现代物流又给平台经济带来极大的便利。未来企业之间的竞争，是商业生态系统之间的博弈抗衡，"互联网＋平台经济"一定是未来互联网经济主要模式之一。在"互联网＋平台经济"模式中，产业链中传统的优势企业可以借助互联网进一步加强对产业链的控制，既拥有线下优势资源的产业平台，又可借助互联网实现信息平台、交易平台、定价平台等多重功能，从而放大在产业中的优势。

以互联网为基础的电子商务平台，改变了人们的消费和企业的营销方式，也为平台经济模式奠定了发展基础，强大的核心资源能力是平台经济建立长期竞争优势的来源，也是平台经济的立身之本。例如，谷歌成功的关键在于拥有全球领先的搜索技术和全球最大的信息库等核心资源能力，并不断保持创新全球搜索的领先优势。创新的赢利模式是平台经济将核心资源能力转变成企业营收的重要路径和方式，直接决定了平台型企业的生命力。例如，苹果应用商店实行"应用内收费＋内置广告"的赢利模式，谷歌是典型的广告盈利模式，腾讯实行"广告＋增值服务"的赢利模式。高效的服务支持是平台保持吸引力、强化凝聚力、实现有效运营的关键要素之一，必要的服务支持包括审核、评价、监督管理、网络安全等，苹果、谷歌、百度、腾讯、淘宝等平台企业，无不将服务支持作为做好自身平台的必备要素，采取各种措施强化平台的服务支持，推动平台的不断成长。培育用户的黏性和忠诚度，留住用户，成为平台长期发展的要素之一。例如，谷歌坚持"卖广告不卖搜索结果"的原则，对搜索结果采取自然排序，不进行人工干预，为用户提供高效、客观、可靠的搜索体验。

(1) 开放性、连接性、聚合性、稀缺性是一个平台运行的必备特性。

① 开放性：是通过制定相应规则，对合作伙伴开放，整合上下游产业链，通过开放而非管制吸引相关企业入驻，平台合作伙伴越多，平台价值越大，阿里巴巴旗下的淘宝与天猫商城就是电子商务领域最大的开放性平台，通过这一平台整合买家与卖家，同时吸引一定数量的设计和开发者。

② 连接性：是通过连接激发网络效应，连接的规模、数量越大，平台的影响力越强，通过平台将商机连接起来，商户信息消费者可以随时查找，消费者的评价可以及时得到反馈，同时又会影响其他消费者，激发强大的网络涟漪效应。

③ 聚合性：平台可以促使大量相关企业或服务通过平台对接，平台上的各方能够为彼此提供服务和创造价值。例如，58同城网定位于本地社区及免费分类信息服务，帮助人们解决工作与生活中所遇到的问题，聚合了大量个人信息与商家信息，为网民解决日常生活中的焦点、难点问题提供了便捷的解决途径。

④ 稀缺性：平台想做大，至少要有一项业务，对于整个行业来讲是稀缺的，也就是要具有核心竞争力，尤其对互联网企业来说，只有老大，没有老二。例如，新浪微博上市，腾讯直接放弃了微博收费业务。

(2) 根据企业在产业链中所处地位和扮演的角色，平台大致可分为以下几种。

① 交易平台：不仅体现为B2B电商，更体现为对产业信息的集成、产业技术的交易、产业商品定价的话语权，显示供求信息仅仅是交易平台最原始的功能，交易撮合、支付集成、线下物流仓储是交易平台的中级模式；对产品标准化、指数化、金融化，进而影响行业商品的定价是交易平台的高级模式。

② 融资平台：获取小微企业的信息成本及服务成本相对较高，而互联网环境下的增信融资平台给解决小微企业融资难问题提供了较好途径。

③ 制造平台：通过对行业最新技术的跟踪和智能设备的研发，为产业提供在互联网时代具有竞争力的智能制造解决方案。其核心在于不仅能为企业提供制造装备，还能把握行业发展趋势，在原料技术、制造技术领域提供最新的解决方案，提高装备的智能化程度和联网能力，适应柔性化、个性化的生产制造趋势。

④ 物流平台：主要是为了适应在O2O环境下，线上线下一体化，物流、信息流、资金流三流合一的需求。

（五）跨界融合模式

经济活动的本质上是信息流、资金流、物流、人流的聚合，互联网通过改变与控制信息流可以引导资金流、物流和人流的变化，形成一条以互联网为纽带的产业跨界和融合的新模式。

一方面，传统企业积极用互联网思维和技术变革自己，加速与互联网的融合，纷纷向互联网转型。

另一方面，随着互联网广泛的应用，互联网与传统经济的融合正在加速，其融合效应可表现为以下几点。

(1) 成本节约效应：通过跨界融合，使得资产通用性提高带来成本节约，借助互联网平台，降低交易成本，节约时空成本。

(2) 企业组织优化效应：通过跨界融合，对企业组织形态产生影响，产生虚拟企业的组织形态，使得企业外部结构进一步一体化，内部结构进一步扁平化。

(3) 市场结构效应：通过跨界融合，既促进竞争又带来垄断，形成有效竞争的市场结构。

(4) 产业结构效应：通过跨界融合，可诞生新产品、新服务，促进产业升级。

阅读资料 10-5

京东体育携手中体竞赛
共建"互联网＋体育"新生态

第六节　本章小结

管理信息系统是一个人和机器结合的人机系统，是用系统思想建立起来的，以电子计算机为基础，为管理过程服务的信息系统。它输入各种管理数据，经过电子计算机的加工处理，并经过一定编码程序的解释，输出供各级管理机构使用的管理信息。

管理信息系统具有综合性、真实性、共享性、人机系统、借助现代管理思想与手段等特点。

管理信息系统在社会已经得到了广泛的应用，典型应用有企业资源计划系统、供应链管理系统和客户关系管理系统等，并对整个社会特别是对企业的经营和管理及各种经济管理理论都产生了深远的影响。

企业资源计划(ERP)是一个庞大的管理信息系统，是一个整合企业管理理念、业务流程、基础数据、计算机硬件和软件于一体的企业资源管理系统。

ERP 的主要功能模块有财务管理模块、生产控制管理模块、物流管理模块和人力资源管理模块。ERP 的具体实施有以下几个步骤：项目的前期工作、实施准备阶段、模拟运行及用户化阶段、切换运行阶段和新系统运行阶段。

ERP 出现后不久，计算机技术就遇到了 Internet/Intranet 和网络计算的热潮、制造业的国际化倾向及制造信息技术的深化。这些又将制造业管理信息系统的发展推到了一个新阶段。

物联网是通过射频识别(RFID)、红外感应器、全球定位系统、激光扫描器等信息传感设备，按约定的协议，把任何物体与互联网相连接，进行信息交换和通信，以实现对物体的智能化识别、定位、跟踪、监控和管理的一种网络。物联网是新一代信息技术的重要组成部分。

物联网有其鲜明的特征。它是各种感知技术的广泛应用，是一种建立在互联网上的泛在网络，物联网不仅仅提供了传感器的连接，其本身也具有智能处理的能力，能够对物体实施智能控制。

从技术架构上来看，物联网可分为三层：感知层、网络层和应用层。根据其实质用途来看，物联网可以归结为三种基本应用模式：对象的智能标签、环境监控和对象跟踪、对象的智能控制。

物联网一方面可以提高经济效益，大大节约成本；另一方面可以为全球经济的复苏提供技术动力。

"互联网＋"是指以互联网为主的新一代信息技术(包括移动互联网、云计算、物联网、大数据等)在经济、社会生活各部门的扩散、应用与深度融合的过程。

"互联网＋"外在特征表现为互联网＋传统行业。"互联网＋"是互联网与传统产业的结合，其最大的特征是依托互联网把原本孤立的各传统产业相连，通过大数据完成行业间的信息交换。具体来说，"互联网＋"主要特征表现为跨界融合、创新驱动、重塑结构、以人为本、开放生态和连接一切。

"互联网＋"商业模式包括交互性的生产模式、"众筹"全新的融资模式、"众包"式的创新模式、平台经济模式、跨界融合模式等。

主要概念

管理信息系统　企业资源计划　物联网　"互联网＋"

主要观念

管理信息系统的结构　企业资源计划的基本思想　物联网的发展趋势
"互联网＋"商业模式

思考与练习题

1. 填空题

(1) ERP 是全面集成了企业的＿＿＿＿、＿＿＿＿、＿＿＿＿、＿＿＿＿和＿＿＿＿，为企业提

供决策、计划、控制与经营业绩评估的全方位、系统化的管理平台。

(2) 从技术架构上来看，物联网可分为三个层次，分别是_____、_____和_____。

(3) "互联网+"商业模式包括交互性的生产模式、_____模式、_____模式、_____模式、跨界融合模式等。

2. 不定项选择题

(1) "企业对客户"的电子商务，指的是企业与客户之间进行下列哪些电子商务活动？（　　）

  A. 无形的商品　　　B. 无形的服务　　　C. 有形的商品　　　D. 有形的服务

(2) 管理信息系统是一个（　　），它的建立、运行和发展，与使用信息系统的人的行为有紧密的联系。

  A. 自然系统　　　B. 复合系统　　　C. 人造系统　　　D. 生产系统

(3) 供应链管理的核心是以（　　）为基点，将生产、流通直到消费者终端连接起来，实施高度组织化和现代化的管理。

  A. 供应　　　B. 生产　　　C. 流通　　　D. 信息

3. 简答题

(1) 管理信息系统的定义是怎样的？

(2) 企业管理信息系统建设的原则有哪些？

(3) 管理信息系统的特点有哪些？

(4) "互联网+"包括哪些商业模式？

4. 实训题

了解不同类型的电子商务网站

【实训内容】

通过 Internet，浏览企业对企业(B2B)、企业对消费者(B2C)、消费者对消费者(C2C)3 种类型的电子商务网站，各选择 5 个记录下来。

【实训要求】

记录网站名称、网址(或域名)、经营理念、主营业务、盈利模式、送货方式、支付方式等。

【步骤与方法】

打开 IE 浏览器，通过免费搜索引擎网站，如百度(www.baidu.com)和 GOOGLE(www.google.com)等，输入关键词"电子商务网站"，即可显示多页电子商务网站的信息。

【数据记录与整理】

对数据进行记录，分析，整理，对结果进行分析，对比 3 种类型的电子商务网站的异同点。

【撰写实训报告】

针对数据分析结果撰写实训报告。

5. 案例分析题

电商信息化时代：云 ERP 已成必然趋势

在这个科技飞速发展的时代，AI 已经被逐渐应用到各个不同的领域。在电子商务行业中，云 ERP 的普及和广泛应用，也已经成了一种必然的趋势。得益于互联网及移动应用的快速发展，电商业务发展迅猛，市场份额逐年增长。电商企业每天有大量的订单需要处理，而传统的线下 ERP 系统不能承载大订单量的冲击，已经无法满足各电商企业的需求。这个时候，专门针对电子商务行业的云 ERP 及云 ERP 电子商务解决方案就成了唯一的选择。

在 2017 年，跨境电商、O2O 电商、农村电商、新零售、全渠道、大数据等这些关键词成为热议。随着电子商务的迅速发展及传统企业转电商、企业开展全渠道业务，又或者是企业开展跨境电商业务等使得电商企业对 ERP 系统也产生了新的需求，而云 ERP 的出现和广泛应用，使得电商企业真正实现了从前端到后端的无缝数据对接，形成了一个完整的数据整合，并为电商企业带来更大效益。

云 ERP 系统的出现逐渐在颠覆着电商领域的传统观念和运作模式，通过云 ERP，电商企业能够及时、准确地掌握客户订单信息，并通过对订单处理流程化、自动化的应用，利用流程规范去控制人类行为，最大限度地避免人为不遵守流程而犯错。而且云 ERP 的数据记录详细，便于查询、统计、分析，可以用最简单的方式，把财务、销售、仓储的信息集成在同一个系统里，可以实现数据化管理。

随着电商行业的快速发展使得电商云 ERP 行业百花齐放。目前，市场上纯粹做电商 ERP 产品的企业有 E 店宝、网店管家、管易等。这几家公司都是以各自的电商 ERP 产品起家的，而且到现在为止其主干业务也还是围绕着电商 ERP，它们提供的产品及服务基本涵盖电商产业链中商品管理、采购及库存管理、订单管理、营销管理和数据统计分析等众多方面。

几家企业可以说在专业性方面是有了比较厚重的积累，尤其是 E 店宝，第一代产品是 2003 年，算是和淘宝一路成长起来的，2017 年"双十一"全网总交易额 487 亿元，成为电商零售 ERP 市场占有率排名第一的企业。E 店宝创始人玉龙如来说，2004 年他刚进入这个行业时，市场上还没有类似 E 店宝的企业提供电商 ERP 系统的服务，而现在市场上大小数十家企业加入这一行业，更有一些传统软件商也相继入局，使得电商云 ERP 市场竞争日趋白热化。

据业内人士分析，随着卖家业务的发展，电商云 ERP 将呈现出以下几个特征。

(1) ERP 系统将无缝连接上游平台，下游仓储、快递等，形成完整的数据整合，成为电商全行业大数据中转站。

(2) 产品逐渐同质化，电商 ERP 需要寻找更大的发展空间，如跨境、O2O 业务、新零售、全渠道解决方案成为热点。

(3) 以 ERP 作为核心，整合全行业供应链资源，为客户提供更多业务模式解决方案及对接方式。

(4) 垂直平台、仓储数字化、智能化需求上升明显，智能仓储产品和服务将成为 ERP 服务企业新的竞争点、增长点。

面对新的发展形势，众多的电商服务和技术供应商应该不断完善自身产品，为电商企业提供更全面、完整的 ERP 系统和解决方案，让电商企业真正从云 ERP 系统上受惠，提升电商企业投资回报率，推动整个电商行业数字化、信息化步伐。

资料来源：http://www.cb.com.cn/gdbb/2018_0125/1221963.html

问题：

(1) 什么是云 ERP？

(2) 云 ERP 的应用对电商企业有什么影响？

第十一章

企业战略管理

【学习目标】
- 了解企业战略管理的基本内容
- 熟悉战略管理的环境分析内容
- 掌握 SWOT 分析法
- 把握企业的总体战略和竞争战略

推瓶装星冰乐扩充产品线 星巴克转向商业性扩张

在推出即饮咖啡之后,星巴克在中国做起了即饮茶饮料的生意。发布的两款产品分别是瓶装红茶星冰乐与瓶装抹茶星冰乐。该饮料已经率先在天猫超市上市。自 2016 年 9 月星巴克推出四款专为中国消费者定制的瓶装星冰乐以来,这是其第三次在中国市场推出瓶装星冰乐。

实际上,近年来星巴克在华动作频频,除了开辟天猫旗舰店、开通了微信支付、和微信合作"用星说"等数字化的举措,还将旗下茶品牌 Teavana 引入中国,并不断扩张门店,表示 2021 年中国内地门店将达到 5000 家。在中国品牌研究院食品饮料行业研究员朱丹蓬看来,在美国市场表现平平、遭遇业绩增长天花板的星巴克,视中国为下一个增长引擎。而这些针对中国市场的动作,更像是"固执的"星巴克不断对中国市场做出的妥协。

资料来源:http://www.cb.com.cn/gongyeyucaikuang/2017_0603/1186078.html

第一节 企业战略管理概述

战略,也称"军事战略",是对军事斗争全局的策划和指导。俗话说,商场如战场,虽然没有硝烟弥漫,但是商场的竞争态势不弱于战场,因此,作为市场主体的企业,做好自身的战略管理就变得尤为重要。

一、企业战略管理的基本内容

企业战略管理是指企业对自己未来的方向制定总体战略并实施这些战略的管理过程。企业战略管理过程可以大致分为两个阶段：企业战略规划阶段和企业战略实施阶段。

（一）企业战略规划阶段

(1) 规定企业使命。
(2) 制定指导企业建立企业目标、选择和实施企业战略的方针。
(3) 建立实现企业使命的企业长期目标、企业短期目标。
(4) 决定用于实现企业目标的战略。

（二）企业战略实施阶段

(1) 建立实现企业战略的企业结构。
(2) 确保实施企业战略所必要的活动能有效地进行。
(3) 监控企业战略在实施过程中的有效性。

二、规定企业使命

（一）企业使命的定义

企业使命是指企业存在的目的或理由。定义企业使命就是要描述企业存在的根本性质和理由，从而将企业赖以生存的经营业务与其他企业的业务区分开来。

美国管理大师彼得·德鲁克认为：提出"企业的业务是什么"这一问题，也就等于提出"企业使命是什么"。企业使命的描述要求企业战略决策者慎重考虑企业当前经营活动的性质与市场需求的长期潜力，结合企业发展历史和各种可利用的资源条件，为企业未来的发展描述美好的前景。

（二）企业使命的内容

企业使命包括两方面的内容：企业哲学和企业宗旨。

1. 企业哲学

企业哲学是指企业为其经营活动方式确立的价值观、理念和行为准则。企业哲学对于各个企业而言是至关重要的，它影响着企业的全部经营活动和企业中人的行为，影响着企业经营的成功与失败。它的重要性还体现在不论企业管理者是否认识到了这一点，也不论企业管理者是否采用了准确的文字来对其加以描述，它都是客观存在的。它决定着企业的活力与生命力，左右着企业的前途与命运。

国际商用机器公司前董事长小T.J.华森(Thoms J.Wayson)论述了企业哲学的重要性，他说："我的论点是，首先，我坚信任何企业为了生存并获得成功，必须树立一套正确的理念作为它们一切方针和行动的前提。其次，我认为如果一个企业在不断变化的社会中遇到挑战，它必须在整个企业寿命期内随时准备改革它的一切，但唯有理念永远不变。"

华森还阐述了国际商用机器公司的哲学：

(1) 尊重个人。这虽然是个简单的概念，但在企业中却占用了管理者大部分时间。人们在这方面所做的努力超过了其他任何方面。

(2) 我们希望世界上所有的企业都能给予顾客最好的服务。

(3) 企业应该树立一个信念，即所有工作任务都应以卓越的方式去完成。

在华森阐述了这些基本信念几十年后，该企业董事长 E.卡里说："我们的工艺、企业、市场营销和制造技术已经发生了若干次变化，并且还会继续变化，但是在所有这些变化中这三条基本信念依然如故，它们是我们顺利航行的指路明灯。"

2. 企业宗旨

企业宗旨是指规定企业去执行或打算执行的活动，以及现在的或期望的企业类型。彼得·德鲁克认为：要了解一个企业，首先必须知道它的宗旨，而宗旨是存在于企业自身之外的。事实上，因为工商企业是社会的细胞，其宗旨必然存在于社会之中。彼得·德鲁克认为：企业宗旨的唯一定义是"创造顾客"。明确企业的宗旨是十分重要的，没有具体的宗旨，要制定清晰的目标和战略是不可能的。一个企业的宗旨不仅要在企业创业之初就要加以明确，而且要在企业遇到困难时和企业持续繁荣昌盛时经常加以确认，以便企业能够保持明确的目标和方向，保持旺盛的生命力。

以下是几个有关企业使命的描述。

(1) 世界著名的摩托罗拉公司的企业使命是"企业基本目标——顾客完全满意；基本信念——对人保持不变的尊重，坚持高尚操守"。

(2) 西安杨森制药有限公司的企业使命是"企业最高宗旨——忠于科学，献身于健康；行动准则——止于至善"。

3. 定义企业使命时应当考虑的问题

定义企业使命时需要考虑的首要问题是要确定企业现有的顾客和潜在的顾客，需要明确回答以下问题：

(1) 谁是顾客？

(2) 顾客购买什么？

(3) 顾客期望得到什么？

(4) 顾客的价值观是什么？

(5) 现有产品和服务还有哪些方面不能满足顾客的需求？

(6) 市场可能发生的变化是什么？

(7) 消费时尚可能发生的变化是什么？

(8) 竞争对手可能采取的战略是什么？

(9) 市场的潜力何在？

(10) 产品与制造工艺可能发生的技术改革是什么？

(11) 随着产品的革新，顾客的消费习惯会发生什么变化？
(12) 如何改革产品才会起到引导消费的作用？
(13) 企业的经营方针是否正确？
(14) 是否需要改革企业的经营方针？

企业不断地提出以上问题，并做出明确的回答，就能准确地定义出企业使命，并肯定或修改企业使命，不断完善企业使命。

三、确定企业的方针、政策

(一) 企业方针的定义

企业方针是指导企业行为的总则，它决定着企业建立战略目标、选择战略方案和实施战略方案的框架结构。企业方针应该与企业哲学一致，反映企业宗旨的基本要求。企业方针是企业一切行动的准则，也是协调企业中各单位、各部门之间关系和信息沟通的主要依据。如摩托罗拉公司"肯定个人尊严和坚持原则"的基本方针，是摩托罗拉公司高层管理人员和全体员工一切行动的依据，也是衡量和考核员工工作业绩的主要依据。

(二) 在制定企业方针时应当考虑的问题

在制定企业方针时，不仅应当考虑企业内部的情况，而且应当考虑企业外部的各种因素，特别是政府的政策和法规、行业的发展方向及竞争对手的方针、政策，应着重关注以下几个方面。

(1) 中央政府和地方政府有关竞争和反垄断的各项法令、法规。

(2) 中央政府和地方政府及行业管理部门规定的各项产品标准，包括对产品安全性和产品质量方面的各项要求，特别是一些强制执行的规定。

(3) 中央政府和地方政府及行业管理部门规定的关于企业劳动用工的各项基本要求，以及与此相关的有关保险和公民基本权利的各项规定。

(4) 中央政府和地方政府及行业管理部门规定的关于职业安全和健康管理的各项规定。

(5) 中央政府和地方政府及行业管理部门有关产业发展的各项产业政策和相关的各项规定。

(6) 中央政府和地方政府及行业管理部门有关金融、投资、税收及财务的各项规定和基本政策。

(7) 竞争对手在以上各个方面的基本方针。

一般来说，企业的方针应该保持相对稳定，但是在快速变化、竞争激烈的市场环境下，企业需要根据环境的变化和企业战略目标的改变，定期重新评价自己的方针、政策，适当地调整自己的方针、政策，使企业的方针、政策不断地为本企业的可持续发展服务。

四、建立与选择方案

企业战略方案的建立与选择过程就是一个重大决策过程。企业战略方案的建立一般包括以下过程：提出企业战略目标；确定企业战略方案评价标准；建立、比较和选择备选战略方案；评估风险。

(一) 提出企业战略目标

这些内容已经在前面阐述过了，在这一阶段决策者应该明确回答3个问题：①我打算做出什么样的选择？②为什么这个方案是必要的？③最后采用的应是什么样的方案？

(二) 确定企业战略方案评价标准

企业战略方案评价标准是指判断方案可能产生的效果的标准，事前确定这些标准有助于在决策时理智地分析和选择。企业战略方案评价标准的确定可以从影响方案可能产生的效果的各种因素出发，通过一一列举影响方案可能产生的效果的各种因素，包括政府的政策、资源、商业、交通、投资风险等各个方面，规定出方案标准。

(1) 方案标准可以分为限定性标准和合格标准：①限定性标准。限定性标准是指一个方案能够成为可行方案的最低标准，即使用限定标准来确定可行方案。例如，要投资建立一个大型超市，关键的标准就是是否具备一个良好的商业氛围。一个其他条件再好的地址，如果不具备良好的商业氛围，那么该方案就不能成为可行方案。②合格标准。合格标准是指判定一个方案最后是否能够作为最终方案的合格判定标准，即使用合格标准来确定满意方案。例如，如果一个方案列出了8项限定标准，则把这8项标准都达到限定性标准的一组标准称为是这一决策的合格标准。

(2) 选择标准时决策者应该明确回答以下问题：①什么样的方案可以达到这些标准，即什么样的方案可以达到预期目标。②发生什么样的情况这个方案就会失败。③发生什么样的情况会使这个方案产生负效应，对企业会产生什么负效应，对社会会产生什么样的负效应。方案标准不仅是判断方案可能产生的效果的标准，而且是判断一个方案是否可行或满意的标准，假如一个方案不能够对上述问题做出肯定的回答，那么这"重要性评价方案"就不能列为可行方案。

在方案的限定性标准和合格标准确定之后，还需要按其重要性对这些标准进行取舍。因为在进行管理决策时，往往会碰到这个方案的这个指标好一些而那个方案的另一个指标好一些的情况，决策者不得不在这些方案之间进行选择，而方案标准的重要性排序可以给决策者提供帮助，避免决策失误。

(三) 建立、比较和选择备选战略方案

确定备选战略方案的限定性标准之后，就可以根据限定性标准的规定建立备选方案。这一阶段决策者需要详细地调查了解各种可以选择的战略方案，并且将它们一一列举出来，然后通过与限定性标准的比较从中找出可行性方案，再通过对多个可行性方案的互相比较，给每一个方案的各项限定性标准评分，以供决策之用。

(四) 评估风险

随着科学技术及国内外经济的变化速度越来越快，环境的动态性增强，企业战略的制定及实施具有一定的风险，这是人们在制定及实施战略时必须充分估计到的。评估风险就是分析评

价环境条件发生变化时,方案实施可能出现的负面作用及其对企业和社会的影响,主要评价各种风险发生的可能性和严重性。

小知识 11-1

什么是战略

战略(strategy)一词最早是军事方面的概念。在西方,strategy 一词源于希腊语 strategos,意为军事将领、地方行政长官。后来演变成军事术语,指军事将领指挥军队作战的谋略。在中国,战略一词历史久远,"战"指战争,略指"谋略""施诈"。春秋时期孙武的《孙子兵法》被认为是中国最早对战略进行全局筹划的著作。

第二节 战略环境分析

战略环境是指对企业经营管理可能产生重大影响的内外部环境因素。环境是适应性因素,要求企业根据其变化不断调整适应,以降低变化带来的不确定性,应对变化带来的挑战,把握转瞬即逝的市场机会。

一、企业宏观环境分析

企业宏观环境,是指那些给企业造成市场机会或环境威胁的主要社会力量,它们直接或间接地影响企业的战略管理。

(一) 政治和法律环境

这是指那些制约和影响企业的政治要素和法律系统及其运行状态,如国家的政治制度,国家的权力机构,国家颁布的方针、政策,政治团体和政治形势,法律、法规、法令及国家的执法机构等因素。这些因素对企业的生产经营活动具有控制和调节的作用。它规定了企业可以做什么,不可以做什么,同时也保护企业的合法权益和合理竞争,促进公平交易。

(二) 经济环境

这是指构成企业生存和发展的社会经济状况及国家的经济政策,包括社会经济结构、经济体制、宏观经济政策等要素。衡量这些因素的经济指标有平均实际收入、平均消费水平、消费支出分配规模、实际国民生产总值、利率和通货供应量、政府支出总额等。

(三) 科技环境

这是指企业所处的环境中的科技要素及与该要素直接相关的各种社会现象的集合,包括国家科技体制、科技政策、科技水平和科技发展趋势等。随着国家科学技术的发展,新技术、新能源、新材料和新工艺等的出现与运用，企业在战略管理上需要做出相应的战略决策，以获得新的竞争优势。

(四) 社会文化环境

这是指企业所处的社会结构、社会风俗和习惯、信仰和价值观念、行为规范、生活方式、文化传统、人口规模与地理分布等因素的形成和变动。其中，人口因素是一个极为重要的因素，包括人口规模、地理分布、年龄分布、迁移等方面。人口规模制约着个人或家庭消费产品的市场规模，如食品工业市场与人口规模密切相关。人口的地理分布决定消费者的地区分布。消费者地区分布密度越大，消费者的嗜好也越多样化，对市场的商品选择性也越大，这就意味着出现多种多样的市场机会。年龄分布决定以某年龄层为对象的产品的市场规模。各年龄层都使用的商品可选择性大，存在产品多样化的机会。各年龄构成比例发生变化，市场规模将随之变化，对于以特定年龄层顾客为对象的企业来说可能是机会，也可能是威胁。

(五) 自然环境

这是指企业所处的生态环境和相关自然资源，包括土地、森林、河流、海洋、生物、矿产、能源和水源等，以及环境保护、生态平衡等方面的发展变化。环境保护的要求对企业的生产经营有着极为重要的影响，企业一定要保护好所处地区的环境，履行自己的社会责任。

二、行业竞争力分析

传统的产业组织理论是以市场结构、企业行为和效益为研究框架的。哈佛商学院的著名战略管理学者迈可尔·波特(M.E.Porter)教授在20世纪90年代末将传统的产业组织理论与企业战略结合起来，形成了竞争战略与竞争优势的理论。根据他的观点，在一个行业中，存在着五种基本的竞争力量，即潜在竞争者、替代品、购买者、供应者和行业中现有的竞争者，这些力量彼此相互作用(如图11-1所示)。

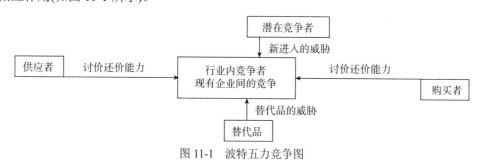

图 11-1　波特五力竞争图

(一) 潜在竞争者的进入能力

对于一个行业来说，潜在的进入者或新加入者会带来新的生产能力，带来新的物质资源，从而对已有市场份额的格局提出重新分配的要求。特别是那些进行多种经营的企业从其他行业进入后，常常运用已有的资源优势对新进入的行业进行强有力的冲击。结果是，行业内产品价格下跌或企业内在成本增加,使得行业的获利能力降低。

1. 进入障碍

潜在的进入者或新加入者是否能进入某行业,并对该行业构成威胁,取决于该行业所存在的进入障碍。如果进入障碍高,外部进入的威胁便小。构成行业进入障碍的主要因素有:①规模经济;②产品差别化;③资金的需求;④转换成本;⑤分销渠道;⑥原材料与技术优势;⑦政府政策。

2. 退出障碍

企业在分析进入障碍的同时也需要考虑退出障碍。退出障碍是指那些迫使投资受益低,甚至是亏损的企业仍然留在行业中从事生产经营活动的因素。这些因素主要有:①固定资产过高;②退出成本过高;③协同关系密切程度;④感情障碍;⑤政府和社会的限制。

(二) 替代品的替代能力

替代品是指那些与本企业具有相同功能或类似功能的产品。在质量相等的情况下,替代品的价格会比被替代产品的价格更具有竞争力。替代产品投入市场后会使企业原有产品的价格处在较低的水平,降低了企业的收益。替代产品的价格越具有吸引力,价格限制的作用就越大,对企业构成的威胁也就越大。为了抵制替代品对行业的威胁,行业中各企业往往采取集体行动进行持续的广告宣传,改进产品质量,提高产品利用率,改善市场营销等活动。

(三) 购买者的讨价还价能力

对于行业中的企业来讲,购买者是一个不可忽视的竞争力量。购买者所采取的手段主要是要求降低价格,要求较高的产品质量或更多的服务,甚至迫使作为供应者的企业互相竞争等。所有这些方式都会降低企业的获利能力。重要的购买集团对行业所产生的竞争能力取决于该集团所处市场的特性,取决于该集团在该行业的购买活动与其整个业务相比较的重要程度。

随着时间的推移或由于公司的战略决策发生变化,购买者的竞争能力也会发生变化。企业应把购买者集团的选择看作一项具有决定性的战略决策。在进行购买者选择时,企业应意识到其面临的各种购买者集团很少对企业具有同等的影响。即使企业只在一个行业里销售,该行业通常也会存在着不同的分市场。有些分市场的讨价还价能力较低,要改善自己的战略态势,企业必须寻找那些对该企业影响力量最小的购买者。

(四) 供应者的讨价还价能力

供应者通过扬言要抬高产品和劳务的价格或降低出售的质量,对作为购买者的企业进行威胁,以发挥他们讨价还价的能力。

前面所述的那些可以使购买者具有强大竞争能力的条件,基本上也适用于供应者。一般来讲,供应者加强自己竞争能力的方式有以下几种。

(1) 少数几家公司控制供应者集团。在将产品销售给较为零散的购买者时,供应者通常能够在价格、质量和条件上对购买者施加相当大的影响。

(2) 替代品不能与供应者所销售的产品相竞争。但是，如果替代品加入市场竞争，供应者即使再强有力，其竞争能力也会受到替代品的牵制。

(3) 作为购买者的企业不是供应者的重要主顾。在一些行业里，当市场上所销售的产品或劳务对供应者来说不占其产品或劳务很大比重时，供应者便具有较强的竞争能力；反之，如果某行业中的企业是供应者的重要主顾，供应者的命运就与该行业息息相关，在这种情况下，供应者为了自己的发展，会采取降价、加强研究开发、疏通销售渠道等措施来保护购买者行业。

(4) 供应者的产品是购买者从事生产经营的一项重要投入。这种投入对于购买者的制造过程或产品质量有着重要的影响，因此提高了供应者的讨价还价能力。

(5) 供应者集团实行前向一体化。这样，供应者集团便具有较强的竞争能力，购买者行业很难在购买条件上与之进行讨价还价。

这里需要说明的是，供应者不仅是企业自身以外的其他厂商，劳动力也应是一种供应者。当缺乏大量训练有素和团结一致的员工时，企业的获利能力也难以提高。

同购买者的情况一样，供应者的讨价还价能力也会发生变化。企业可以审时度势，通过战略来改善自己的处境。

(五) 行业内部现有竞争者间的抗衡

行业内部的抗衡是指行业内各企业之间的竞争关系与程度。常见抗衡手段主要有价格战、广告战、引进新产品及增加对消费者的服务等。

(1) 企业之间形成抗衡主要是因为企业感到竞争的压力或看到了改善其竞争地位的机会。形成抗衡的具体原因有：①行业内有众多势均力敌的竞争对手；②行业发展缓慢；③固定成本或库存成本高；④缺少产品差别化；⑤生产能力大幅度提高；⑥竞争战略不同；⑦退出障碍高。

(2) 行业内决定竞争抗衡程度的因素在一定条件下会发生改变，具体有：①行业的寿命周期发生了变化；②企业技术实行革新；③管理风格发生了变化；④企业战略发生了转变。

三、企业资源与能力分析——SWOT 分析法

SWOT 分析方法是由美国哈佛商学院率先采用的一种经典的方法。它根据公司拥有的资源，分析公司内部的优势与劣势及公司外部环境的机会与威胁，进而选择适当的战略。

(一) 分析的基本原理

SWOT 分析法是一种综合考虑企业内部条件和外部环境的各种因素，进行系统评价，从而选择最佳经营战略的常用方法。这里，S 是指企业内部的优势(strengths)，W 是指企业内部的劣势(weaknesses)，O 是指企业外部环境的机会(opportunities)，T 是指企业外部环境的威胁(threats)。

企业内部的优势和劣势是相对于竞争对手而言的，一般表现在企业的资金、技术设备、职工素质、产品、市场、管理技能等方面。判断企业内部的优势和劣势一般有两项标准：一是单

项的优势和劣势。例如，企业资金雄厚，则在资金上占优势；市场占有率低，则在市场上占劣势。二是综合的优势和劣势。为了评估企业的综合优势和劣势，应选定一些重要因素加以评价打分，然后根据其重要程度加权确定。

企业外部的机会是指环境中对企业有利的因素，如政府支持、高新技术的应用、良好的购买者和供应者关系等。企业外部的威胁是指环境中对企业不利的因素，如新竞争对手的出现、市场增长缓慢、购买者和供应者讨价还价能力增强、技术老化等。这是影响企业当前竞争地位或影响企业未来竞争地位的主要障碍。

(二) 分析法的应用

SWOT分析法依据企业的目标，列表定出对企业生产经营活动及发展有着重大影响的内部及外部因素，并且根据所确定的标准对这些因素进行评价，从中判定出企业的优势与劣势、机会与威胁。SWOT分析法是要使公司真正考虑到：为了更好地对新出现的行业和竞争环境做出反应，必须对企业的资源采取哪些调整行动？是否存在需要弥补的资源缺口？公司需要从哪些方面加强其资源？要建立公司未来的资源必须采取哪些行动？在分配公司资源时，哪些机会应该最先考虑？这就是说，SWOT中最核心的部分是评价公司的优势和劣势，判断所面临的机会和威胁，并做出决策，即在公司现有的内外部的环境下，如何最优地运用自己的资源，并且考虑建立公司未来的资源，见图11-2。

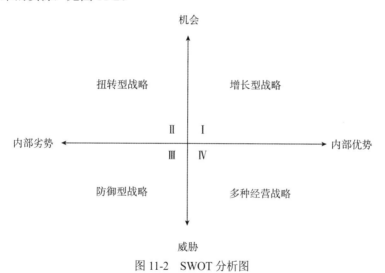

图11-2　SWOT分析图

从图11-2可以看出，第Ⅰ类型的企业，具有很好的内部优势和众多的外部机会，应当采取增长型战略，如开发市场、增加产量等。第Ⅱ类企业，面临巨大的外部机会，却受到内部劣势的限制，应采用扭转型战略，充分利用环境带来的机会，设法清除劣势。第Ⅲ类企业，内部存在劣势，外部面临强大威胁，应采用防御型战略，进行业务调整，设法避开威胁并消除劣势。第Ⅳ类企业，具有一定的内部优势，但外部环境存在威胁，应采取多种经营战略，利用自己的优势，在多样化经营上寻找长期发展的机会。

第三节　企业总体战略

企业总体战略又称为经营战略，是指为实现企业总体目标，对企业未来发展方向做出的长期性和总体性战略。它是统筹各项分战略的全局性指导纲领，是企业最高管理层指导和控制企业的一切行为的最高行动纲领。

一、稳定与紧缩战略

(一) 稳定战略

稳定战略是指在企业的内外环境约束下，企业在战略规划期内使资源分配和经营状况基本保持在目前状况和水平上的战略。按照这种战略，企业目前的经营方向、业务领域、市场规模、竞争地位及生产规模都大致不变，保持持续地向同类顾客提供同样的产品和服务，维持市场份额。

根据战略目的和资源分配方式的不同，稳定战略又可进一步细分，美国一些管理学家将其分为以下类型。

(1) 无变化战略。这种战略可以说是一种没有战略的战略。采用此战略的企业一般具有两个条件：一是企业过去的经营相当成功，并且企业内外环境没有重大变化；二是企业并不存在重大经营问题或隐患，因而企业没有必要进行战略调整。在这两种情况下，为保持企业现有市场地位、利润及企业平衡发展，避免战略改变给企业带来组织资源、市场、利润等方面的不稳定甚至混乱，企业的战略目标、战略方向、战略规划等基本保持不变。

(2) 维持利润战略。这种战略注重短期效果而忽略长期利益，根本意图是渡过暂时性的难关，一般在经济形势不景气时采用，以维持已有的经营状况和效益。由于这是以牺牲企业未来发展来维持目前利润的战略，因此如果使用不当，会影响企业长期发展。

(3) 暂停战略。当企业在一段较长时间的快速发展后，有可能会遇到一些问题使得效率下降，此时可采用暂停战略，休养生息，即在一段时期内降低企业目标和发展速度，重新调整企业内部各要素，实现资源的优化配置，实施管理整合，为今后更快发展打下基础。

(4) 谨慎实施战略。如果企业外部环境中的某重要因素变化趋势不明显，又难以预测，则要有意降低相应战略方案的实施进度，根据情况的变化实施或调整战略规划和步骤。

稳定战略是在外部环境稳定的条件下实行的企业战略，一旦外部环境好转，企业自身实力增强时，这种战略就不再适用，企业应积极转为发展型战略。长期实行稳定战略往往容易使企业减弱风险意识，甚至形成惧怕风险、回避风险的企业文化，这就会大大降低企业对环境的敏感性和适应性，严重影响企业的发展，这也是稳定战略真正的、最大的风险所在。

(二) 紧缩战略

紧缩战略是企业从目前的经营战略领域和基础水平上收缩和撤退，且偏离起点较大的一种战略。紧缩的原因是企业现有的经营状况、资源条件及发展前景不能应付外部环境的变化，难以为企业带来满意的收益，以致威胁企业的生存和发展。

紧缩战略的类型主要有以下几种。

(1) 转向战略。转向战略是指企业在现有经营领域不能达到原有产销规模和市场规模，不得不将其缩小；或者企业有了新的发展机会，压缩原有领域的投资，控制成本支出以改善现金流为其他业务领域提供资金的战略方案。

(2) 放弃战略。在转向战略无效时，可采取放弃战略。放弃战略是指将企业的一个或几个主要部门转让、出卖或停止经营。这个部门可以是一个经营单位、一条生产线或者一个事业部。其目的是要找到肯出高于企业固定资产时价的买主，因此关键是要让买主认识到购买企业所获得的技术和资源能使对方利润增加。

(3) 清算战略。清算是指卖掉其资产或停止整个企业的运行而终止一个企业的存在。显然，清算战略对任何一个企业来说都不是有吸引力的战略，通常只有当所有其他战略都失败时才使用。但在毫无希望的情况下，尽早地制定清算战略，企业可以有计划地、尽可能多地收回企业资产，减少损失。

企业资源是有限的，当企业发展到一定阶段，外部环境发生变化时就需要采取紧缩战略，适时退出某些业务。如因行业进入衰退阶段而无法为所有企业提供最低的经营报酬，或者企业为了进入某个新业务领域需要大量的投资和资源的转移等。

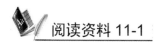

华电集团1元甩"包袱"：
旗下煤化工公司资不抵债

二、一体化战略

一体化战略是指企业充分利用自己在产品、技术、市场上的优势，向经营领域的深度和广度发展的战略。一体化战略主要有三种类型：一是后向一体化；二是前向一体化(两者统称为纵向一体化)；三是横向一体化。一体化战略有利于深化协作，提高资源的利用程度和综合利用效率。

1. 纵向一体化战略

纵向一体化就是将企业的活动范围在同行业中向后扩展到供应源或者向前扩展到最终产品的最终用户。例如，一个制造公司投资生产某些零配件而不是从外部购买，该公司在本行业的价值链体系中就向前跨越了一个阶段，涉足两个业务单元。纵向一体化可以是全线一体化，即参与行业价值链的所有阶段；也可以是部分一体化，即进入行业价值链的某一个阶段。纵向一体化战略的优势是以其成本节约保证额外的投资，或产生以差别化为基础的竞争优势，增强公司的竞争地位。

(1) 纵向一体化战略包括后向一体化战略和前向一体化战略两种类型。

① 后向一体化战略。后向一体化战略是将企业的价值链进一步反向延伸，依靠自己的力量，扩大经营规模，由自己生产材料或配套零部件；也可以向后兼并供应商或合资办企业，使企业在内部就能够满足生产所需的大部分零部件、原材料、燃料、设备等的供应。

② 前向一体化战略。前向一体化战略是企业自行对本公司产品做进一步深加工，或对资源进行综合利用或公司建立自己的销售组织来销售本公司的产品或服务的战略。

(2) 纵向一体化往哪个方向发展取决于以下因素。

① 它是否会提高对战略起着至关重要作用的活动的业绩，降低成本或者加强差别化。

② 它对于与协调更多阶段之间的活动有关的投资成本、灵活性和反应时间及管理费用所产生的影响。

③ 它是否能够创造竞争优势。

(3) 纵向一体化这一问题的核心在于：企业要想取得成功，哪些能力和活动应该在自己内部展开，哪些可以安全地转向外部的企业。如果不能获得巨大的利益，那么纵向一体化就不太可能成为诱人的竞争战略选择。

2. 横向一体化战略

横向一体化战略也叫水平一体化战略，是指将生产相似产品的企业置于同一所有权控制之下，兼并或与同行业的竞争者进行联合，以实现扩大规模、降低成本、提高企业实力和增强竞争优势的战略。

当今战略管理的一个最显著的趋势便是将横向一体化作为促进公司发展的战略。竞争者之间的合并、收购和接管提高了规模经济和资源与能力的流动。横向一体化战略一般是企业面对比较激烈的竞争时进行的一种战略选择。采用横向一体化战略的好处是：能够吞并或减少竞争对手；能够形成更大的竞争力量去与竞争对手抗衡；能够取得规模经济效益；能够取得被吞并企业的市场、技术及管理等方面的经验。一个很好的例子是，中国的冰箱市场竞争非常激烈。但是，当科龙、美菱等几家企业被横向整合在一起后，科龙等企业共同形成了每台冰箱150元的成本壁垒，中国的低端冰箱市场反而竞争趋缓了。

企业一般在下列情况下采用横向一体化战略。

(1) 希望在某一地区或市场中减少竞争，获得某种程度的垄断，以提高进入障碍。

(2) 企业在一个成长着的行业中竞争。

(3) 需要扩大规模经济效益来获得竞争优势。当竞争者是因为整个行业销售量下降而经营不善时，不适于用横向一体化战略对其进行兼并。

(4) 企业具有成功管理更大的组织所需要的资本和人力资源，而竞争者由于缺乏管理经验或特定资源停滞不前。

(5) 企业需要从购买对象身上得到某种特别的资源。

三、多样化战略

多样化战略是与专业化经营相对应的企业经营战略。

(一) 多样化战略的含义

多样化战略又称多角化战略，英文为 diversification。在我国，多种经营、多元经营等概念与多样化概念相近。《辞海》中多种经营被解释为：企业的一种经营方式，指产品生产或业务涉及多种领域。

把握多样化的概念，必须注意如下几方面的问题。

(1) 多样化实施主体，即谁进行了多样化。在上述的定义中，实施主体可能有企业、地区两种。一个地区的行业多样化属于产业结构研究的范畴，将它归为企业多样化是不妥的。作为战略管理的研究对象，这里的多样化指的是企业的多样化，而不涉及地区产业结构的多样化。

(2) 多样化不是产品细分化，而是跨产业的行为。

(3) 多样化是企业在不同产业中寻求发展的产业组合战略，在这种战略中，企业的产品或服务跨越了一个以上的产业。

因此，多样化是指企业的产品或服务跨越一个以上产业的经营方式或成长行为。从本质上讲，多样化有静态和动态两种含义。前者是指一种企业的经营业务分布于多个产业之中，强调的是一种经营方式；后者指的是企业从单一产业进入新的产业的行为，是一种成长行为。

(二) 多样化战略的形式与内容

目前有关多样化的形式划分不一。罗蒙特根据主业收入占全部收入的比例，把企业的经营结构分为以下几类。

(1) 单一业务型，主业收入占全部收入的 95% 以上。
(2) 主导业务型，主业收入占全部收入的 70%~95%。
(3) 相关多样化型，主业收入不到全部收入的 70%，但各经营领域相关。
(4) 无关多样化型，主业收入不到全部收入的 70%，且各经营领域无关。

目前，比较普遍的划分是按照企业涉及的各业务之间的相互关系不同，将企业多样化经营分为相关多样化和无关多样化两种。

相关多样化又称同心多样化，是指企业的各业务活动之间存在技术或市场的关联性。在相关多样化中，一般包括以下几种多样化形式。

(1) 技术相关多样化，是指多样化各业务之间存在共同的或相近的技术基础。比如，佳能(Canon)公司利用其在光学影像方面的技术，先后进入了照相机、复印机等领域。
(2) 生产相关多样化，是指多样化各业务之间可以使用共同的或相近的生产设备和设施。
(3) 市场相关多样化，是指多样化各业务的产品或服务有共同或接近的销售渠道与组织，或各业务之间存在共同或相近的供货渠道与组织。

无关多样化又称非相关多样化，指的是多样化的各业务之间在技术、生产或市场等方面不存在明显的直接关联。

(三) 多样化战略的动因

公司采取多样化战略的动因很多，既有公司内部的原因，也有公司外部的原因。佩罗兹把这些原因称为企业成长的外部诱因和内部诱因。

1. 外部诱因

外部诱因是指来自市场或政府等方面的吸引公司进入新业务领域的外部环境因素。这些因素既可以表现为一种威胁，又可能表现为一种机会，如市场容量有限、市场集中率提高、市场需求的多样性和不确定性、政府的反垄断措施等。

2. 内部诱因

内部诱因是指来自公司内部的促使其采取多样化成长战略的因素。从本质上讲，内部诱因在多数情况下都是主动性的，是为了充分开发和利用现有剩余资源。有时，当公司的能力不能较好地匹配当前市场需求时，公司就会展开防御性的多样化经营活动。

事实上，各种动因产生作用的形式是不同的，有的是富有吸引力的机会，而有的则以某种威胁的形式存在。相应地，公司采用多样化战略既可能是为了追求某种机会，也可能是为了回避某种风险。事实上，还有其他一些因素也是产生多样化的原因。

(1) 企业寻求生存机会的动机。当一个企业在其主业中失去竞争力时，相关多样化就不再是一种合理的选择，这时企业的成长就由能力驱动转为机会驱动。

(2) 企业高层领导个人的成就感。一种习惯的看法是，在多个领域获得成功的企业领导，他的能力要大于那些仅善于在单一领域从事经营的领导者。

(3) 个人对企业的控制力。有人认为多样化可以使经理层得到更大的权力，因为股东更难以了解企业的经营情况。

(四) 多样化战略的条件

企业要成功地实施多样化战略，必须具备以下一些条件。

(1) 企业在准备多样化经营的时候必须对企业的资源进行深入的评估。如果企业既有多样化的动机，又有必需的资源，那么企业多样化经营的成功率就高。

(2) 资本市场便于企业获得资金，特别是当企业通过并购进行多样化经营时，常常需要资本市场的支持。同时，管理者市场也非常重要，能否获得合适的管理者常常是多样化经营的前提条件。

(3) 为使多样化经营决策科学化，企业应当建立一套多样化投资决策管理体系和程序。

(4) 多样化战略的实施至关重要，特别是企业在实施过程中，需要有效控制多样化引起的各种组织成本。

观念应用 11-1

多元化悖论：鸡蛋篮子之争

赞同多元经营的说，企业做大了以后，不要把全部鸡蛋都放在同一个篮子里，这样可以：小钱集中，大钱分散，保险可靠，东方不亮西方亮。

不赞同多元经营的说，不如把所有鸡蛋都装进一个篮子里，然后集中精力看好这个篮子。这是因为：装鸡蛋的篮子也需要钱；篮子多了，难保哪个底下没有洞；没法保证拣到每个篮子里的鸡蛋都是好鸡蛋。

第四节　企业竞争战略

竞争战略是企业战略的一部分，又称为业务层次战略或者 SBU 战略，它是在企业总体战略的制约下，指导和管理具体战略经营单位的计划和行动。企业竞争战略要解决的核心问题是，如何通过确定顾客需求、竞争者产品及本企业产品这三者之间的关系，来奠定本企业产品在市场上的特定地位并维持这一地位。

一、成本领先战略

成本领先战略又称为低成本战略，即企业的全部成本低于竞争对手的成本，甚至是在同行业中最低的成本。实现成本领先战略需要一整套具体政策。经营单位要有高效率的设备，降低经营成本、紧缩成本和控制间接费用，降低研究与开发、服务、销售力量、广告等方面的成本。要达到这些目的，必须在成本控制上进行大量的管理。为了与竞争对手相抗衡，企业在质量、服务及其他方面上的管理也不容忽视，但降低产品成本则是贯穿整个战略的主线。

(一) 成本领先战略的实施条件

成本领先战略的理论基石是规模效益(即单位产品成本随生产规模增大而下降)和经营效益(即单位产品成本随积累产品量增加而下降)。它要求企业的产品必须具有较高的市场占有率。如果产品的市场占有率很低，则大量生产毫无意义，而不大量生产也就不能使产品成本降低。为实现产品成本领先的目的，企业内部需要具备一些条件。首先，设计一系列便于制造和维修的相关产品，在彼此分摊成本的同时，还要使该产品能为所有主要的用户集团服务，增加产品数量，并且建立起严格的以数量目标为基础的成本控制系统，同时，控制报告和报表要做到详细化和经营化。其次，低成本给企业带来高额边际收益，企业为了保护低成本地位，可以将这种高额边际收益再投到新装备和现代化设施上，同时引进先进的工艺技术。这种投资方式是维持低成本地位的先决条件，以此形成低成本、高市场占有率、高收益和更新装备的良性循环。再次，企业建立起具有结构化的、职责分明的组织机构，便于自上而下地实施最有效的控制，并且还要降低研究与开发、产品服务、人员推销、广告促销等方面的费用支出。最后，由于企业把主要精力放在提高生产效率方面，实行成本领先的企业常常是明确地界定出他们所需要的技能，并对员工进行这些技能的培训投资。在人力资源管理上，倾向于采用控制向导型。

(二) 成本领先战略的益处与风险

1. 成本领先战略的益处

从国际范围来讲，在 20 世纪 70 年代，随着经验效益被人们所认识，成本领先战略逐渐成为多数企业所采用的战略。这一战略的益处在于：①企业处于低成本上，可以抵挡住现有竞争对手的对抗，即使竞争对手在竞争中不能获得利润、只能保本，企业仍能获利。②面对强有力的购买商要求降低产品价格的压力,处于低成本地位的企业在进行交易时握有更大的主动权,可以具有抵御购买商讨价还价的能力。③当强有力的供应商提高企业所需资源的价格时,处于低成本地位的企业可以有更多的灵活性来解决困境。④企业已经建立起巨大的生产规模和成本优势,使欲加入该行业的新进入者望而却步,形成进入障碍。⑤在与代用品竞争时低成本的企业的企业往往比本行业中的其他企业处于更有利的地位。

2. 成本领先战略的风险

如前所述,保持成本领先地位要求企业购买现代化的设备,及时淘汰陈旧的资产,防止产品线的无限扩充,对新产品技术的发展保持高度的警觉。而这些也正是成本领先战略的危险根源。这一战略的风险包括:①生产技术的变化或新技术的出现可能使得过去的设备投资或产品生产及学习经验变得无效,变成无效用的资源。②行业中新加入者通过模仿、总结经验或购买更先进的生产设备,使得他们的成本更低,以更低的成本起点参与竞争,后来居上。这时,企业就会丧失成本领先地位。③由于采用成本领先战略的企业其力量集中于降低产品成本,从而使它们丧失了预见产品的市场变化的能力。企业可能发现其生产的产品虽然价格低廉,但不为顾客欣赏和需要。这是成本领先战略的最危险之处。④受通货膨胀的影响,生产投入成本升高,降低了产品成本—价格优势,从而不能与采用其他竞争战略的企业相竞争。

成本领先战略带来风险的一个典型例子是 20 世纪 20 年代的福特汽车公司。福特公司曾经通过限制车型及种类,采用高度自动化的设备,积极实行后向一体化,以及通过严格推行低成本措施等取得过所向无敌的成本领先地位。然而,当许多收入高、同时已购置了一辆车的买主考虑再买第二辆车时,市场开始更偏爱具有风格、车型有变化的、舒适的封闭型汽车而非敞篷型的 T 型车。通用汽车公司看到了这一趋势,因而对开发一套完整车型进行的资本投资有所贮备。福特公司由于为把被淘汰车型的生产成本降至最低而付出了巨额投资,这些投资成了一种顽固障碍,使福特公司的战略调整付出了极大代价。

因此,经营单位在选择成本领先的竞争战略时,必须正确地估计市场需求状况及特征,努力使成本领先战略的风险降到最低限度。

小思考 11-1

沃尔玛"天天平价,始终如一""我们所做的一切都是为了您省钱"的这些说法体现了什么战略思想?

答案:体现了成本领先的战略思想。这一战略的实施涵盖了商品购、存、销流转过程所有环节上的成本和费用控制。只有降低商品的进价成本和物流成本、降低商品的经营管理费用,才能实现商品流转全过程的成本费用控制。在这方面,沃尔玛无疑是零售业成本领先战略最彻底的实施者和经营典范。正是这一指导思想使得沃尔玛将成本降至行业最低,真正做到了天天平价。

二、差异化战略

差异化战略是指企业为使自己的产品或服务区别于竞争对手的产品或服务，创造出与众不同的东西。一般来说，企业可以在下列几个方面实行差异化战略：产品设计或商标形象的差异化；产品技术的差异化；顾客服务上的差异化；销售分配渠道上的差异化等。应当强调的是，产品或服务差异化战略并不是说企业可忽视成本因素，只不过这时主要战略目标不是低成本而已。

(一) 差异化战略的实施条件

企业要奉行差异化战略，有时可能要放弃获得较高市场占有率的目标，因为它的排他性与高市场占有率是不融合的。实施差异化战略，企业需要具备下列条件。

(1) 具有很强的研究与开发能力，研究人员要有创造性的眼光，可借助高校和研究单位的人才资源。

(2) 企业具有以其产品质量或技术领先的声望。

(3) 企业在这一行业有悠久的历史或吸取其他企业的技能并自成一体。

(4) 很强的市场营销能力。

(5) 研究与开发、产品开发及市场营销等职能部门之间要具有很强的协调性。

(6) 企业要具备能吸引高技能职员的物质设施，并能满足精神需求的文化。

(二) 差异化战略的益处及风险

1. 差异化战略的益处

企业通过差异化战略可建立起稳固的竞争地位，从而使企业获得高于行业平均水平的收益，主要表现在以下几个方面：①建立起顾客对产品或服务的认识和信赖，当产品和服务的价格发生变化时，顾客的敏感程度就会降低。这样，差异化战略可为企业在同行业竞争中形成一个隔离地带，避免竞争对手的侵害。②顾客对商标的信赖和忠实形成了强有力的行业进入障碍。如果行业新的加入者参与竞争，它必须扭转顾客对原产品的信赖和克服原产品的独特性影响，这就增加了新加入者进入该行业的难度。③差异化战略产生的高边际收益增强了企业对供应商讨价还价的能力。④企业通过差异化战略，一方面使得购买商缺乏与之可比较的产品选择，降低购买商对价格的敏感度；另一方面，通过产品差异化使购买商具有较高的转换成本，使其依赖于企业。这些都可削弱购买商们讨价还价的能力。⑤企业通过差异化战略建立起顾客对本产品的信赖，使得替代品无法在性能上与之竞争。

2. 差异化战略的风险

与其他竞争战略一样，实施差异化战略也有一定风险，主要表现在以下方面：①实施差异化战略的企业，其生产成本可能很高。这是因为它要增加设计和研究费用，选用高等原材料等。如果采取差异化战略的产品成本和追求成本领先战略的产品成本差距过大，可能会使得购买者宁愿牺牲差异化产品的性能、质量、服务和形象，而去追求降低采购成本。②购买者变得更加精明起来，他们降低了对产品或服务差异化的要求。③随着企业所处行业的发展进入成熟期，差异产品的特点很可能为竞争对手所模仿，削弱产品的优势。而这时如果企业不能推出新的差异化，那么由于价格较高处于劣势，产品差异化优势又不明显，企业就处于非常困难的境地。

小思考11-2

"人无我有，人有我精，人精我改，人改我创"体现了什么战略思想？

答案：企业使自己的产品或服务区别于竞争对手的产品或服务，创造出与众不同的东西，体现了差异化的战略思想。

三、集中化战略

集中化战略是指企业的经营活动集中于一特定的购买者集团、产品线的某一部分或某一地域上的市场。如同差异化战略一样，集中化战略也可呈现多种形式。虽然成本领先战略和差异化战略二者是在整个行业范围内达到目的，但集中化战略的目的是很好地服务于某一特定的目标，它的关键在于能够比竞争对手提供更为有效和效率更高的服务。因此，企业既可以通过差异化战略来满足某一特定目标的需要，又可通过低成本战略服务于这个目标。

同其他战略一样，集中化战略也能在本行业中获得高于一般水平的收益，主要表现在：①集中化战略便于集中使用整个企业的力量和资源，更好地服务于某一特定的目标。②将目标集中于特定的部分市场，企业可以更好地调查研究与产品有关的技术、市场、顾客及竞争对手等各方面的情况，做到"知彼"。③战略目标明确，积极成果易于评价，战略过程也容易控制，从而带来管理上的简便。根据中小企业在规模、资源等方面所固有的一些特点，以及集中化战略的特点，集中化战略对中小企业来说可能是最适宜的战略。

集中化战略也有相当大的风险，主要表现在：①由于企业全部力量和资源都投入了一种产品或服务于某一个特定的市场，当顾客偏好发生变化、技术出现创新或有新的替代品出现时，就会发现这部分市场对产品或服务需求下降，企业就会受到很大的冲击。②竞争者打入了企业选定的部分市场，并且采取了优于企业的更集中化的战略。③产品销量可能变少，产品要求不断更新，造成生产费用的增加，使得采取集中化战略企业的成本优势得以削弱。

第五节　本章小结

战略管理是整合性的管理理论，是企业最高层次的管理理论。战略管理的基本内容是对企业进行战略规划并有效地实施规划。战略规划的前提是对企业进行内外环境分析，其重点是进行行业竞争性分析和SWOT分析。企业的总体战略有稳定与收缩战略、一体化战略、多样化战略。企业的竞争战略主要有成本领先战略、差异化战略和集中化战略。

主要概念

战略管理　一体化战略　多样化战略

主要观念

行业竞争力　SWOT分析法

思考与练习题

1. 简答题

(1) 什么是行业竞争性分析？
(2) 实施多样化战略的形式和条件有哪些？
(3) 一体化战略有几种类型？
(4) 实施差异化战略的条件是什么？
(5) 怎样进行SWOT分析？
(6) 分析实施差异化战略的风险。

2. 实训资料

【实训项目】

了解企业的战略管理：找一家企业的内部高层管理者，要求谈谈企业的战略规划、战略思想和战略发展。

【实训目的】

通过了解，认识战略管理的基本内容、战略管理的基本方法和重要性。

【实训内容】

(1) 要求学生总结该企业运用了战略管理知识中的哪些内容？运用了哪些方法和技术？
(2) 了解该企业的核心竞争力是什么？

【实训组织】

(1) 要求全班同学都能到企业中去，了解企业的战略。
(2) 教师要把学生分成组，每组了解不同行业的战略管理。

【实训考核】

每组写一篇调查报告，要求给出该行业的战略发展规划。

3. 案例分析题

家得宝是否应该进入中国家装市场

作为世界上经济增长速度最快的国家，中国在1998年实行住房体制改革之后，其私人住房市场经历了飞速发展的时期。同时，随着国民收入和购买力的提高，中国的房地产投资也逐渐升温。大规模的房地产建设和投资使得中国的家装市场也在近几年蓬勃发展，诸如百安居、宜家家居等国际家装产品零售商已经强势进军中国市场，同中国国内大型家装零售企业一起抢夺这块日益增大的家装市场。

家得宝(Home Depot)至今仍未启动其中国市场发展计划,有评论家认为家得宝会因此丧失在中国市场的先机。同时,也有一些报道称家得宝推迟进入中国市场时机的决定会使它充分吸取同行业在中国市场的经验教训,使公司在未来进入中国市场之后能取得快速发展。

在家得宝方面,尽管对公司的中国市场开发策略已经有所考虑,家得宝在何时进入中国市场这一问题上依然对外界三缄其口。家得宝中国区负责人称:"中国是一个不可思议的市场机会,我们将仔细考察,以确保我们进入中国市场的商业模式是正确的。"

当然,在中国的家装市场上也存在着很多挑战。家得宝有些高层管理者关心公司能否掌握中国消费者的行为习惯,而有些则考虑公司能否应对在中国市场上的激烈竞争。所以,如果家得宝不能清晰地描绘其在中国的长期公司战略,中国市场的巨大潜力将仅仅是纸上漂亮的数字,而不是公司真正的业绩增长。

同时,也有一些分析师怀疑家得宝是否能经受住市场后进入者将要面对的一些不利局面。那些已经在中国市场站稳脚跟的公司是否会让家得宝有效地与其竞争,也是一个不确定因素。

资料来源:何小波,龚全安. 企业战略管理[M]. 北京:中国广播电视大学出版社,2014

问题:
(1) 家得宝进入中国家装市场后将会面临什么样的机遇与挑战?
(2) 试分析中国家装市场的环境以及家得宝应采取的战略。

第十二章

企业国际化经营

【学习目标】
- 了解企业国际化经营的原因和特点
- 认识企业国际化经营的环境
- 掌握企业国际化经营的战略选择
- 充分认识企业战略联盟的重要性
- 掌握好战略联盟的形式和注意的条件

 引入案例

YOYOSO 韩尚优品布局印度国际化零售进程提速

2018年8月13日,国际知名快时尚休闲百货品牌YOYOSO韩尚优品在中国总部与印度方代表进行战略合作签约仪式。YOYOSO韩尚优品品牌创始人兼公司董事长马欢、印度代表Mr. Adeeb Ahamed以及中印双方企业高层出席了签约仪式。

此次,韩尚优品与印度"成功牵手"对合作双方而言都是巨大的机遇,也是在签约马来西亚、菲律宾、越南、文莱等亚洲国家后的重要布局,同时,也改写了韩尚优品全球商业连锁版图。YOYOSO韩尚优品希望通过与印方企业深度携手,为当地消费者带去优质的快时尚消费产品,丰富当地消费者的购物选择,为韩尚优品深耕亚洲市场奠定良好基础,抓住新零售变革机会,凭借全球用户口碑,YOYOSO韩尚优品又一次完成从传统零售到全球新零售时代的跨越。

让消费者自发地用口碑去传播,是衡量新零售行业产品能力的标准。签约仪式上,YOYOSO韩尚优品品牌创始人马欢表示,当前零售行业已进入创新发展高度活跃期,从传统零售过渡到新零售,生产出好产品就是给品牌最大的赋能。打造以顾客价值、用户口碑为中心的全球连锁模式,也是YOYOSO韩尚优品在营销上的一次探索与尝试,未来全新的新零售模式和门店带来巨大的客流将对当地商圈起到带动效应。非常感谢印度合作方给予YOYOSO韩尚优品的高度重视及信任。未来韩尚优品将不断为印度消费者提供"优质、创意、低价"的产品,为全球消费者提供购物幸福感是中国企业的责任。

资料来源:http://www.cb.com.cn/gdbb/2018_0814/1251580.html,笔者有删减

第一节　国际化经营的原因及特点

自从20世纪50年代以来,世界经济发展的一个显著特点就是各国企业经营活动的国际化。人们熟知的一些公司,如埃克森石油公司、国际商用机器公司、大众汽车公司、丰田汽车公司、松下电器公司、帝国化学工业公司、柯达公司等,都从早期的产品出口转向国际范围内的生产经营活动。企业活动的国际化是国际经济发展的必然趋势。

一、企业国际化经营的原因

一般说来,企业进行国际化经营有两个目的:一是获利;二是求稳定。就获利来说,国际化经营可使企业获得满足国外市场对本企业产品或服务日益增长的需求的机会,扩大本企业产品的销售范围,从而获得更多的利润。此外,对企业产品或服务的新需求可对企业的生产过程起到稳定的作用,而不至于受国内市场周期性变化的影响。企业走向国际化经营的具体原因包括以下几点。

(1) 利用技术领先的地位。当一个企业开发出一种新产品后,最初它会具有明显的竞争优势,但随着这种产品的逐渐传播和成长,在国内市场上它会越来越失去其独特性和所具有的竞争优势,这时企业通常会将这种产品向国外市场拓展。因为同一产品在不同市场上的市场生命周期是不一样的。在一个国家的市场上已经进入成熟期或衰退期的产品,在另一个国家的市场上可能刚刚进入成长期,而在其他国家的市场上则可能处于投入期。因此,将产品向不同的市场扩散就可保持产品技术领先的地位。

(2) 利用卓越而强大的商标名称。当一件产品的品牌在国内具有良好的声誉时,它通常诱使企业在全球范围内设立生产系统。也许是由于人们普遍存在的"崇洋"心理,或者是其优异的产品质量,国外品牌的产品通常被认为较国内产品要好。这种情况在服装、汽车、家用电器中尤为明显。反过来,进行国际化的竞争,活跃于几个大的主要的国际市场上,也更进一步巩固和加强了企业的声望和信誉。

(3) 利用规模经济优势。当存在超越本国市场容量的规模经济时,企业为了降低产品成本,取得规模经济带来的效益,就不得不向新的市场渗透,将企业的储运、采购、生产和市场营销等活动转向国际化。例如,业已证明现在生产高速钢的企业,其最低的效益规模大约为国际市场需求的40%。有时,国际范围内的纵向一体化是实现规模经济的关键,因为国际纵向一体化系统的有效规模较之国内市场规模要大得多。

(4) 利用低成本的资源。当生产成本成为产品生产的关键因素时,企业会把生产转移到资源或劳动力成本相对较低的地区,在世界范围内规划生产经营的最佳配置,并向全世界销售产品。只有这样,企业才能保证降低其产品成本,增加其产品的竞争力,保证企业经营的最佳整体效益。

二、企业国际化经营的特点

企业进行国际化经营而超越国界的异地性，使它们面临的生产经营环境与国内市场经营的企业有较大的差异，其特点与国内市场经营的企业也有较大的差别。具体表现在以下几方面。

(1) 经营空间广泛。经营空间广泛指的是国际化经营的企业，在资料来源的途径、经营范围的拓展和产品开发程度等方面要比国内市场经营的企业广泛得多。国内经营的企业基本上是利用企业内外资源，在原有产品和业务构成的基础上，以国内活动空间为主体开展经营活动。国际化经营的企业由于在获取资源、产品生产、产品销售、研究与开发等方面的经营活动扩大到世界范围，就要求在制定战略时把整体世界市场作为自己经营活动的舞台和战略发展的空间。

(2) 经营环境复杂。经营环境复杂表现为环境因素的多样化、不可控性和不确定性。影响企业生产经营活动的国际环境因素远比国内复杂，这些影响因素包括政治、经济、法律、文化及民族心理等方面的差异和变化。它们比国内环境因素具有更强的不可控性。这是因为，所谓国际市场，实际上是由世界上大大小小一百多个国家和地区的市场组成的，每个国家和地区的环境因素均有其不同的特点。企业在进入不同的国际市场时，将面临彼此各异的市场环境。这就对企业经营者知识的广度和结构提出了更高的要求。

(3) 竞争激烈。国际化经营的企业面向的是国际市场，而国际市场都是买方市场，各国商品销售者之间的竞争十分激烈。特别是第二次世界大战后，由于生产高度国际化的发展，跨国公司已成为国际市场上的一支重要力量。它们实力雄厚，进行国际经营活动的经验丰富，在许多产品领域居于垄断地位。企业在进行国际化经营时，与跨国公司的竞争难以避免，这对初涉国际化经营的企业来说无疑是严峻的挑战。对此情况，企业竞争失败的危险远比国内经营要大。

(4) 信息管理难度大。由于经营空间距离较大，信息的传递和交流不如国内方便。现在虽然有国际电话、传真等通信手段，但费用较高，企业进行国际化经营的成本增大。语言与文字的差异、商业习惯的不同以及不同国家政府的政治倾向等，都使得企业进行市场调查获得经营信息的困难比国内要大得多，所花的费用也高得多。除此之外，经营空间的广泛性要求收集信息的范围广，经营环境的复杂性要求信息收集要全面，而竞争激烈要求信息的传递迅速、准确、反馈及时。这些都给国际化经营的企业的信息管理带来了不小的难度。

(5) 计划和组织要周密。经营空间的广泛性、经营环境的复杂性和信息管理难度大对国际化企业的经营活动的计划和组织提出了更高的要求，包括原料采购和产品生产、销售、运输等方面的计划和组织。国际化经营企业的原料来源、元器件和零配件的供应可能都在国外市场，产品也销往国外，这样，远距离运输就是个难题。国际化经营企业为了履行合同，保证及时交货，必须保证原料的及时供应，保质、保量、按时根据国外订货的合同加工出产品，并及时运送给用户。因此，对国际化经营的企业来说，在原料供应和产品生产、销售、运输过程的计划和组织上要比国内经营的企业投入更多的经营力量，对管理工作要求也更高。

第二节　国际化经营的环境因素分析

国际化经营的企业面临复杂多变的国际环境。企业在决定将其业务向海外扩展之前，必须充分而全面地了解国际环境的现状和发展动态，这是国际化经营战略取得成功的前提和基础。下面分述企业在走向国际化经营时所应考虑的环境因素。

一、国际贸易体制

国际化经营企业是针对国际市场的，因此首先应了解国际贸易的格局和体制。

（一）关税

关税是一国政府对进出该国的产品所征收的税金。各国的关税制度不完全相同，一般有：①单列税制，即一个国家的关税对各国同一类商品采取一个税率，无优惠待遇；②双列税制，即一个国家对同一种商品采取两种以上的不同税率，对最惠国家实行低税率关税。关税一般是根据商品重量、体积或价格来规定税率。关税可以是增加国家收入的关税，也可以是保护本国企业的保护关税。在后一种情况下，国家往往对进入的货物征收倾销税。根据《反倾销协议》，用倾销的手段将一国产品以低于正常价格的办法挤入另一国贸易时，如因此对某一缔约国领土内已建立的某项工业造成重大损害或产生重大威胁，或者对某一国内工业的建立产生严重阻碍，这种倾销应该受到谴责。缔约国为了抵制和防止倾销，可以对倾销的商品征收数量不超过这一产品倾销差额的反倾销税。因此，反倾销税是对商品倾销国货物征收的一种进口附加税，目的在于保护本国产业和国内市场，抵制外国进口商品的竞争。

（二）非关税壁垒

非关税壁垒是指除关税以外的限制商品进口的各种措施。非关税壁垒名目繁多，据统计，已有850多种。其中主要有进口配额制、进口许可证制、外管制、最低限价和禁止进口、技术标准及检验制度、卫生检疫规定、商品包装和标签的规定、繁杂的海关手续、政府的采购政策等。而其中最常用的是进口配额。它是指输入国同意进口某一产品领域，但对进口商品总量规定限额，其目的是保护国内某些产品和就业。

（三）国际贸易的支付方式

国际贸易需要将一国的货币兑换成另一国的货币，由于各国货币价值经常波动，因此汇率就会带来一定的问题。事实上，汇率的改变可能会使国际贸易所得的收益化为乌有。由于销售和交货与收回货款的时滞问题，汇率的变动对进口商或出口商的影响更为突出。表12-1列出了这种影响。

表 12-1 汇率变动对进口商和出口商的影响

汇率变动	以进口商货币结算时的影响		以出口商货币结算时的影响	
	进口商	出口商	进口商	出口商
进口商货币升值	无影响	结算后获得更多的国内货币	支付较少的国内货币	无影响
出口商货币升值	无影响	结算后获得较少的国内货币	支付更多的国内货币	无影响

二、政治—法律环境

国家的政治—法律环境是否有利于外国商品进口和外国投资，各个国家有相当大的差别。国际化经营的企业如决定在某国扩展经营业务时，至少必须考虑该国以下几方面因素。

(1) 对外国企业的态度。有的国家对外国企业表示积极欢迎，鼓励外国企业投资，为外国企业准备工业布局条件或基础设施等。有的国家对外国企业并不持十分友好的态度，这反映在许多方面，如禁止外国独资企业、限制外国企业的投资份额、政府控制外国企业返还母公司的利润数量及货币种类等。

(2) 政治的稳定性。企业国际化经营不仅要考虑交易对象国家政治形势的现状，还要考虑将来的稳定性。如果政局不稳，领导人频繁更迭，则对外国企业有没收、征用和收归国有的危险。因此，如果政局不稳，与其对国外直接投资，不如选择出口贸易；反之，如果政局比较稳定，则可考虑直接投资。

(3) 政府的官僚制度。诸如有效的报关手续、提供市场信息、外国政府所实施的制度和办事效率等。

(4) 贸易或投资条约和协定。这些协定是两个或两个以上的国家为确定彼此之间的经济关系而缔结的书面协议。这些条约或协定的内容比较广泛，如关税的征收、海关手续、船舶航行、双方企业在对方国家所享受的待遇或保护、特种所有权(专利权、商标权等)的处理和商品转口等。

法律环境指的是与国际化经营有关的法律，如涉及海外子公司设立的公司法、劳工立法、商标法、专利法、所得税法，与竞争有关的法规，与进口有关的法规，投资保护法规等。此外，还包括国际法律规范形式的国际公约，如 1883 年《保护工业产权巴黎公约》、1892 年《商标国际注册马德里协定》，以及有关世界贸易组织的协定和协议，如 1994 年《关贸总协定》《服务贸易总协定》《与贸易有关的知识产权协定》《与贸易有关的投资措施协议》《反倾销协议》等。

三、经济环境

企业进行海外经营时还必须研究相关国家的经济状况和经济动向，主要有如下几个方面。

(一) 国家的经济发展水平

一个国家总体的经济发展水平不仅决定着出口该国商品的种类，也影响着投资类型和方向。一国经济发展水平的划分体系有六阶段法和四阶段法，下面介绍四阶段法的划分标准。

(1) 自给自足的经济。在自给自足的经济结构里，几乎所有的人都从事单一农业劳动，生产的产品大部分被消费掉，人们以剩下的财物进行物物交换，也进行服务与财物的交换。显然，这种类型的经济能给外国提供的贸易或投资机会是很少的。

(2) 原料出口经济。在这种经济中，只有一种或少数几种丰富的自然资源，缺乏其他资财，收入几乎全部靠资源的出口。例如，智利的锡和铜、刚果的橡胶、沙特阿拉伯的石油等就是如此。这类国家和地区是部分机械设备、材料加工设备、工具、器皿和运输工具及奢侈品的良好市场。

(3) 产业发展中经济。在这种经济结构里，工业占一定的重要地位，一般占国内生产总值的10%~20%。随着工业的发展，进口较多的是钢材、重型机械、通信设备、半加工纤维制品，很少进口纤维成品、纸制品和汽车。随着产业的发展，出现新的富裕阶级和为数不多的中产阶级，他们都需要新式的商品，而且都要从外国进口。

(4) 产业经济。产业经济发达的国家根据工业技术或资本的输出程度建立起自己的工业基础。这种国家与其他工业国互换工业产品，与其他经济类型的国家之间用产品交换原料和半成品。由于中产阶级在大规模产业活动中占有相当重要的地位，这些国家已是一切种类商品的广阔市场，并且也有许多的投资机会。

(二) 生产总值总量及其分布

国内生产总值的总量反映一个国家的总体经济实力，而从国内生产总值的增长率来看，更能判明一个国家的经济运行状况及其前景，但是反映该国贫富的标准尺度以人均国内生产总值这一指标最为科学和合理。然而，企业不仅要考察一国的国内生产总值总量，还要分析国内生产总值的分布状况，即社会财富的分配模式。这种分配模式除与该国总体经济发展水平有关外，更多的是受政治制度的影响。国内生产总值的分布模式可分成五种类型：全是低收入阶层；大部分是低收入阶层；低收入阶层与高收入阶层并存；低、中、高收入阶层并存；大部分是中产阶级。国内生产总值的分布模式主要影响市场的需求结构和需求规模。

(三) 国际收支

公司进行国际化经营必须考虑所在国的国际收支状况。因为一方面国际收支影响该国的本位货币的币值，一个国际收支严重逆差的国家往往会贬低本国货币，扩大出口；另一方面，国际收支影响该国政府的经济政策以及对外来资本的态度。一般所在国是欢迎国外直接投资的，这有利于该国经济的发展与国际收支稳定，但国际收支逆差会影响国际企业的汇出利润与原料进口。

(四) 集团贸易与区域性经济

自从20世纪80年代初以来，世界经济出现的一个重要现象是集团贸易和区域性经济集团的兴起。集团贸易与区域性经济合作的模式包括建立共同市场(削减或取消内部关税及增设共同对外关税和完全的海关联盟)、自由贸易区、区域开发合作集团等多种形式。业已建立和将要成立的区域性经济集团有欧洲联盟、北美自由经济贸易区(美国、加拿大和墨西哥)、东盟自由经济贸易区、亚太经济合作组织(APEC)等。世界上主要的合作集团是欧佩克,即石油输出国组织。它的目的是在成员国之间控制石油生产水平和油价。

四、地理、社会、人文环境

(一) 地理环境

地理环境主要包括以下几方面。

(1) 地形与气候。一个国家的地形与气候条件,不仅影响着产品的生产与适应能力,也关系着市场的建立与发展。此外,海拔、温度、温差都会给产品的功能和使用条件带来影响。

(2) 自然资源。资源是跨国经营必不可少的重要条件。自然资源的位置、质量及可供应量影响着投资的规模和技术选择。

(二) 社会、人文环境

社会、人文环境主要包括下列因素。

(1) 人口状况。它包括人口总量规模、人口增长趋势、人口密度,以及按年龄、性别、教育程度、职业、城乡和地理位置划分的人口分布状况与变化趋势。此外,还要研究家庭结构。因为家庭结构不同,对商品的需求就会存在明显差别。总之,人口总量及其分布和结构,加之人均国内生产总值等,都对消费需求的总水平有决定性的影响,是确定目标国家市场规模大小的重要指标。

(2) 基础设施。社会基础设施包括交通运输条件、能源供应、通信设施和商业设施。商业设施包括广告、销售渠道、银行和信贷机构。基础设施越发达,国际企业就越能顺利地在目标国家开展投资生产和销售活动。否则,企业就必须花很大的经营代价,甚至在经营成本很高时不得不放弃这个市场。

(3) 教育水平。人们受教育程度不同,对商品的需求、鉴别接受能力也不同,接受文字宣传的能力也有区别。如果目标国家教育程度很低,国际企业就要派较多的管理和技术人员到该国发展业务,而不能过多地依赖当地人才。

(4) 宗教信仰。不同的宗教信仰有不同的文化倾向与戒律,影响着人们认识事物的方式、行为准则和价值观念。对商品的需求,包括对商品的结构、外形、颜色等都有特殊的要求。此外,社会、人文环境还包括诸如该国的生活方式、占统治地位的社会价值观念、审美观念、风俗习惯、语言文字等因素。

阅读资料 12-1

"一带一路"

第三节　企业一般国际竞争战略的选择

进行国际化经营的企业具有多种可供选择的战略方案，下面讨论经常应用的战略选择。

(一) 产品标准化战略

这种战略的实质是开发标准化的产品，将这种标准化的产品在世界范围内以同样的方式进行生产和销售。采用这种战略的理由是充分利用在生产这种产品及建立一个强大的世界分销网络等方面所存在的规模经济。通过产品标准化，可以大批量地生产同一产品，降低产品的生产成本，从规模经济和经验效益中获益。此外，还可从大量采购、大量的同一化促销手段中获得规模经济所带来的好处。采用产品标准化战略最成功的公司是美国的可口可乐公司，它在世界各地所销售的可乐饮料、柠檬水及橘子水等都具有同一口味，且被国际消费者所接受。

(二) 广泛产品线国际战略

这种战略旨在在行业的所有产品线范围内进行国际化的竞争。在寻求这种战略时，企业可在世界市场的范围内，取得产品差异化或成本领先的战略地位。显然，在寻求广泛产品线国际战略时，企业也可利用产品标准化战略，即在每一产品线上，产品在世界范围内都是同样的。在广泛产品线战略中，重要的是应建立一个强大的世界范围内的分销系统。采取这一战略的益处在于，所有产品之间可以共享技术方面的投资及分销渠道。当然，实施这一战略需要大量资源及长远的战略眼光。

(三) 国际集中化战略

这种战略是企业选取行业中某一特定的细分部分，并在世界范围内以这个特定的部分进行竞争。这个战略的思路是，选择行业的特定部分，在此企业可取得产品差异化的地位或成为最低产品成本的制造商。同样，在国际集中化战略中也可采用产品标准化战略。

(四) 国家集中化战略

这种战略是企业为了利用不同国家市场的不同特点,将其经营活动集中于特定的国家市场。在服务于这一特定国家市场的独特需求方面，企业既可以获得产品差别化的地位，又可成为成本领先者。

(五) 受保护的空位战略

这种战略是寻求那些东道国政府的政策可以排除许多国际竞争者的国家市场。该国政府排除国际竞争者的方式可能有多种，如要求产品中有较高的国产化水平、高关税、配额等。为了保证使该国政府的保护政策继续有效，采取这种战略的国际企业必须在政府的限制范围内经营，而且也必须与该国政府保持紧密的合作关系。

对于任何一个国际化经营的企业来说,选择一个有效的国际战略是一项复杂而困难的决策。

这种选择主要基于国家的比较优势和特定企业的竞争优势。当一个国家较其他国家能更经济地或更便宜地生产某些商品时，可以说这个国家就具有了生产这些商品的比较优势。生产要素决定了一个国家的比较优势，这包括自然资源、充足的及高质量的劳动力和资本、可应用的技术和这些资源的相对成本等。而竞争优势是指企业所具备的独特专利性的特点，包括品牌名称、专利、技术诀窍等。

国家的比较优势影响着企业在哪生产及在哪销售产品的决策。竞争优势则影响着企业沿着附加价值链，将其资源集中在什么样的活动和什么样技术的决策。价值链是将原料、劳动力及技术结合到产品中进行上市推销和分销的过程。

 小知识 12-1

国际市场营销战略计划是指有系统地评估公司本身的资源状况、基本任务和目标，对应不同的、变化的国外环境，采取必要的政策和行动以达到公司目标的一项工作。

以前，战略计划并不受重视，但 1973 后世界第一次石油危机发生以后，企业感到要生存和发展必须研究宏观环境和经营战略，20 世纪 80 年代以后出现多元化竞争局面，更促使越来越多的企业注意国际市场营销计划的编制工作。

资料来源：http://www.baike.com/wiki/%E5%9B%BD%E9%99%85%E5%B8%82%E5%9C%BA%E8%90%A5%E9%94%80%E6%88%98%E7%95%A5

第四节　企业进入国际市场的方式

所谓进入国际市场的方式，是指企业使其产品、技术、工艺、管理及其他资源进入国外(国家或地区)市场的一种规范化的部署。从经济学的角度看，企业进入国外市场仅有两条道路：第一，在目标国家以外的地区生产产品并向目标国家出口。第二，向目标国家输送技术、资金、工艺，直接或者采用联合方式运用当地的资源(特别是劳动力资源)生产产品并在当地销售。

从经营管理的角度看，上述两条道路可以分成几种对国际化经营企业具有不同成本和利益的进入方式。这些进入方式可分为下列三大类：出口进入方式、合同进入方式、投资进入方式。下面对每类进入方式进行详细的论述。

一、出口进入方式

出口进入与其他两种主要的进入方式(合同进入和投资进入)最重要的区别是：企业的最终或中间产品是在目标国家之外的地区生产，然后运往目标国家，这就限制了劳动力的出口。

(一) 非直接出口进入方式

这一方式是指国际化经营的企业通过企业所在国的中间商来办理出口业务。非直接出口进入方式主要有以下两种不同类型的中间商。

(1) 驻在国内的出口商。它们可以是本国开的国际贸易公司或出口商行，也可以是常驻国内的国外买主。这些中间商收购企业的商品，自己承担责任向国外销售。国际化经营的企业将产品卖给出口商即可。

(2) 国内出口代理人。一种形式是出口产品由出口代理人寻找国外买主，代表国外买主订货、运货、支付货款，出口代理人收取一定的佣金，但不拥有出口产品的所有权，企业要承担全部风险；另一种形式是利用经纪人进行产品的出口，经纪人只负责寻找国外顾客，收取佣金，并不直接办理与销售有关的服务，不承担风险。出口代理人和出口经纪人之间的相同之处是：都不拥有产品的实际所有权，受人委托安排双方客户的合同和沟通它们之间的联系，促成交易后由委托人按照交易额的一定比例支付佣金。不同之处是：经纪人和委托出口企业之间的关系通常不是长久的，当经纪人促成一项交易后，这种关系便告终止；而出口代理人通常与出口企业签订长期代理合同，这种关系往往要保持好几年或更长一段时间。

非直接出口方式的优点是投资少，企业不需向国外派遣销售人员或开设分店，风险小。但这种进入方式也有其缺点：一是不利于企业了解国际市场环境和与国外的客户保持密切的联系；二是由于企业要向中间商支付较高的手续费，因而非直接出口的盈利不高。这种进入方式比较适合商品出口量不大而又缺乏充分地经营出口业务能力的企业。

(二) 直接代理商或经销商

这一方式是指依靠目标国家的中间商来出口销售产品。外国代理商是独立的中间商，它对出口企业的产品没有所有权。代理商的主要任务是将货物销给其他的中间商(批发商、零售商)或最终买主，其报酬按常规是销售佣金。国外经销商对出口企业的产品拥有所有权，并将其转销给其他的中间商或最终买主。

(三) 建立国外销售分店(或子公司)

国外销售机构承担在该国的流通业务，负责保管和推销业务，具有产品展示中心和服务中心的功能。

二、合同进入方式

合同进入方式是一个国际化经营的企业与目标国家的法人之间在转让技术、工艺等方面订立长期的、自始至终的、非投资性的合作合同。合同进入方式和出口进入方式的区别是，前者主要输出的是技术和工艺，尽管它可能会开辟产品出口的机会；与投资进入方式的区别是，它不对目标国家投资。合同进入方式主要有下列几种。

(一) 许可证贸易

许可证贸易是指企业在规定的期间将自己的工业产权(如专利权、技术秘密或诀窍、注册商标等)转让给国外法人,而许可证接受者须向提供许可证者支付一定的报酬和专利权使用费。根据转让方授权程度的不同,可以将许可证贸易分为下面五种类型:①独占许可,指许可方给予被许可方在规定地区、规定期限内有权制造、使用和销售某项技术产品的独占权或垄断权,而技术许可方及任何第三者都不得在这个规定地区内制造、使用或销售该技术产品。②排他许可,指技术许可方和被许可方在规定的地区内有制造、使用和销售的权利,但许可方不得将此种权利给予第三者。③普通许可,指技术许可方给予被许可方在规定地区内有制造、使用和销售的权利,而许可方仍保留自己或转让给第三者在这个地区内制造、使用和销售的权利。④可转让许可,即技术的被许可方有权将其所得到的权利以自己的名义再转让给第三者。⑤交换许可,即双方以各自拥有的专利技术或专有技术等价交换使用。

许可证贸易是进入国际市场的方便途径。从提供许可证的企业来看,可以在不需投资的情况下获得盈利;可以通过工业产权的出口,打破各种贸易壁垒;向国外输出技术,有利于建立自己的技术派系,提高产品竞争能力。但是,提供许可证的办法与自己在国外安装生产设备、组织生产相比,可能有一些缺点。首先,接受许可证者可能不能很好地组织正常生产;其次,若接受许可证者取得极大的成功,提供许可证的企业就会为若是自己组织生产本来可以得到的巨额利润被人拿走而惋惜。倘若中途废除许可证合同,接受许可证者可能成为可怕的竞争对手。为避免这种危险,发许可证者应与接受许可证者建立双边合作、分享利益的关系。这种关系能否建立,关键是提供许可证者能否保持革新的势头,使接受许可证者甘愿依靠发许可证者。

(二) 特许经营

特许经营是由特许授予人准许被授予人使用他的企业商号、注册商标、经营管理制度与推销方法等从事企业经营活动。被授予人则给特许授予人一定代价,授予人对被授予人以有效协助,被授予人有义务接受其监督与控制。特许经营和许可证贸易尽管类似,但在动因、提供的服务和有效期限等方面是不一样的。在特许经营中除了转让企业商号、注册商标和技术外,特许者还要在组织、市场及管理等方面帮助被授予人,以使专营能持续下去。

(三) 合作生产

合作生产是企业与国外制造商签订合同,由国外制造商生产产品,而企业主要负责产品销售,一般是将产品销往制造商所在国家的市场或其他地区。为了获得制造商按照说明书生产的产品,国际化经营的企业一般要向当地的制造商转让技术和提供技术帮助。合作生产能给国际化经营企业带来许多好处:它需要较少的资金和管理资源的投入,得以很快地进入目标国家,避免当地所有权问题。而且它允许企业对销售过程和售后服务实行控制。如果国外制造商的生产成本低,则合作生产就会大大提高企业产品的竞争能力。不过,采用合作生产的缺点是:企业对生产过程的控制力很小,改善产品所取得的利益完全归制造商。但企业可以以极小的风险抓住机会在国外取得厚利，最后可能将国外的制造商全部买下来。

(四) 管理合同

这是向国外企业提供管理经验、情报信息、专门技术知识的合同。它赋予国际化经营企业在目标国家管理工厂日常运行的权力，而由国外企业提供所需的资本。国际化经营企业不是输出产品，而是输出管理经验与劳务。在一般情况下，管理合同不授予国际经营企业进行新的资本投入、承担长期债务、决定红利政策、设定基础管理或政策变更或是对所有权的安排做出改变等的权力，因此所管范围只是企业的日常运营。缔结管理合同是进入国际市场风险最小的方式，合同开始生效就有收益。提供管理经验和知识的企业，如能在一定期间里取得对方企业若干股份的选择权，这种合同就更有吸引力。如果提供经营管理经验和知识的企业能在别的方面更有效地利用这种经营能力，或者单独经营可以取得更多的利润，则缔结这种合同就不是最佳选择。

(五) 建筑或交钥匙工程合同

这种合同把标准的建筑工程合同向前推进了一步，它要求承包人在将国外项目交给其所有者之前，应使其达到能够运行的程度。甚至在建筑工程全部完成后，为了使所有者进行项目的准备，承包人有责任提供诸如管理和操作培训等类的服务。这种安排有时被称为"交钥匙附加承包"。在签订和执行交钥匙承包合同中，承包人应该充分落实该合同，要明确规定工程项目计划和设备、各方的义务和责任、不可抗力的含义和合同违约后的法律后果及解决争端的程序等事项。

三、投资进入方式

投资进入方式涉及国际化经营的企业拥有的制造厂和其他生产单位在目标国家的所有权问题。在生产范围内，国外子公司可能是完全依靠由母公司进口半成品的简单的组装厂，也可以是那些承担全部产品制造任务的生产厂。在所有权和管理控制范围内，国外的生产分公司可分为两种：一种是母公司拥有完全的所有权和控制权的独资企业；另一种是母公司和当地企业共同拥有所有权和控股权的合资企业。现对这两种形式分述如下。

(一) 独资经营

独资经营是指国际化经营的企业单独在国外投资建立企业，独立经营，自担风险，自负盈亏。当国外市场需求潜力很大，企业具有国际化经营的经验和能力时，企业可能考虑采用这种进入方式。

独资经营与其他进入方式相比有许多益处：企业可以在国外市场获得便宜的劳动力和廉价的原料，或者受到外国政府的投资鼓励，节省运费等，因而可降低产品成本；企业可以积累更多的国际化经营经验；由于投资给东道国带来的就业机会，企业可以在该国树立良好的形象；企业可与东道国政府、顾客、当地供应商、经销商等保持密切的联系，使产品更适合当地的市场环境；企业能完全控制投资的使用，使企业制定出一个一体化的长远的国际战略，使子公司的目标与母公司的目标保持一致。

独资经营的主要缺点是企业对巨额投资承担风险,这对企业财务来说是一个很大的压力。独资公司常被东道国政府及当地社会视为外国企业,易遭排斥,面临的国家风险比较大。由于对东道国的社会、政治、经济环境不够熟悉,在争取东道国各方面的理解与合作、处理与东道国各方面的纠纷时常常比较困难。一些东道国对独资企业与合资企业实行差别待遇,往往对独资企业只给予较少优惠而限制却比较多。

(二) 合资经营

合资经营是指国际经营企业和目标国家的投资商共同投资,在当地兴办企业,双方都对企业拥有所有权和经营权,即共同投资、共同管理、共担风险和共享利益。合资企业的创立可以是国际化经营企业购买当地公司的股份或当地公司购买国际经营企业在目标国家的分公司的股份,也可能是双方合资创办新的企业。

从经济角度讲,如果目标国家的投资商缺乏资金或管理能力从而无法单独投资经营,则联合投资利用当地资源就不失为合理的进入市场的方式。就政治因素而论,有些国家规定外国企业只有同本国企业合资才能进入其市场,这就迫使国际化经营企业不得不采取合资经营的方式。但合资经营也有缺点:合资双方可能在投资、生产、市场营销及利润的再使用等方面发生争执,影响企业的正常经营;如果国际化经营公司将自己的独有技术和管理技能投入合资企业,很容易被合资伙伴所掌握,其将可能发展成为自己未来强有力的竞争对手;国际化经营企业在合资公司中进行转移定价时会受到其他合资伙伴的限制与阻碍;合资各方作为资本投入,合资公司的各项资产,特别是无形资产很难准确估价,会影响各方的利益。

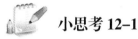

小思考12-1

国际化战略有几种类型?

答案:企业根据对国家竞争优势的判断及所要采取的市场进入模型,可以选择的国际化经营战略基本有三种类型:一是国际本土化战略;二是全球化战略;三是跨国战略。

第五节 战略联盟

在现实的经营活动中,企业作为一个整体在考虑公司战略时,不仅需要观察和支持各经营业务单位的竞争,而且要考虑合作战略。在竞争日趋激烈的市场上,企业单枪匹马闯天下的做法已经过时,当前即使最大的跨国公司也在研究与实施合作战略。

合作战略,实际上就是企业间形成战略联盟。战略联盟是指企业之间通过一定方式形成一种合作关系,使它们的资源、能力和核心竞争力相结合,从而实现各方在设计、制造、产品和服务上的共同利益。战略联盟是对经济活动、技术发展和经济全球化所带来的市场迅速而巨大变化的及时和理性的反应。许多公司通过战略联盟加强竞争能力。东芝公司是日本历史最悠久的公司之一,近年来已与多家公司组建了战略联盟,合作者包括摩托罗拉公司、IBM 公司、SUN 系统公司等,为公司进入新业务、新市场提供了帮助。

一、战略联盟的原因

(1) 扩大市场份额。通过战略联盟双方可以利用彼此的网络进入新的市场,减少开拓市场的时间和费用,增加产品销售量及市场份额。

(2) 迅速获取新的技术。技术创新是企业发展的动力,技术创新及推广的速度越来越快,通过战略联盟企业能够增强技术创新能力,缩短新产品、新项目开发时间,跟上科技发展的步伐。

(3) 经营国际化。同国外公司进行联盟,通过合资、合作等方式进入国际市场,可以减少在国外直接投资存在的投资大、风险大等许多局限,顺利实现国际扩张。

(4) 降低风险。战略联盟能够做到风险共担,降低企业风险。如共同开发新技术、新产品增强了科研能力,提高了开发效率和效益。

二、战略联盟的形式

战略联盟有各种各样的形式,有些是正式化的内部组织关系,有些则是在组织间形成非常松散的协作关系,不涉及所有权转移或股权的分配。出现这些不同形式的联盟的原因很多,但是都与联盟内的资产有关,这里强调资产并不仅仅是指实物资产或财务资产,也包括管理技能、专业知识、商标等无形资产。因此,联盟的形式受下列因素的影响:①资产管理,资产需不需要联合管理的程度;②资产独立性,能否分开各方所涉及的资产;③资产挪用性,联盟的一方或另一方挪用或窃用资产的风险有多大。表 12-2 概括了主要的联盟形式,并总结了不同因素对这些联盟形式的影响。

表 12-2 主要的联盟形式

战略联盟的形式 影响因素	松散的 协作关系	契约 关系	正式的 所有关系
	机会性的联盟	分包经营,许可证贸易和特许经营	合资企业
资产管理	资产不需要联合管理	资产管理可被隔离	资产需要联合管理
资产独立性	资产不能独立出来	资产/技术能独立出来	
资产挪用性	资产被盗用的风险很高		资产被盗用的风险很低

(一) 合资企业

合资企业是由多家公司共同出资建立的新公司。合资企业通常被看作一种协议合作组织,即合资双方还保持相互独立，但建立一个由母公司联合拥有的新企业。双方共担风险、共享收益。合资可以使公司间建立长期合作关系及共同分享成员企业的新技术等资源，形成更强的竞争优势。

各方合作的范围可以限制在一个领域，也可以涉及广泛的领域。如松下和西屋电气合资的 SGC 的目标仅限于联合生产和供应两个合伙人所需要的电路断路器的精密零配件，组装、测试和销售最终产品方面则由两个合伙人各司其职。

各方的合作范围也可以涉及广泛的领域。例如，我国成立的许多中外合资企业，由国内的公司提供劳动力、厂房等，而国外公司提供技术、设备等。

在上面的例子中，内部组织关系可以以所有权的形式或以资产和利润共享的形式正式化。在下面这些情况下，可能会产生正式化的协议。

(1) 所包含的资产需要联合管理。

(2) 资产能从母公司中独立出来，并且对那个公司不产生冲击效应。例如，某项技术可能专门为合资企业服务，但它并不对母公司带来危害。

(3) 资产能从母公司中独立出来，并且需要从母公司中独立出来。

(4) 资产被合作一方或其他方面所窃用或私自挪用的危险不大。

(二) 松散的协作关系

松散的协作关系，是指两个或更多的组织相互协作但没有正式的关系，只是通过一种互相信任的机制来进行合作。这种合作有时是地区性的，如在浙江的某些地区，聚集着生产某种产品的很多企业，它们互相依存，形成一定的分工和协作关系，使当地成为生产这类产品的一个中心。这种合作出现更多的是机会性的联盟，它们集中于某特定的业务或项目，却没有长期的正式化的形式。在这个意义上说，这些联盟更接近于市场关系而不是契约关系。存在这种形式的原因有以下几点。

(1) 不需要对资产进行联合管理，即资金、专有技术、专门知识等以不正式的形式汇集在一起。

(2) 不容易将资产从相关的企业中独立出来或者独立出来会产生坏的影响。

(3) 如果将包含的资产分散到某独立的组织，那么就会有很高的风险，即组织内的另一个团体可能私自挪用这些资产，在不同组织拥有专门的技能和知识时尤其如此。

(三) 契约关系

还有一类是非资产战略联盟，这是通过公司之间签订协议而不涉及资产的方式实现。这种联盟可以在采购、生产、产品分销和服务及市场开发和信息共享等各个领域进行，但不涉及任何资产的分享。如签订协议联合开发新产品、新技术，在那些开发费用高、产品生命周期短的行业，可选择以下契约关系：特许经营、分包、许可证贸易、定牌生产等。所有这些中间型的联合都是契约式的，但不涉及所有关系，产生这些联盟是基于以下原因。

(1) 特定的资产由于管理的目的能被分离出来，例如，带许可证的生产制造。

(2) 资产能从母公司中独立出来以发挥它们的最大效用，如在难于经营的国家建立分销点或制造企业。

在那些资产被挪用的可能性很小的地方，人们更愿意采用特许经营和许可证经营。例如，在专利保护可以防止许可证持有者窃用专利技术或产品时，就可以采用这两种形式。如果存在被窃用的危险，那么，持久性比较差的联合可能更容易引起窃用，如在分包经营中，分包商也许已经在相关的活动范围内开始经营了，也就是说，分包商可能会盗用相关的技术、品牌等去独立为自己经营而不是为母公司经营。

需要注意的是，应该用同样的方法解释和说明以收购和合并的形式接收全部所有权的原因。在下列情况下可能出现收购和合并：①需要对资产进行联合管理；②资产可能从任一公司中独立出来；③资产被盗用的可能性很大。事实上，后两项说明了收购为什么比合营企业更有吸引力。

 观念应用12-1

坚持竞争性合作

坚持竞争性合作，即在坚持平等互利的原则上，通过合作或联盟关系增强自己的竞争力，实现自己的经营目标，同时，又要保持相互竞争。

战略联盟的这种既竞争又合作的共生关系，不仅会影响到主导企业自身的经营效益和持续的竞争优势，也会对参与共生的其他企业的行为和效益及它们所处的环境产生深层次的影响。

三、战略联盟应注意的问题

战略联盟应注意以下问题。

(1) 合作伙伴的选择。由于战略联盟中成员企业之间关系相对松散，市场和行政双重机制同时起作用，战略联盟的成败又取决于企业之间真诚的合作，因此要选择有真正合作诚意的伙伴。同时，还要考虑合作伙伴的产品和市场立足点应能够对公司自己的产品和顾客形成有益补充。

(2) 组织管理。战略联盟是一种网络式组织结构，应注意管理方面的特点。在联盟之初就应该确定合理的组织关系，科学合理分配管理责任。不同形式的联盟，其管理模式不同，股权式联盟中管理权责集中于高层管理者，有些公司按功能链分散责任，有些公司则按业务单元进行管理。

(3) 沟通与协作。战略联盟可以给企业带来竞争优势，实现企业战略目标，但却非常难以管理，在建立和运营过程中有很多复杂问题和困难。因此，实施战略联盟并提高成功可能性必须有一种联盟合作思维方式及合作意识，即要使所有与战略联盟形成及运作有关的人员都清楚地理解和意识到联盟能给企业带来的利益和风险，并且加强联盟成员之间的沟通与协作，在整体战略及企业文化方面达成共识。

(4) 学习与吸收。彻底而快速地学习联盟对方的技术和管理，尽快将那些宝贵的观点和惯例转移到公司自己的经营和运作中去。

第六节　本章小结

随着全球经济一体化的发展，企业参与国际化经营必将成为必然。企业进行国际化经营有两个目的：一是获利；二是求稳定。更进一步的原因是：利用技术领先的地位，利用卓越而强大的商标名称，利用规模经济优势，利用低成本的资源。

国际化经营的特点是：经营空间广泛、经营环境复杂、竞争激烈、信息管理难度大、计划和组织要周密。进行国际化经营环境因素分析时要考虑国际贸易体制、政治—法律环境、经济环境及地理、社会、人文环境等因素。

公司一般国际竞争战略的选择有产品标准化战略、广泛产品线国际战略、国际集中化战略、国家集中化战略和受保护的空位战略。

企业进入国际市场的方式有出口进入方式、合同进入方式和投资进入方式。

战略联盟的原因有扩大市场份额、迅速获取新的技术、经营国际化、降低风险。战略联盟的形式有合资企业、松散的协作关系、契约关系。战略联盟应注意的问题是合作伙伴的选择、组织管理、沟通与协作、学习与吸收。

主要概念
国际化经营
主要观念
战略联盟　国际竞争战略

思考与练习题

1. 简答题
(1) 企业进入国际市场有几种方式？
(2) 分析企业采取合资方式与独资方式的区别和利弊。
(3) 简述企业国际化经营的主要原因。
(4) 战略联盟为何成为当前的一种发展趋势？
2. 实训题
调查了解一个国际化经营公司

【实训项目】
找一个国际化经营公司，谈谈该公司的国际化经营经历。

【实训目的】

通过对该公司国际化经营过程的了解,熟悉国际化经营公司的含义、特点、模式。

【实训内容】

(1) 要求学生比较该公司国内经营时的情况和国际化经营时的状态,说明国内经营与国际化经营公司的区别。

(2) 国际化经营公司与一般国内公司的区别。

【实训组织】

教师可以聘请一位国际化经营公司的负责人到学校给学生做报告,也可以带学生去国际化经营公司参观,听公司的介绍。

【写出实训报告】

(1) 介绍该公司的基本情况(规模、性质、经营特点等)。

(2) 该企业的产生发展情况。

(3) 用国际化经营公司的特征、内容来评价该企业的状况。

3. 案例分析题

专注高端制造 创新驱动发展 南山品牌走向世界

"为了这一天,我们已精心准备了好几年。"南山铝业董事长程仁策自豪地说。

近日,一个来自波音公司的利好消息让南山集团上下一派欢欣。由其控股的山东南山铝业股份有限公司(以下简称南山铝业)旗下中厚板公司获得了波音公司工程认证,顺利进入波音公司全球供应商名录中,这为南山铝业后续向波音公司批量供货提供了先决条件,也意味着中国高端制造融入世界民航产业链的步伐提速。

波音公司对选择全球供应商有严苛的条件,在南山铝业之前,还没有中国本土铝合金材料生产商获得这一殊荣。这源于南山集团有限公司(以下简称"南山集团")多年来的辛勤耕耘和品质积淀。

据了解,波音公司对供应商要求很严格,包括:公司的质量体系必须满足航空标准要求;试制的批量产品必须有完整的性能数据,且要批批合格;产品在批量供货前,必须通过波音公司工程技术部门的现场审核,即要在生产一线了解合格产品是如何生产出来的。

2012年,本着"不干则已,干则一流"的发展理念,南山铝业在山东龙口市东海区建立了占地面积达2460亩的南山航空材料产业园(以下简称南山航材园),要为中国航空事业的发展提供更优的本土化航空材料,并且还高标准锁定了要成为波音公司、空客公司全球供应商的发展目标。

南山航材园建有薄板、厚板、冷轧、热轧、熔铸、挤压件、锻件等重要生产线,并配套建设了中试车间、检测中心等设施。为尽快实现为全球一流飞机制造商供货的发展目标,南山铝业积极开展适航认证,推进航空产品的试制,并顺利通过了ISO9001质量管理体系认证、AS9100航空航天质量管理体系认证和NADCAP特种工艺认证,生产能力得到了波音公司、空客公司、中国商飞、庞巴迪等主流飞机制造商的认可和支持,并成为中航工业多家下属企业的合格供应商。

2016年年初,南山铝业就启动了波音公司相关产品认证,经过多轮试制及工艺改进,公司生产的2024、7075圆锭和7050AMS板材产品先后通过了波音公司产品认证。2017年5月1日至4日,波音公司工程部历时4天对南山铝业中厚板公司厚板厂和圆锭车间进行了工程认证现场审核,并提出了改进意见;6月,南山铝业又通过了波音公司质量管理体系及无损检测特种工艺认证。经过这一系列不能出现一丝马虎的考核,6月19日,南山铝业生产的2024、7075圆锭和7050AMS板材产品,最终获得波音公司工程部批准,并于6月28日列入其D1-4426《供应商名录》中。

资料来源:http://www.cb.com.cn/gongyeyucaikuang/2017_0729/1192467.html

问题:
(1) 品牌走向世界体现了该企业什么样的经营理念?
(2) 南山集团通过哪些因素实现经营的国际化?

附 录

模拟试卷

模拟试卷 A

模拟试卷 B

模拟试卷 C

参考文献

[1] 赵蕾，刘涛，胡辉，等. 管理学原理[M]. 北京：清华大学出版社，2016.
[2] 华通咨询. 华为执行力[M]. 北京：清华大学出版社，2015.
[3] 谢和书，陈君. 现代企业管理[M]. 2版. 北京：北京理工大学出版社，2015.
[4] 蔡世刚，魏曦. 管理学[M]. 江苏：东南大学出版社，2016
[5] 鲁克德. 你一定要读的50部管理学经典[M]. 上海：立信会计出版社，2016.
[6] 罗宾斯. 管理学(第13版)[M]. 北京：中国人民大学出版社，2017.
[7] 顾倩妮. 美国企业管理经典案例解析[M]. 上海：上海交通大学出版社，2016.
[8] 马法尧，王相平. 生产运作管理[M]. 3版. 重庆：重庆大学出版社，2015.
[9] 邢以群. 管理学[M]. 4版. 浙江：浙江大学出版社，2016.
[10] 张平亮. 现代生产现场管理[M]. 2版. 北京：机械工业出版社，2016.
[11] 刘庆生，王生云，姜翰照. 质量管理实务[M]. 北京：电子工业出版社，2012.
[12] 刘英，敬翠华. 精益企业之质量管理实战(图解版)[M]. 北京：人民邮电出版社，2017.
[13] 贺小林. 精益质量管理实战工具——ISO9001认证[M]. 北京：中华工商联合出版社，2018.
[14] 谭洪华. 五大质量工具详解及运用案例[M]. 北京：中华工商联合出版社，2017.
[15] 秦振友. 质量管理体系及应用[M]. 北京：北京理工大学出版社，2015.
[16] 李加明. 连锁企业物流配送中心运营实务[M]. 北京：北京理工大学出版社，2014
[17] 唐文登，谭颖. 物流成本管理[M]. 重庆：重庆大学出版社，2015.
[18] 李承霖. 企业物流管理实务. 2版 [M]. 北京：北京理工大学出版社，2015.
[19] 胡建波. 物流基础[M]. 四川：西南财经大学出版社，2017.
[20] 朱洪春，庄薇薇，付宏科. 市场营销实务[M]. 上海：上海交通大学出版社，2017.
[21] 郭防，向建国，张波. 市场营销[M]. 四川：西南财经大学出版社，2017.
[22] 戴鑫. 新媒体营销：网络营销新视角[M]. 北京：机械工业出版社，2017.
[23] 丁华. 互联网产品运营：产品经理的10堂精英课[M]. 北京：电子工业出版社，2017.
[24] 康晓光. 市场营销学[M]. 上海：上海社会科学院出版社，2015.
[25] 朱盈盈. 财务管理实训教程[M]. 四川：西南财经大学出版社，2016.
[26] 乔玉洋. 财务管理学：理论·案例·模型[M]. 江苏：东南大学出版社，2017.
[27] 吴晓江，戴生雷. 财务报表分析[M]. 四川：西南财经大学出版社，2017.
[28] 胡劲松. 名企人力资源最佳管理案例[M]. 北京：中国法制出版社出版，2017.
[29] 陈锐. 世界500强资深培训经理人教你做培训管理[M]. 北京：企业管理出版社，2016.
[30] 杨岗松. 岗位分析和评价从入门到精通[M]. 北京：清华大学出版社，2015.
[31] 周晓飞. 薪酬设计与绩效考核案例实操指南[M]. 北京：中国铁道出版社，2017.

[32] 陈春花. 企业文化塑造[M]. 北京：机械工业出版社，2016.

[33] 王吉鹏. 企业文化建设[M]. 北京：中国人民大学出版社，2017.

[34] 曹月娟，胡勇武. 走向文化之路：新传播视阈下的企业文化传播和企业形象构建[M]. 上海：上海交通大学出版社，2017.

[35] 陈孟健. 企业资源计划(ERP)原理及应用[M]. 4版. 北京：电子工业出版社，2018.

[36] 物联网智库. 物联网：未来已来[M]. 北京：机械工业出版社，2016.

[37] 何小波，龚全安. 企业战略管理[M]. 北京：中国广播电视大学出版社，2014.

[38] 迈克尔·希特，R. 杜安·爱尔兰，罗伯特·霍斯. 战略管理：概念与案例[M]. 12版. 北京：中国人民大学出版社，2017.

[39] 徐飞. 战略管理[M]. 3版. 北京：中国人民大学出版社，2016.